本书受科技部"'一带一路'创新人才交流外国专家项目"资助，项目编号：DL2022023001

FROM THE UNITED STATES TRUST
TERRITORY TO THE FREE ASSOCIATION COUNTRIES:

An analysis on the U.S. relations with the Federated
States of Micronesia, Marshall Islands and Palau

从美国托管地到自由联系国：

美国与密克罗尼西亚联邦、马绍尔群岛、帕劳关系探析

于 镭 隋 心◎著

中国社会科学出版社

图书在版编目（CIP）数据

从美国托管地到自由联系国：美国与密克罗尼西亚联邦、马绍尔群岛、帕劳关系探析／于镭，隋心著 . —北京：中国社会科学出版社，2023.8
ISBN·978 – 7 – 5227 – 2210 – 8

Ⅰ.①从… Ⅱ.①于…②隋… Ⅲ.①密克罗尼西亚联邦—历史②马绍尔群岛共和国—历史③帕劳—历史 Ⅳ.①K657②K653③K652

中国国家版本馆 CIP 数据核字（2023）第 124496 号

出 版 人	赵剑英
责任编辑	耿晓明
责任校对	李 军
责任印制	李寡寡

出　　　版	中国社会科学出版社
社　　　址	北京鼓楼西大街甲 158 号
邮　　　编	100720
网　　　址	http://www.csspw.cn
发 行 部	010 – 84083685
门 市 部	010 – 84029450
经　　　销	新华书店及其他书店

印刷装订	三河市华骏印务包装有限公司
版　　　次	2023 年 8 月第 1 版
印　　　次	2023 年 8 月第 1 次印刷

开　　　本	710×1000 1/16
印　　　张	15.75
字　　　数	245 千字
定　　　价	79.00 元

目　　录

第一章 美国和太平洋岛屿地区自由联系国关系研究的意义、理论和方法

第一节 美国和太平洋岛屿自由联系国关系的缘起、建构和研究意义

第二次世界大战的结束标志着美国的全面崛起，这是 20 世纪最为重大的国际关系事件之一。美国的全面崛起与其成功夺取太平洋地区的霸权密切相关，太平洋是继大西洋之后决定帝国主义列强世界霸权的最重要的地缘战略因素之一。大西洋在英国工业革命后率先成为帝国主义列强争夺世界霸权的主要竞技场。随着世界地缘政治和经济的演变，太平洋地区自一战后在全球的战略重要性日益突出，成为帝国主义列强争夺世界霸权的新的角斗场。在欧洲列强殊死搏杀大西洋之际，美国总统西奥多·罗斯福即高瞻远瞩地指出太平洋地区"将是至关重要的战略区"①；著名的海权论的奠基人、美国海军军官阿尔弗雷德·马汉（Alfred Thayer Mahan）亦敏锐地捕捉到太平洋地区地缘战略发展的重大新趋势②。一战甫毕，马汉即大胆并准确地预言太平洋

---

① Walter Lafeber, "American Imperialism: Altruism or Aggression", Gerald N. Grob and George Athan Billias (eds.), *Interpretations of American History*, New York: The Free Press, 1967, p. 202.

② John A. Adams, *If Mahan Ran the Great Pacific War*, Bloomington: Indiana University Press, 2008, p. 10.

地区将成为新老帝国主义争夺海上霸权乃至下一次世界大战的主战场。西奥多·罗斯福和马汉的预言并非耸人听闻，20 年后决定帝国主义世界新霸主的人类历史上规模最大的太平洋大海战即在此进行。美国政府和军方对《海权论》十分重视并依据该理论逐步在极具战略价值的太平洋地区夺取殖民地，建立军事基地以投送军事力量，建立地区霸权①。

　　经过惨烈的太平洋战争，美国最终夺取了这一地区的霸权，也跃升为人类历史上迄今为止最为强大的超级军事大国。鉴于太平洋地区对于护持美国全球霸权具有不可替代的作用，二战后美国历届政府均视太平洋为美国的"内湖"②，因而对于保持美国在该地区的军事霸权，遏制战略竞争对手进入这一重要战略区予以高度重视。西方国际关系学者总结认为："美国的长期战略任务就是遏制任何能够挑战美国霸权，特别是挑战美国在太平洋地区霸权的新兴国家的崛起。"③ 为了实现这一战略任务，美国政府和军方确立了在太平洋地区实施"战略拒止"（Strategic Denial）和"战略否决"（Strategic Veto）的原则，即阻止一切有潜力对美国在太平洋地区霸权构成挑战的新兴国家进入该地区，并在该地区建构经济和军事存在，扩大其在太平洋地区的政治和外交影响④。正是基于上述原则，美国在漫长的冷战岁月联合其盟国在太平洋地区竭力围堵新兴大国苏联，坚决不允苏联势力进入太平洋岛屿地区并在该地区建立渔业和其他任何形式的基地⑤。美国不

---

① Mahan, A. T., *The Influence of Sea Power Upon History*, *1660 - 1783*, Boston: Little, Brown & Co., 1935, p. 27.

② Peter Hayes and Lyuba Zarsky, *American Lake*: *Nuclear Peril in the Pacific*, New York: Penguin, 1986.

③ Tow, W. and Loke, B., "Rules of Engagement: America's Asia - Pacific Security Policy under an Obama Administration", *Australian Journal of International Affairs*, Vol. 63, No. 4, 2009, pp. 442 - 457. Steven Ratuva, "A New Cold War? American and Chinese Posturing in the Pacific", *Asia - Pacific Policy Review*, Vol. No. 2, 2014, pp. 409 - 422.

④ Stewart Firth, "Sovereignty and Independence in the Contemporary Pacific", *Contemporary Pacific*, Vol. I, No. 1 & 2, 1989, pp. 75 - 96.

⑤ John C. Dorrance, "The Soviet Union and the Pacific Islands: A Current Assessment", *Asian Survey*, Vol. 30, No. 9, 1990, pp. 908 - 925.

仅对"异质"国家苏联实施"战略拒止"和"战略否决"原则，即便是对其所谓的军事盟国澳大利亚、日本和新西兰也毫不容情，绝不允许其在密克群岛地区拥有实质性存在和影响①。由此可见，美国在太平洋地区的首要战略目标是基于现实主义国际关系理论的地缘战略和军事的"遏制"，而根本与"开放、自由"等自由主义国际关系理念无关。

美国学者认为太平洋战争给美国政府和军方提供了一个实证型结论，即位于太平洋北部第二岛链的帕劳、密克罗尼西亚联邦（以下简称密克联邦）和马绍尔群岛地区是连结太平洋和东亚、东南亚地区的军事锁钥，军事控制三地即可封锁太平洋西岸地区任何新兴国家的力量进入太平洋地区，挑战美国在该地区的军事霸权②。相较于其他帝国主义列强，美国在二战后成为人类有史以来军事力量最为强大的超级大国，在激烈的帝国主义霸权争夺中处于极为有利的地位。二战后，美国利用其强大的军事、政治和经济力量将三国所在的密克群岛地区变为美国的"托管地"，并对该地区实施殖民地式占领和统治。美国不仅在该地区建立规模庞大、技术先进的军事基地，而且在马绍尔群岛地区进行多达 67 次的大当量核武器爆炸试验，对密克群岛地区乃至整个北太平洋地区的民众身心健康和生态环境造成了极为严重的长期危害③。美国政府和军方通过对密克群岛地区的"托管"和殖民地化、军事化地占领和统治，较为有效地控制了整个北太平洋地区，成功地阻止了其他新兴大国对美国太平洋霸权的觊觎。当然，美国对三国的占领和统治也随着全球反殖、反帝运动的深入和

①　Shahryar Pasandideh, "Australia Launches New Patrol Boat Program", *The Diplomat*, 1 July 2014.

②　Keith, L. Camacho, "FilipiIos, Pacific Islanders, and the American Empire", David K. Yoo and Eiichiro Azuma (eds.), *The Oxford Handbook of Asian American History*, New York：Oxford University Press, 2016, p. 27.

③　Keith M. Parsons and Rober A. Zaballa, *Bombing the Marshall Islands：A Cold War Tragedy*, New York：Cambridge University Press, 2017, p. 56.

太平洋区域的经济发展、安全形态和地区霸权等地缘政治和经济格局的演变而不断调整，但其本质历经冷战和后冷战的漫长岁月而无实质性改变。

本书旨在从美国在太平洋地区霸权的视域探寻美国与帕劳、密克联邦和马绍尔群岛自由联系国（Free Association Country）的建构、发展和演变历程。联系国是指二战前西方帝国主义的殖民地，二战后由联合国托管，并最终获得独立的国家。但这些国家在独立后仍与前殖民宗主国保持着密切的经济、政治、外交和军事联系，从而成为"联系国"。本书在研究的过程中主要采用西方主流现实主义"权力等级架构"理论探索美国和北太平洋地区帕劳、密克联邦和马绍尔群岛的自由联系国的缘起、建构和演变。这是本书理论框架的独特之处，也是本书在理论领域的探索和贡献。对霸权的争夺是帝国主义的天性之一，西方著名的现实主义学派大师汉斯·摩根索对帝国主义国际关系进行了长期的探索和研究，他在其著作《国家间关系》中强调指出，"国际政治与国内政治一样都是对权力的追逐"①。全球和地区霸权是国际权力最为显著的标志，理所当然地成为帝国主义列强争夺的焦点。美国曾是英国的殖民地和罪犯流放地，美国在独立后天然地继承了英帝国殖民主义和霸权主义的基因，对外扩张和掠夺、争夺地区霸权自其脱离英国统治之日起便成为其对外政策的主要内容。

独立之初的美国囿于国力，特别是军事力量的不足，主要将对外扩张的重心放至北美和南美地区，但它始终不忘利用一切可乘之机在辽阔的太平洋地区掠夺殖民地，建立军事基地，为最终夺取太平洋地区霸权奠定基础。

19世纪后半叶，随着美国超越其他帝国主义国家成为最主要的工业大国，美国与老牌殖民主义强国争夺太平洋地区殖民地和霸权的斗争也愈发激烈。为了争夺萨摩亚群岛，美国不惜与太平洋地区两大殖

---

① Morgenthau，H. J.，*Politics among Nations*，New York：Knopf，1966.

民强国德国和英国进行直接的军事对抗①，三国最终于 1899 年达成分割萨摩亚群岛的协议。根据该协议，美国自此将萨摩亚群岛东部据为己有，称美属萨摩亚。美国政府和军方立即在美属萨摩亚大兴土木，将其修建为美国在南太平洋地区规模最大，战略意义最为重要的军事基地，能够直接威胁英帝国的自治领澳大利亚和新西兰的安全及英国在太平洋地区的军事霸权②。1898 年，美国在"美西"战争中击败西班牙，夺取了太平洋西部的菲律宾和关岛，美国随后又兼并夏威夷等地。随着国力的日益增强，美国不断地在太平洋岛屿地区"攻城略地"，将越来越多的太平洋岛屿霸占为自己的殖民地。美国对包括太平洋岛屿地区在内的全球殖民地的残暴统治和经济掠夺与英国对美国的殖民统治并无二致，是对美国《独立宣言》的莫大讽刺。随着美国在太平洋地区的霸权"胃口"越来越大，即便是对英帝国的前殖民地和自治领澳大利亚，新生的美利坚帝国也心有觊觎。美国政府和军方认为随着美国的崛起和世界霸权的建构，美国难免会与守成超级大国英帝国发生霸权争夺战。为此，西奥多·罗斯福总统刻意派遣由 54 艘战舰组成的庞大的舰队于 1908 年访问澳大利亚。此访目的一是向澳大利亚炫耀美国海军力量的强大，威慑澳大利亚殖民当局不要死心塌地地效忠英帝国；二是借机考察澳大利亚海防要塞，测绘其重要港口海图，以便将来与英国开战争夺世界霸权时，首先夺取澳大利亚并将其作为争霸太平洋的海上基地③。

美国在全球的快速崛起，特别是在太平洋地区军事力量的迅速增长和其对英国势力范围澳大利亚和新西兰的威胁引起守成超级大国英

---

① Stayman, A. , *US territorial policy*: *trends and current challenges*, Honolulu: East – West Center, 2009, P. 5.

② J. A. C. Gray, Amerika Samoa : A History of American Samoa and Its United States Naval Administration, New York: United States Naval Institute, 1960, p. 15.

③ Parkin, Russell and David Lee, *Great White Fleet to Coral Sea*: *naval strategy and the development of Australia – United States relations*, *1900 – 1945*, Canberra: National Library of Australia, 1965, p. 24.

国、澳大利亚和新西兰的强烈不安。澳大利亚因此要求英国利用其强大的武力将新兴帝国主义强国德国、日本和美国的军事力量阻挡于南太平洋地区之外。澳大利亚的想法与英国不谋而合,只是老牌帝国主义英国此时已是心有余而力不足,因为英国的综合国力和军力在进入20世纪后均已大幅度下降。

新兴帝国主义强国德国、日本和美国在太平洋地区的军力日益增强,越来越呈现出挑战英国在太平洋地区霸权之势。1902年,老谋深算的英国选择与新兴的军国主义日本结为军事同盟。英国此举意在"三害相权取其轻",以日本快速膨胀的军国主义势力来遏制对其霸权更具挑战性的德国和美国①。英日同盟的建立无疑纵容并加速了日本军国主义力量的增长,为太平洋战争的最终爆发埋下了祸根。第一次世界大战的爆发给了英国将德国势力完全驱逐出太平洋地区的机会。在英国的支持下,日本和澳大利亚迅速出兵夺取德国的太平洋岛屿殖民地②。在巴黎和会上,美国与英国及其盟国日本和澳大利亚因"分赃"德国的太平洋岛屿殖民地而唇枪舌剑。为了霸占并殖民太平洋岛屿,出席巴黎和会的澳大利亚总理休斯坚决要求其他帝国主义列强将其"脏手"从澳大利亚的"南太岛屿"拿开③。第一次世界大战终结了德国在太平洋岛屿地区的殖民势力,扩大了日本和澳大利亚在太平洋岛屿地区的殖民势力范围。由于英国、法国、日本和澳大利亚的坚决抵制,第一次世界大战的结束和巴黎和会没有让美国在太平洋岛屿地区实现令其满意的收获。美国和澳大利亚的关系,特别是威尔逊总

---

① Antony Best, *British Engagement with Japan, 1854–1922: The Origins and Course of an Unlikely Alliance*, New York: Routledge, 2021.

② Russell Parkin and David Lee, *Great White Fleet to Coral Sea: Naval Strategy and the Development of Australia–United States Relations, 1900–1945*, Canberra: National Library of Australia, 1965, p. 26.

③ Russell Parkin and David Lee, *Great White Fleet to Coral Sea: Naval Strategy and the Development of Australia–United States Relations, 1900–1945*, Canberra: National Library of Australia, 1965, p. 24.

统和澳大利亚总理休斯之间的个人关系降至冰点。

由于太平洋地区战略权重的日益增长，太平洋地区在一战以后逐渐成为列强霸权争夺战的焦点，太平洋地区自此如同煮沸的"坩埚"，再难恢复往日的平静。一战后大英帝国的国力和军事力量日益下降，而日本和美国在太平洋地区的军力则空前膨胀。面对日本在亚太地区咄咄逼人的侵略态势，澳大利亚政府不得不寻求比英国更为可靠的安全保证。安全的"忧心"和地区霸权的"野心"的混合需求促使澳大利亚殖民政府主动对同为盎格鲁—撒克逊文化为主导的美国示好，意图通过与之结盟来抵御来自"北方"日本的威胁，进而实现称霸南太平洋区域的野心①。但美国在一战后至二战的间隙里始终忙于在拉美地区宣示"门罗主义"，巩固"后院"，因而无暇也无力顾及他处。美国因而对澳大利亚的主动"示好"不予理睬，更无意与澳大利亚结盟，以免徒招英国、日本等帝国主义列强的忌恨②。但出于和英国、日本争夺太平洋地区霸权的长远考虑，美国建立了庞大的太平洋舰队。西奥多·罗斯福总统还多次派遣庞大的舰队访问澳大利亚。一些澳大利亚官员和学者分析认为美国此举一方面旨在炫耀武力，威慑霸权竞争对手英国和日本；另一方面旨在熟悉航线，勘测地形、海况，为可能爆发的太平洋海战预作准备。澳大利亚一些文献甚至认为美国大型舰队数次远航澳大利亚也是旨在为美国夺取澳大利亚做准备，因为美国政府和军方预测，美国与英国争夺世界霸权的战争不可避免，终有一决雌雄之日③。夺取澳大利亚既可斩断英国一条臂膀，又可为美国在太平洋地区驱除英国势力确立霸主地位奠定基础④。澳大利亚

---

① James Cotton and John Ravenhill, *Middle Power Dreaming*, Melbourne: Oxford University Press, 2012, p.1.

② Russell Parkin and David Lee, *Great White Fleet to The Coral Sea*, Canberra: Australian Department of Foreign Affairs and Trade, 2008, p.22.

③ James Bradford, *America*, *Sea Power*, *and the World*, Susses: John Wiley & Sons, 2016, p.147.

④ Russell Parkin and David Lee, *Great White Fleet to The Coral Sea*, Canberra: Australian Department of Foreign Affairs and Trade, 2008, p.22.

的文献说明澳大利亚与美国在二战后形成的"密切"关系和不断强化的澳美同盟并非如澳大利亚和美国政府官员、军方和部分学者所美化的那样是基于共同的历史、政治理念、意识形态和价值观，而根本是基于双方契合的霸权利益，即对世界霸权体系和亚太地区次霸权体系及其利益的共同追逐①。

第二次世界大战和太平洋战争的爆发从根本上改变了帝国主义列强在太平洋地区的霸权态势，给予美国削弱新老殖民主义和帝国主义在太平洋地区势力的良机。第二次世界大战和太平洋战争的结局令新老帝国主义列强国力大损，却遂了美国心愿：昔日海军列强英国、德国和日本不论胜败均无力再与美国争锋，因而不得不将太平洋的海上霸权拱手交给美国，从此丧失了与美国在这一辽阔海域争霸的能力，美国的全球霸权和太平洋霸权得以确立。二战后，美国总统罗斯福鉴于帝国主义争霸和争夺殖民地而引发两次世界大战的教训，不愿将前帝国主义列强的太平洋岛屿殖民地直接变成美国的殖民地，因而建议联合国建立"托管"机制，缓解帝国主义的霸权和利益争夺。但联合国托管机制并不代表美国无意将具有战略和军事价值的密克群岛地区收归己有，而是借"托管"之名，将该地区变成美国的势力范围，由美军加以占领和统治。联合国安理会遂于 1947 年 4 月 2 日成立太平洋岛屿托管委员会（UN Trust Territory of the Pacific Islands）②。

二战后，与苏联争霸并遏制共产主义在亚洲和太平洋地区的"扩张"是美国战后亚洲安全政策的重中之重。为了与苏联争夺太平洋霸权，美国于二战后一方面在太平洋地区构建了以美国为中心的纷繁复杂的同盟体系，并冠之以"旧金山体系"，或"轮辐体系"（hub –

---

① 于镭、隋心：《澳美同盟的缘起、建构和稳固》，中国社会科学出版社 2020 年版。

② Rothermund, D., *The Routledge Companion to Decolonization*, London & New York：Routledge，2006，pp. 50 – 51.

spoke system)，从而将美国高抬至亚太地区权力架构的"金字塔尖"，并成为亚太地区捍卫美国持久霸权的难以撼动的坚实保障[1]。另一方面，美国政府和军方也深刻认识到了为了巩固自身在太平洋地区的霸权和遏制"共产主义"的扩张，美国需要在亚太地区构建"前进基地"和纵深更为广阔的战略后方。美国遂操纵联合国安理会将北马里亚纳群岛和今日帕劳、马绍尔群岛、密克联邦等地区交由美国托管。美国迅速在这些地区建立军事基地并将之作为与苏联争夺太平洋霸权的"前进基地"和阻遏其他大国从太平洋西侧进入太平洋的军事堡垒。20世纪连绵不断的战争和半个世纪的冷战令美国政府和军方深刻认识到太平洋岛屿地区的军事和战略价值。正因如此，包括密克群岛在内的太平洋岛屿地区的国家独立和民族自决被美英等国一再推迟。一些学者指出太平洋岛屿地区的"去殖民地"化直至20世纪末都未实现[2]。

　　20世纪90年代初，苏联的解体与冷战的结束使美国失去了敌手，也令亚太地区的民众质疑美国的太平洋霸权。对美国而言，太平洋霸权所带来的利益不是普通的政治、经济和战略利益，而是全球霸权，以及由此衍生的其他国家根本无法得到的权力、地位和垄断利益。这直接解释了为什么国内政治中权力的掌控者和国际政治中的霸权者均有垄断权力的偏好，而鲜有主动退出历史舞台者[3]。美国一些政治人士早在20世纪90年代初就预见性地判定，随着亚太地区国家经济的快速发展，全球经济力量板块和权力架构在21世纪初将出现重大嬗

---

　　[1]　Sajima，Naoko，"Japanese Security Perceptions of Australia"，Williams，Brad and Newman，Andrew（eds.），*Japan*，*Australia and Asia - Pacific security*，New York：Routledge，2006，p. 50.

　　[2]　Gungwu，W.，"The Limits of Decolonization. In M. Frey"，R. W. Pruessen，& T. T. Yong（eds.），*The Transformation of Southeast Asia*：*International Perspectives on Decolonization*，Armonk，NY：M. E. Sharpe，2003，p. 271.

　　[3]　Morgenthau，H. J.，*Politics among Nations*，New York：Knopf，1966.

变①。亚太地区在 21 世纪将跃升为世界经济最为强劲的引擎，世界经济重心也将随之从大西洋不可阻挡地移向太平洋。因此，亚太地区在全球经济和战略格局中的权重将不断增加，这是美国越来越重视亚太，并将其全球战略重心根本性西移的最重要原因。正是基于上述考量，美国在后冷战时期不仅没有削弱其在亚太地区的军事存在和同盟体系，反而一再强化，甚至出现了较冷战期间有过之而无不及的反常现象②。

上述的一系列战略是美国政府和军方基于西方霸权主义理论和美国霸权主义全球体系与权力架构的实践精心擘画和积极推动的结果，意图以军事实力维系美国治下的霸权体系与秩序，以及由此而衍生的既得利益。这一系列战略深刻揭示了不论是美国的建制派势力，抑或"民粹主义"力量均难以跳出遏制与对抗的冷战思维的窠臼。冷战后，新兴国家的经济和军事力量快速增长。而全球仅存的超级大国美国的实力却相对下落，且因经济发展失速、财富分配失衡，以及伊拉克和阿富汗两场战争的"失德"而受损。在此背景下，美国政府深刻认识到仅凭一己之力难于遏制新兴国家的崛起，上述一系列战略的重点均是整合与扩大美国在太平洋和印度洋地区的同盟体系，借同盟之力和美国"四两拨千斤"的政治与外交"巧实力"来遏制其他国家的发展。美国一系列战略的精髓均在于美国无须"伤筋动骨"地过多损耗自身实力，却可搅乱他国赖以发展的大周边的和平环境，巩固美国的全球霸权体系和在印太地区的政治、经济、安全的主导地位，恢复美国对亚太区域经济一体化和区域经济贸易规则重塑的主导权③。由于美、澳、日三国均是印太地区美国主导的霸权体系与秩序最大的既得

---

① Hal, Brands："The Chinese Century?"，*National Interest*，19 February 2018.

② 于镭、隋心：《澳美同盟语境下澳大利亚地区霸权的建构》，中国社会科学出版社 2021 年版。

③ 于镭：《既得利益驱动下澳美同盟的强化和"印太战略"的建构》，张洁编：《中国周边安全形势评估》，世界知识出版社 2018 年版，第 112—131 页。

利益者，因而表现出共同维护这一霸权体系与秩序的强烈意愿。这是澳美同盟和美日同盟在后冷战时期呈现出强化与深化，以及日趋紧密协作、甚至是军事合流态势的地缘政治基础。

美澳同盟和美日同盟是美国亚太地区"轮辐军事同盟体系"的"双轴"，也是美国维护其在亚太地区的霸权体系与秩序的"南北双锚"。凭借其庞大的军事同盟体系，美国成功地在冷战和后冷战初期维护了美国主导的区域霸权体系与秩序。日本如愿以偿地令美国担负起对自己的安全义务，澳大利亚更是借助澳美同盟实现了跻身"中等强国"的梦想，并获得了丰厚了地缘经济、政治和战略利益。基于既得利益和地位，美、澳、日三国在冷战后不断强化军事同盟，实现了美澳、美日两大同盟的军事联动，并进而将之扩展至印度洋地区。美澳和美日同盟和"印太战略"的演变证明了这些同盟并非主要基于三国文化、历史和价值观的相似性，而更多的是出于对政治、经济和安全利益的考量。美澳和美日同盟及其在后冷战时期推行的"印太战略"已经成为印太地区安全架构和印太地区和平最重要的变量。

第二节　太平洋霸权体系下美国同自由联系国关系建构的研究意义

本书从美国霸权体系理论的视域研析美国与太平洋自由联系国的关系及其演变历程。本书在研究中主要采用"权力架构"理论探索美国与太平洋自由联系国的建构过程。在同样的理论框架下，本书亦深入探讨美国与自由联系国的建构、巩固和发展的演变轨迹，从而为探寻 21 世纪美国在太平洋地区霸权的演化路径提供理论和实证指导，也为本地区有关国家因应美国太平洋地区霸权发展的新变化提供理论指导。本书因此在地区霸权理论、地区霸权研究方法论和地区霸权应对等理论和应用等方面具有一定的理论和现实意义，这主要表现在以下两个方面：

第一，对美国在太平洋岛屿地区的自由联系国部署加强研究可以深化对美国在该地区的霸权建构和护持的系统性和实证性研究，对于完善和发展现实主义国际关系理论体系的同盟理论、霸权理论和"权力架构"以及权力架构理论等具有较大的学术和学理研究价值。美国建立自由联系国的构想发端于二战后太平洋岛屿地区民族独立和政治自决风起云涌之际，其根本目的是服务于美国的全球霸权，特别是护持美国在太平洋地区的军事霸权及既得利益。美国主导的自由联系国安排的首要目标就是要维护美国在太平洋地区的霸权体系与秩序，阻遏苏联和其他新兴大国的挑战。因此，自由联系国部署就是要以此控制太平洋地区战略位置重要的岛国，为美国的太平洋霸权和既得政治、经济、军事利益服务。因此，不论西方学界宣扬的霸权理论——如霸权稳定论、友善霸权论等——给"霸权"穿上多么华丽的外衣都难以掩盖其服务于帝国主义对权力和利益争夺的本质。我国学界对美国在太平洋岛屿地区的自由联系国部署及其演变缺乏系统性理论和实证研究，我国学界目前对美国在太平洋地区和"印太"地区的霸权体系研究较多，而对美国在太平洋岛屿地区自由联系国体系的研究很少，并且只以学术性单篇论文形式出现，而研究性和学术性专著则处于空白状态。因此，从美国对太平洋霸权的护持视角，对美国在太平洋岛屿地区自由联系国体系开展系统性理论和实证研究对于填补国内学术研究空白，深化美国同太平洋岛国关系和太平洋地区霸权研究具有重要的学理和学术意义。

第二，对美国在太平洋岛屿地区的自由联系国安排展开研究对于维护太平洋岛屿地区，乃至亚太地区的和平、稳定和地区合作与发展，推动新的区域秩序建构具有重要的现实意义。美国在太平洋岛屿地区的霸权正遭遇当地民众日益觉醒的民族独立和政治自觉的挑战。太平洋岛国政府和民众自 21 世纪以来加速实行"北向方略"，谋求与亚洲国家全方位发展经贸合作和平等互利关系，以摆脱对美国和其他前殖民宗主国的依赖，动摇前殖民宗主国支持的美国地区霸权体系和秩序，实现国家和民族的真正独立和自决①。因此，美国在亚太地区的霸权及其背后的支撑——美国在亚太地区构建的"轮辐"体系在后冷战时期已经成为亚太地区和更广袤的太平洋区域安全架构中最为重要的变量，其存在和发展趋势已经、并将继续对亚太地区和太平洋地区的安全、和平和繁荣产生重要影响。把握其发展方向，洞悉其对地区合作和安全的影响，有利于太平洋地区的发展中国家趋利避害地发展互利合作关系，推动地区经济繁荣，维护太平洋地区，特别是亚太地区的持久和平与稳定。

第三节　国内外对美国太平洋地区自由联系国建构和演变研究的文献梳理

本书的研究资源和研究标本主要采集于美国、澳大利亚、新西兰三个国家的主流学术资源库，如美国夏威夷大学、澳大利亚国立大学和新西兰奥克兰大学等各高校的图书馆等，美国和其他前西方殖民宗主国主流学术界从各自的视角对美国建构自由联系国护持太平洋霸权体系和秩序的研究成果，以及三国主要严肃媒体的信息资源。

（一）美国及西方学者和机构对美国太平洋自由联系国关系的研究

美国学者和研究机构对美国和太平洋自由联系国的关系有着更为深入的研究。20世纪90年代前，美国学者和机构主要将研究的重点置于如何修复因殖民统治和毁灭性核试验而遭破坏的美国与太平洋岛屿地区的关系，如何强化对太平洋自由联系国的掌控，阻止苏联势力在太平洋岛屿地区的扩张和渗透，并利用其优越的战略地理位置构建

---

① 于镭、赵少峰：《"21世纪海上丝绸之路"开启中国同太平洋岛国关系新时代》，《当代世界》2019年第2期。

美国在太平洋地区的军事优势，巩固美国在太平洋地区的霸权体系。冷战结束初期，在太平洋地区美国霸权如日中天而缺乏挑战者的权力竞争空隙，美国联合其他前殖民宗主国将太平洋岛屿地区霸权建设的重点放置于推进"民主、良政、人权"等西方意识形态和价值观的建构与巩固。而在 21 世纪第一个 10 年结束后，美国学者和机构越来越多地将研究的重点放置于中国和其他新兴国家对美国太平洋霸权现实与潜在的冲击和挑战以及如何护持其太平洋霸权。

阿诺德·莱博维茨（Arnold Leibowitz）在其著作《艰难的岛屿：帕劳争取独立》一书中详细描述了美国太平洋岛屿托管地帕劳为了获得民族独立和政治自决而与美国及国内代表美国的利益团体的不屈斗争①。他指出帕劳、密克联邦和马绍尔群岛都是全世界最晚获得独立的联合国托管国，三国为了获得国家独立和政治自决与美国进行了长达 20 多年的政治斗争和谈判。美国在三国民众和国际社会的共同压力下，最终不得不同意三国独立，但必须签署自由联系国协议，成为美国的太平洋自由联系国。根据这一协议，三国国防和安全事务须由美国负责。美国在三国拥有战略拒止权和战略否决权，即未经美国允许，三国不得与任何国家开展军事和安全合作；不得允许任何国家在三国设立军事基地和安全设施；不得允许任何国家军事力量进入三国的领土、领海和领空。美国同时享有排他性军事特权，可以在三国建立军事基地，不受干扰地开展各种军事活动和演习。美国还要求三国允许其有核舰船和武器出入三国，遭到三国——特别是帕劳民众的强烈反对。为此，帕劳首任民选总统哈鲁奥·雷梅利克（Remeliik）遭到暗杀，其继任民选总统拉扎勒斯·萨利（Lazarus Salii）自杀。

乔恩·欣克从法律的视角认为，美国强迫帕劳等三国签订《自由联系协定》（Compact of Free Association）违反了联合国《托管协议》

---

① Arnold Leibowitz, *Embattled Island*: *Palau's Struggle for Independence*, London: Praeger, 1996, p. 7.

和国际法赋予三国人民的自决权。欣克强调尽管《自由联系协定》已经签署，但它们均违反了《国际法条约法》，因而均无法律效力。他认为二战后，美国因帕劳在太平洋地区战略地位重要，因而将其变成美国的托管地，这与帕劳人民要求独立和民族自决的强烈意愿发生了激烈的冲突。他强调即使依据联合国《托管协议》，美国也无权永久占有帕劳和密克罗尼西亚地区。依据当代国际法，当帕劳民众的自决权和美国的军事利益发生冲突时，"唯一正确的结论就是帕劳民众的自决f权比美国在太平洋地区核力量投放权更重要"①。斯图尔特·弗斯赞同欣克的观点，强调只要美国仍在三国驻军，并保持所谓的战略拒止权和战略否决权，三国就谈不上"全面独立"，或拥有全部主权。但他也承认自由联系协定虽然有损岛国的主权和政治自决，但防止了美国对三岛国的吞并，并让三国永久摆脱了作为西方殖民地的悲惨命运②。约翰·安格里姆从道义的角度分析了美国迫使帕劳与美国签署《自由联系协定》。他分析指出由于帕劳战略位置极其重要，美国政府和军方在面临帕劳民众要求独立的强大压力下，不得不强行推出《自由联系协定》，压迫三国与之建立特殊关系，即自由联系国关系。安格里姆认为保持美国在太平洋北部——特别是密克罗尼西亚地区——的军事霸权是美国政府和军方的最主要目的。他批评美国政府和军方为了达到这一目的甚至不顾当地民众的利益和道义，拉拢腐蚀三国政府领导人③。

简·迪布琳在其著作《天有二日：美国核试验与太平洋岛民》一书中指出联合国将太平洋岛屿交由美国托管，并不代表美国政府有权在这一地区进行大规模破坏性核试验④。她批评让美国托管太平洋岛

① Jon Hinck, "The Republic of Palau and the United States: Self - Determination Becomes the Price of Free Association", *California Law Review*, Vol. 78, No. 4, 1990, pp. 915 - 971.

② Stewart Firth, "Sovereignty and Independence in the Contemporary Pacific", *The Contemporary Pacific*, Vol. I, No. 1 & 2, 1989, pp. 75 - 96.

③ John Anglim, "Palau: Constitution for Sale", *Critical Asian Studies*, Volume 22, Issue 1, 1990, pp. 5 - 20.

④ Jane Dibblin, *Day of Two Suns: U. S. Nuclear Testing and the Pacific Islanders*, New York: New Amsterdam Books, 1998, p. 21.

屿是一场灾难：1946—1958 年间，美军在该地区进行了 67 核试验，
毁坏了该地区民众的身心健康并对自然环境造成了难以挽回的破
坏。美国托管太平洋岛屿，特别是马绍尔群岛就是一部人民流离失
所、因核试验大规模染病和贫穷、环境遭到不可修复性污染的太平
洋悲惨史。迪布琳强调美国有责任对自己造成的人道主义和环境灾
难予以赔偿，而不是以经济补偿和其他补偿性援助要挟该地区岛国
和美国续签《自由联系协定》，并继续允许美国在该地区建立排他
性军事基地。

　　玛莎·史密斯—诺里斯在其著作《霸权与抗争》中详细描述了美
国为了和苏联争霸，在二战后通过联合国托管委员会夺得了对马绍尔
群岛地区的托管权。美国自此加强了对这一战略要地的控制，并利用
该地区的军事基地将苏联和其他冷战对手挡在太平洋地区之外，确保
了本国在冷战期间的太平洋霸权[①]。史密斯—诺里斯批评美国为了和
苏联争霸，加强美国在太平洋地区的霸权威慑力，而在该地区进行了
大量核试验。她批评美国为了霸权甚至毫无人性地用当地民众躯体做
核辐射试验。她指出这些核武试验极大地加强了美国在太平洋地区的
核威慑力量，却导致当地民众流离失所，身心备受摧残，也造成了难
以弥补的生态灾难。在遭到当地民众和国际社会的强烈抗议后，美国
政府和军方一方面加强对该地区的军事控制，特别是瓜加林环礁军事
基地的控制；另一方面不得不做出让步，给予马绍尔群岛更大的政治
自决权和经济援助。

　　美国内政部海岛事务办公室是负责向太平洋自由联系国提供各种
援助，并实施监督和评估与自由联系国关系的政府机构。该办公室主
任费迪楠·阿兰扎曾在美国众议院外交委员会发表讲话，毫不讳言地
承认美国与帕劳、密克联邦和马绍尔群岛三国订立《自由联系协定》

① Martha Smith – Norris, *Domination and Resistance：The United States and the Marshall Islands during the Cold War*, Honolulu：University of Hawaii Press, 2016, p. 3.

恰是出于政治考量，即在二战后与苏联争夺太平洋霸权①。正是出于和苏联争霸的战略目的，美国需要夺取这些岛屿的控制权，并在这些岛屿独立后仍然能够长期加以控制，使其与美国保持军事同盟或特殊关系。阿兰扎认为《自由联系协定》实现了美国的战略目标，不仅在冷战期间控制了这些战略地位极其重要的岛国，而且成功地遏制了苏联在辽阔的太平洋地区与美国争夺霸权。

吉米·哈拉在其著作《亚太的冷战前沿》一书中指出美国出于和苏联争霸太平洋的目的，欲使整个太平洋地区成为美国的"内湖"②。美国与帕劳、密克联邦和马绍尔群岛构建的自由联系关系就是"轮辐体系"中的一环，并且成为"轮辐体系"包裹下美国最为重要的核武器和导弹试验基地之一。正是在"轮辐体系"的保护下，太平洋地区在冷战期间成为美国的"内湖"。约翰·多伦斯强调控制太平洋地区对美苏争霸意义重大。他认为该地区是连结亚洲和南北美洲的交通要道，夺取太平洋霸权，美国既可西向进入亚洲，逼近苏联和其他共产党执政的国家；又可扼守密克群岛，阻止苏联和其他竞争对手进入太平洋地区，截断美国和亚洲的航线，并进而东向威胁美国的本土安全③。正因如此，多伦斯认为帕劳、密克联邦和马绍尔群岛战略地位重要，美军在此建立的军事基地和瓜加林环礁的核基地既可对威慑苏联和其他竞争对手，又可作为进攻太平洋西岸地区的前进基地。

冷战的结束和苏联的解体导致美国在太平洋地区的霸权和安全威胁不仅基本消失，美国在太平洋地区的军事力量更是如日中天，一时

---

① Ferdinand Aranza, "Statement of Ferdinand Aranza, Director, Office of Insular Affairs, United States Department of the Interior", *US Assistance to Micronesia and the Marshall Islands*, Washington D. C.: US Government Printing Office, 2000, p. 64.

② Kimie Hara, *Cold War Frontiers in the Asia - Pacific: Divided Territories in the San Francisco System*, New York: Routledge 2006, p. 107.

③ John C. Dorrance, "The Soviet Union and the Pacific Islands: A Current Assessment", *Asian Survey*, Vol. 30, No. 9, 1990, pp. 908 – 925.

无两。但是，在冷战后的单极世界里，在美国军事力量一家独大的背景下，美国仍无意对太平洋自由联系国放手，而是不断地强化对自由联系国的控制以长期巩固其在三国的战略拒止权和战略否决权，护持美国的太平洋霸权和美国的全球霸权。为此，美国政府和军方"双管齐下"，一方面将夏威夷、关岛、北马里亚纳群岛联邦和美属萨摩亚打造成美国在太平洋地区的四大"军事基地"；另一方面全力加强对自由联系国的控制，进一步将自由联系国打造成"拒止"新兴大国军事力量进入太平洋的战略堡垒[1]。随着中国经济的快速发展，特别是随着太平洋岛国与中国平等互利合作的不断深化、强化，太平洋岛国要求实施"北向方略"和"平衡外交"的呼声日益高涨[2]。太平洋岛国领导人和学者认为加强与新兴国家的平等发展合作是岛国摆脱传统殖民宗主国的政治、经济控制，实现经济自立和政治自决的历史机遇[3]。太平洋地区新的地缘政治和经济发展趋势驱动太平洋岛国寻求国家和民族的真正独立触动了美英等国在该地区的政治、经济和霸权利益。美英等国因此视中国为美国在该地区霸权的最大威胁，西方学者和机构也因此出现研究重点转移，不再将岛国的"民主、良政、透明"作为后冷战初期的研究重心，而将中国与太平洋岛国的互利合作及中国在该地区不断上升的影响作为其研究的重点[4]。与此相应，美国和其他西方国家学者和机构也将如何遏制中国与帕劳、密克联邦和马绍尔群岛的关系发展、增强美国对三国的控制以及如何利用在三国的军事基地和"战略拒止权""战略否决权"巩固美国的太平洋霸权

① Crocrombe, R., *The Pacific Islands and the USA*, Honolulu：East – West Center, 1995, p. 274.

② 于镭、赵少峰：《"21 世纪海上丝绸之路"开启中国同太平洋岛国关系新时代》，《当代世界》2019 年第 2 期。

③ Stephen Ratuva, "A New Cold War? American and Chinese Posturing in the Pacific", *Asia – Pacific Policy Review*, Vol. 1, No. 2, 2014, pp. 409 – 422.

④ Graeme Smith and Terence Wesley – Smith, *The China Alternative：Changing Regional Order in the Pacific Islands*, Canberra：ANU Press, 2021.

作为研究美国与三国关系的重点。

在新兴大国崛起和太平洋岛国要求实现真正的民族独立和政治自决的地缘政治变化的背景下，美国和西方一些政治人士不断鼓吹"新冷战"。美国国防部和军方机构及其研究人员坚持认为帕劳、密克联邦和马绍尔群岛三国对于美国在太平洋地区遏制中国意义重大，因为美国不仅可以凭借设在三国的军事基地阻止中国进入太平洋地区威胁美国的军事霸权，而且还可随时切断中国途经太平洋地区的贸易航线，重击中国的经济命脉①。帕劳前总统约翰逊·陶瑞宾（Johnson Toribiong）注意到美国已经加强了在帕劳的军事力量，他认为这是为了遏制中国在该地区不断增长的经济和政治影响力②。与此同时，美国也加大了对帕劳、密克联邦和马绍尔群岛的援助。美国一些学者认为这加重了美国的经济负担，使得自由联系国的关系更加紧密，但更加不自由。2018年，美国美中经济和安全评估委员会发布报告强调如果美国不增加对自由联系国的援助，三国极有可能因中国影响力的日益增强而终止与美国签署的《自由联系协定》③。

2019年，美国兰德公司发布重要研究报告，呼吁美国政府和军方加强对太平洋自由联系国的经济援助和军事控制④。该公司研究人员认为自由联系国三国的海洋面积辽阔，是联系美国本土和位于关岛、

---

① Committee on Foreign Affairs, US Congress, *Compact of Free Association with the Republic of Palau: Assessing the 15 - year Review*, Washington D. C.: US Government Printing Office, 2011, p. 32.

② Kerrigan, K., "Former Palau President: Compact 'The Best Deal'", *The Guam Daily Post*, 16 November 2018, www. postguam. com/news/local/former - palau - president - compact - the - best - deal/article_ 60c04990 - e891 - 11e8 - a897 - b3c22f850bc5. html.

③ Meick, E., M. Ker and H. M. Chan, *China's Engagement in the Pacific Islands: Implications for the United States*, Staff Research Report, 14 June, US - China Economic and Security Review Commission, Washington DC, 2018, www. uscc. gov/sites/default/files/Research/China - Pacific% 20Islands% 20Staff% 20Report. pdf.

④ Derek Grossman, Michael S. Chase, Gerard Finin, Wallace Gregson, Jeffrey W. Hornung, Logan Ma, Jordan R. Reimer, Alice Shih, *America's Pacific Island Allies: The Freely Associated States and Chinese Influence*, Santa Monica: Rand Corporation, 2019, p. 97.

菲律宾、澳大利亚等地的军事基地的必经之路。惨痛的太平洋战争充分表明三国地理位置对于大国夺取太平洋霸权的重要性，也是护持美国太平洋霸权的战略要地。为此，报告建议美国在与三国的《自由联系协定》分别于 2023 年和 2024 年到期后继续延续。报告还呼吁美国政府和军方以及其他前殖民宗主国共同增加对三国的经济援助和军事控制，否则美国及其他殖民宗主国将会付出沉重的政治、经济和军事代价。

斯蒂文·拉图瓦认为，美国正在太平洋岛国地区对中国展开类似冷战的激烈对抗，但他分析认为中美在太平洋岛屿地区的关系与美苏冷战截然不同①。美苏在太平洋地区只有对抗，而没有合作。但中美两国的关系却比美苏关系要复杂得多，美国在太平洋岛屿地区既与中国对抗，又不得不与中国合作。作者强调太平洋岛国在对待美中的态度上也值得深思：太平洋岛国政府和民众多对美中在该地区的对抗不感兴趣，更无意选边。相反，多数太平洋岛国对与中国开展互利经贸合作，特别是基础设施建设合作表现出浓厚的兴趣。岛国政府和民众认为与美国只关注军事安全和霸权不同，中国更关注经贸合作和基础设施建设合作。因此，中国在太平洋岛国地区日益增强的存在受到岛国的欢迎。一些岛国政府高官和政治人士还特别强调加强与中国的互利合作，不仅有利于岛国的经济发展和民众就业，而且有利于岛国对抗前殖民宗主国对岛国施压和干涉，有利于岛国争取政治自决和国际社会的平等地位。

格雷姆·史密斯和特伦斯·卫斯理—史密斯在其编著的新书《中国替代：改变太平洋岛屿地区秩序》中认为由于以美国为首的太平洋地区守成国家视中国的迅速崛起为其地区霸权和既得政治、经济利益的威胁，因而不断加强在该地区的军事力量，以遏制中国

---

① Steven Ratuva, "A New Regional Cold War? American and Chinese Posturing in the Pacific", *Asia & the Pacific Policy Studies*, Vol. 1, Issue 2, 2014, pp. 409 – 422.

与太平洋岛国不断深化的互利合作，太平洋岛屿地区因而进入大国力量不平衡和不稳定期①。一些学者，特别是岛国学者认为太平洋岛国无须在中美两大国间做出选择，而应欢迎中国与太平洋岛国开展更多的互利合作，从而搭上中国经济快速发展的"列车"。一些西方政治人士和研究人员也注意到岛国政府和民众不愿意在中美间选边，更不愿意帮助美国和其他前殖民宗主国遏制中国，而是更愿意利用大国的竞争从西方国家获得更多的经济援助，使岛国的利益最大化②。对于岛国拒绝"选边"的立场，格雷姆·史密斯和特伦斯·卫斯理—史密斯都"告诫"岛国政府和民众他们或许可以从大国竞争中获取短期利益，但是当中美两国竞争激化时，岛国将不得不在中美间选边。

（二）我国对美国与太平洋自由联系国关系的研究状况

梳理我国学者对美国与太平洋自由联系国关系的研究不难发现，我国学者和学术机构对美国与太平洋自由联系国关系的研究基本处于空白状态。迄今为止，我国尚没有关于美国和太平洋自由联系国关系的专著出版，即便是关于这一主题的论文也基本付之厥如。我国学者和学术机构目前还只是将关注的焦点置于西方国家和新兴国家与太平洋岛国的整体关系及其对太平洋岛国与我国互利合作关系可能产生的影响。

经过文献梳理发现，较多论述西方前殖民宗主国与太平洋岛国关系的学术专著仅有聊城大学赵少峰和于镭合著的《中国在太平洋岛屿地区的身份建构》一书。两位作者在书中强调指出，美国一向视太平

---

① Graeme Smith and Terence Wesley – Smith, *The China Alternative*: *Changing Regional Order in the Pacific Islands*, Canberra: ANU Press, 2021.

② Pratt, C., Opening Remarks to the Center for Strategic and International Studies US – Pacific Dialogue, "Strengthening the US – Pacific Islands Partnership", Deputy Secretary General Nadi: PIF Secretariat, 4 March 2019, www.forumsec.org/.

洋为其内湖，美国的地区盟友澳大利则将太平洋岛屿地区视为"后院"①。美国、澳大利亚和其他前殖民宗主国囿于霸权和既得利益因而尤其对太平洋岛国与所有新兴国家发展合作关系均持强烈的疑虑和阻挠态度。中国同太平洋岛国关系的深入发展与日益强化引起美英等国的强烈不满和猜忌。囿于冷战和霸权主义思维，美英等国一方面对太平洋岛国同中国的互利合作关系的快速发展表现出极大的"焦虑"，先后推出"印太战略""太平洋升级"等计划，企图加强对太平洋岛国的控制，阻碍岛国同中国互利合作关系的强化、深化；另一方面则罔顾事实地在国际社会和太平洋地区渲染中国"新殖民主义论""新霸权主义论""资源掠夺论"和"债务危机论"，企图通过冷战式的"妖魔化"和对抗遏阻中国与太平洋岛国关系的发展②。

刘卿在《澳大利亚强化南太政策：措施、动因及制约因素》一文中强调指出，澳大利亚一向视南太地区为传统后院，始终警惕域外大国在南太地区建立势力范围。为此，澳大利亚殖民当局曾强烈要求英国使用武力将欧洲强国挡于南太地区之外。一战后，澳大利亚便迫不及待地宣布澳版"门罗主义"，警告其他帝国主义大国不要染指太平洋岛屿地区。第二次世界大战后，澳大利亚基本确立在南太地区的霸权。此后，澳大利亚更加警惕域外国家，特别是新兴国家在南太地区增强影响力，竭力避免任何异己势力进入南太区域，从而削弱其在该地区的领导地位。在太平洋岛国与中国等亚洲国家加速发展互利合作关系后，澳大利亚陷入"深深的忧虑"。莫里森政府始终坚持澳大利亚在南太平洋地区有着持久的利益和"特殊的责任"，正在努力地恢复澳大利亚在南太平洋地区在战略与外

---

① 赵少峰、于镭：《中国在太平洋岛屿地区的身份建构》，中国社会科学出版社 2023 年版。

② Jane Norman, "Scott Morrison Reveals Multi – billion – dollar Infrastructure Development Bank for Pacific", *ABC News*, 8 November, 2018, https://www.abc.net.au/news/2018 – 11 – 08/scott – morrison – announces – pacific – infrastructure – bank/10475452

交关系中的"中心地位"①。

高文胜在其论文《南太平洋能源战略通道的价值、面临的风险及中国的对策》中指出澳大利亚是美国在亚太地区最亲密的盟友，也是布什反恐战争的坚定支持者。澳大利亚还是南太地区的大国和强国，对太平洋岛国有着重要的影响力②。1951 年，澳大利亚、新西兰以及美国签订《澳新美同盟条约》，正式确立三边同盟关系。此后"澳新美同盟"在美国的太平洋地区战略中发挥着重要作用，尤其是澳大利亚在南太地区的作用不容忽视。澳大利亚被美国认作地区稳定的"战略依托"（strategic anchor），而且在维护全球安全上发挥着令人难以置信的重要作用。在共同安全框架下，美澳军队几乎参与了所有的军事行动。强化美澳同盟关系的目标是扩大美澳军事合作，尤其是扩大太平洋美军在澳大利亚的军事存在，使美澳安全同盟从"一种太平洋伙伴关系扩展到跨越印度洋和太平洋的伙伴关系"。从战略环境看，澳大利亚的战略环境主要在海洋。澳大利亚没有陆地边界，也没有任何领土争端。这也注定了其重视南太地区的海上战略通道。澳大利亚的战略政策强调其武装部队根本的、不变的任务就是阻止对澳大利亚的直接攻击，也就是保护自身的战略环境，阻挡区域外国家占领任何太平洋赤道附近及东部群岛海域的海上战略通道，因为别国可以在占领这些太平洋岛屿后对澳大利亚进行力量投射。澳大利亚《2013 年国防白皮书》中明确指出了四个战略利益，其中之一是确保南太地区的安全，即澳大利亚的近邻，包括巴布亚新几内亚、东帝汶和太平洋岛国，是仅次于本土安全的第二重要战略利益。

于镭和赵少峰在《"21 世纪海上丝绸之路"开启中国同太平洋岛国关系新时代》一文中强调指出，中国同太平洋岛国的基建合作受到

---

① 刘卿：《澳大利亚强化南太政策：措施、动因及制约因素》，《国际问题研究》2019年第 4 期。

② 高文胜：《南太平洋能源战略通道的价值、面临的风险及中国的对策》，《世界地理研究》2017 年第 6 期。

太平岛国的欢迎，因为它不仅促进了太平洋岛国的"内联内通"，促进了岛国的社会和经济发展，便利了民众的生活，而且增强了各个岛国的民族团结和国家凝聚力①。太平洋岛国都是岛屿国家，"岛多国散"是其共同特点，各岛之间交通不便，联系不密，难以形成统一的商品和就业大市场。一些岛国加入中国提出的"一带一路"倡议后，国内基础设施状况得到了极大地改善，不仅便利了当地民众的出行与就业，而且促进了外来投资与国内贸易的发展，岛国人民的生活质量和生活水平得到了较大改善。交通的便利更是促进了各岛屿之间的民众交往，增进了岛国民众对国家认同感和民族凝聚力。中国同太平洋岛国的基建合作还促进了岛国的"外联外通"，让岛国不再游离于世界经济体系之外，极大促进了岛国与世界各地的经贸交流，带动了岛国经济以前所未有的速度持续发展。太平洋岛国与外部世界更为便利的互联互通引来了世界各地——特别是亚洲新兴国家更为优惠的、不附加政治条件的投资。渔业加工企业、农产品加工出口企业、旅游工业企业等史无前例地出现在太平洋岛国地区，促进了当地的经济发展和人民生活水平的提高。"外联外通"也让岛国的产品，特别是宝贵的自然资源实现了更大价值，不再因交通不畅而被迫贱卖给前殖民宗主国。"一带一路"和"21世纪海上丝绸之路"南线的建设正成为太平洋岛国走出世代生活的大洋洲，进而更好参与经济全球化进程的重要渠道②。

太平洋岛国"内外联通"，拓展并升华了岛国政府和民众的发展观及实现国家发展的道路和模式。与外部世界，特别是与亚洲各国的互联互通极大地促进了岛国政府和各阶层民众与亚洲国家和人民的交流与往来。"借鉴亚洲发展经验和发展模式"成为许多太平洋岛国社会经济发

① 于镭、赵少峰：《"21世纪海上丝绸之路"开启中国同太平洋岛国关系新时代》，《当代世界》2019年第2期。
② 于镭、赵少峰：《"21世纪海上丝绸之路"开启中国同太平洋岛国关系新时代》，《当代世界》2019年第2期。

展规划中越来越重要的考量。在此背景下，中国同太平洋岛国关系的深入发展与日益强化引起了澳大利亚及一些前殖民宗主国的不满和猜忌。这些国家囿于冷战和霸权主义思维，罔顾事实地在国际社会和太平洋岛屿地区渲染中国"新殖民主义论""新霸权主义论""资源掠夺论"和"债务危机论"，企图遏阻中国与太平洋岛国关系的发展①。与此同时，前宗主国竞相宣布设立岛国基础设施专项基金，并大幅度增加"无偿援助"，以"消除"并恢复前殖民宗主国在该地区的影响。

虽然我国学者目前还只是关注美国和以英国为首的前殖民宗主国在太平洋地区巩固霸权和既得利益及其对太平洋岛国与我国互利合作关系发展的影响，既缺乏理论性，也缺乏系统性，并且没有研究专著，但它们无疑为推动我国对美国和以英国为首的前殖民宗主国与太平洋岛国关系的研究提供了宝贵的资料和有益的思考。

从上述文献梳理不难发现在美国霸权主义力量上升期，特别是在后冷战初期美国国力如日中天之际，美国为了护持太平洋霸权，军、政、学各界对迫使三国缔结并续签《自由联系协定》均较少，甚至不考虑经济成本；在美国国力相对下降之际，虽然美国军、政、学各界对继续以较大的经济成本续签协定出现较大的争论和分歧，但总体而言，主张续签协定仍是目前美国政、军、学界的主流观点。要求续签协定的强烈主张主要源于两点考量：一是亚太地区是世界经济最为活跃的地区，这意味着太平洋地区仍将长期是世界经济的重心，控制太平洋岛屿地区就是在 21 世纪乃至下个世纪护持美国的太平洋霸权，美国绝不能轻易交出太平洋地区的军事主导权②；二是太平洋岛屿地区，特别是三个自由联系国地区军事战略位置十分重要，是美国控制

---

① Bob Jurriaan Van Grieken and Jaroslaw Kantorowicz，"Debunking Myths about China：The Determinants of China's Official Financing to the Pacific"，*Geopolitics*，Vol. 6，Issue 3，2019，pp. 861 – 888.

② Stewart Firth， "American strategic considerations drive compact negotiations in Micronesia"，*Development Policy*，6 August 2020，https：//devpolicy. org/american – strategic – considerations – drive – compact – negotiations – in – micronesia – part – 1 – 20200806/.

太平洋地区海上交通要道的军事堡垒，也是美国围堵中国的所谓第二岛链的枢纽。因此，控制自由联系国地区海域是美军在太平洋地区的重点战略目标①。弱化美国在自由联系国地区的特殊军事地位既不明智，也不符合美国的长远利益②。

第四节　研究理论和研究方法

国际地区研究和国际关系理论发展到今天已经摆脱了以往过于单一地专注于事件的历史分析，而呈现出对同一个研究问题采取多层次、多维度、多种类的研究范式。国际地区研究和国际关系学界对大国的地区地位及其与区域内国家的关系研究也表现出多视角、多路径的趋势。不论是秉持现实主义、自由主义，抑或建构主义的地区研究和国际关系学者都从自己的研究路径出发，建构视角不同的地区霸权理论。美国在太平洋地区的霸权建构一直与战争密切相关，具有渐进性。美国和西班牙的战争为美国揭开了太平洋霸权的序幕，而太平洋战争的胜利则将美国推上了太平洋霸权的顶峰，美国的太平洋霸权因而具有帝国主义争霸的天然属性。鉴于这一特性以及美国在后冷战时期的地区政策远未脱离冷战思维的特质，本书采用本质上属于结构现实主义理论范畴的"权力架构"的理论框架来解析美国与太平洋自由联系国的关系和太平洋地区霸权政策取向③。

汉斯·摩根索是西方国际政治和国际关系理论研究中最为著名的现实主义大师之一，在其洞察国际政治本质的经典著作《国际政治

---

① MEAGHAN TOBIN, "EXPLAINED: WHY TAIWAN, US AND CHINA ARE WATCHING MARSHALL ISLANDS VOTE COUNT", *SOUTH CHINA MORNING POST*, *NOVEMBER 26, 2019*.

② Susanne Rust 2020, "U. S. Says Leaking Nuclear Waste Dome Is Safe; Marshall Islands Leaders Don't Believe It," *Los Angeles Times*, 1 July.

③ Shamsul Khan, "Middle Powers and the Dynamics of Power Shift", *Harvard Asian Quarterly*, Vol. XIV, No. 3, 2012, p. 52.

学》（*Politics among Nations*）一书中，他一针见血地指出："国际政治如同所有的政治活动一样，都是对权力的争夺。"[1] 正是这种对"权力"的争夺，形成了目前以西方大国为主导的国际权力架构体系。现代西方主流国际政治和国际关系理论认为任何一国在全球权力架构体系里的地缘政治作用既非全球事务参与者随意行为的结果，亦非全球力量架构互动的偶然巧合，而是一国"硬实力"和"软实力"叠加结果。"硬实力"通常是指一国的经济，或军事实力，抑或两者的叠加。"软实力"则是指一国通过文化、教育和价值观输出对别国形成的影响力。在主流西方学者看来，当今的全球权力体系架构即是各国"硬、软"实力的产物，并且各国的"硬、软"实力也决定了他们在全球体系和地区次体系中的地位[2]。根据各国的"硬、软"实力，西方学者大体上将世界各国划分为三大类：超级大国（全球体系的主导国家），区域强国或"中等强国"（全球体系，或地区次体系中的重要国家）和底层国家（全球体系和地区次体系里的弱国）。

在全球权力体系里占据主导地位的超级大国通常既拥有包括经济和军事实力在内的超强的"硬实力"，又具有全球性影响的"文化"软实力。在近现代史上，处于全盛时期的英帝国曾构建过以其经济和军事霸权为主导的全球权力体系（Pax Britannica）；而现存的全球唯一的超级大国——美国，在二战后的两极体系和冷战后的单极体系里都曾以近乎相同的方式构筑起以美国经济和军事霸权为主导的全球权力体系（Pax Americana）。纵观英、美这两个在近现代史上成功构建起以自己的霸权为主导的世界体系的全球性强国的特质可以发现，这两个国家的共同点是都曾既具有强大的经济和军事的"硬实力"，又具有无远弗届的文化"软实力"。例如，在英帝国如日中天时，"日

---

[1]　Morgenthau, H. J., *Politics among Nations*, New York：Knopf, 1966.

[2]　Shamsul Khan, "Middle Powers and the Dynamics of Power Shift", *Harvard Asian Quarterly*, Vol. XIV, No. 3, 2012, p. 52.

不落"帝国的辉煌即建立在举世无双的"世界工场","无敌舰队"和"世界语"——英语,等"硬、软"实力之上。而美国自二战后建立的全球霸权体系,也同样是依靠自身无可匹敌的经济、军事和文化等"硬、软"实力。

在全球体系中,超级大国具有区域强国(中等强国)和底层国家无法企及的"硬、软"实力,并且超级大国往往凭借这些实力对不服从自己意志的国家采取形象抹黑与妖魔化、经济制裁与贸易禁运、军事封锁与入侵颠覆,以及"驱逐"出超级大国主导的世界体系等手段予以惩罚,并以儆效尤,从而达到增强自身在全球权力体系中威权的效果。区域强国(中等强国)和底层国家由于自身的经济、军事和地缘政治实力等因素不具备对超级大国逆向,或等量逆向作用的能力。因此,从国际关系的互动架构来看,超级大国在全球权力体系中相对处于"主导"地位,而区域强国(中等强国)和底层国家则通常处于"从属"地位①。

全球权力体系充满变量,最要害的莫过于国家的"硬"实力和"软"实力随着时间的推移而此消彼长。超级大国的目标设置因而不可避免地首先设定为护持自身建构和主导的全球体系的现状与稳定,以及因此而衍生的规则和以规则为基础的秩序。对上述各维度"现状"的护持就是保卫超级大国自身的权力,以及由此而产生的种类繁多的有形和无形的利益。鉴于此,包括美国在内的西方学者比较一致地认为美国在 21 世纪的首要战略目标就是"遏制任何新兴崛起强国对美国主导的全球体系——特别是亚太区域次体系可能构成的现实和潜在的挑战"②。为此,超级大国往往凭借其无与伦比的"硬"实力

① Baldev R. Nayar, "A World Role: the Dialectics of Purpose and Power", in Boulder Mellor, ed., *India: A Rising Middle Power*, Lynne Rienner, 1979, pp. 117 - 145.

② Tow, W. and Loke, B., "Rules of Engagement: America's Asia - Pacific Security Policy under an Obama Administration", *Australian Journal of International Affairs*, Vol. 63, No. 4, 2009, pp. 442 - 457.

和无远弗届的"软"实力，并借助其构筑的军事和政治同盟体系，对新兴强国，特别是"硬"实力迅速增长，并对自己构建的体系、秩序和地位已经或即将构成"挑战"的国家予以或明或暗的破坏、遏制，甚至是发动公开的打击和战争。

区域强国（中等强国）根据其自身的"硬、软"实力又可以分为一流中等强国，如英国、法国等；二流中等强国，如意大利；三流中等强国和四流中等强国等。中等强国在全球体系里的地位明显具有两重性：相对于超级大国而言，他们通常居于"从属"地位；但对于底层国家，甚至是对于二流区域（中等）强国而言，他们通常又具有"主导"地位。在全球权力体系中具有"主导"地位的超级大国毫无疑问具有全球影响，而区域强国（中等强国）作为相对独立的区域次体系的力量中心，在某一特定区域内如果不是具有"主导"地位，也是具有非常重要的地位。

区域（中等）强国视其力量，特别是"硬"实力的消长可分为"守成型区域强国"和"崛起型区域强国"。"守成型区域强国"通常会将与超级大国保持密切合作，甚至结为同盟设为首要战略目标和"生存"范式，旨在借助与超级大国的军事同盟谋取经济利益，借力超级大国保卫国家安全，吓阻潜在的入侵者和利益挑战者，以护持自身在全球权力体系和区域次体系中的强国地位与既得利益。作为回报，守成型地区强国需对超级大国表现忠心，承担协助其维护全球权力体系和秩序现状的义务，必要时采取包括遏制、战争等在内的一切措施来共同应对新兴强国对超级大国及其主导的全球体系和秩序的挑战。守成型区域强国通常对承担这一义务表现出较强的内生性意愿，因为任何新兴强国的崛起都蕴含着引起现行体系与秩序变革的必然性与或然性，进而引发权力架构、利益分配和地位等级的系列性变化。守成型地区强国预期中的权力、利益和地位的不确定性驱动它们竭力协助超级大国阻遏新兴强国的崛起，特别是阻止其对现行全球和区域体系与秩序的挑战以维护守成型区域强国在权力体系中的地位和既得利益①。在这一点上，守成型超级大国和守成型区域强国有着相似的战略利益和战略驱动性。如 20 世纪下半叶日本经济崛起对全球体系和秩序所带来的挑战不仅令美国充满危机感，也同样令英、法、德等区域强国充满危机和不满。同样，对中国崛起最先做出强烈反应和阻遏的不是美国，而是日本、澳大利亚等美国在亚太地区的盟国和美国主导的亚太区域体系与秩序的既得利益者。

"崛起型区域强国"的首要战略目标就是尽量缩短崛起过程，尽快成为超级大国，以摆脱"守成超级大国"及其政治和军事同盟可能实施的大规模的破坏、遏制、冷战，甚至是战争。"崛起型区域强国"并不因其"硬、软"实力的快速成长而必然地对全球和区域体系与秩序产生"革命"的要求，但会必然地对其产生变革、调整的要求，以包容和适应其日益增长的利益诉求②。守成型超级大国或因其"硬、软"力量的相对下降而满足新兴区域强国的要求，对全球和区域体系与秩序做出调整以反映新兴强国不断增长的力量，包容其日益扩张的利益诉求。守成超级大国更有可能凭借其仍然占据优势的"硬、软"力量，采取各种策略和手段阻止，或延宕新兴强国的崛起，从而阻挠其对自己主导的全球体系与秩序，以及因此而产生的利益构成威胁和挑战。

古希腊历史学家修昔底德在其巨著《伯罗奔尼撒战争史》中剖析了权力转换可能带来的安全困境：斯巴达与雅典的战争之所以不可避免，是因为"雅典力量的快速增长及其在斯巴达所引起的恐慌"③。因此，"修昔底德陷阱"的一个关键因素在于守成大国对新兴力量的认知与反应，存在着将新兴大国对守成大国并不必然的挑战催逼为自

---

① Shamsul Khan, "Middle Powers and the Dynamics of Power Shift", *Harvard Asian Quarterly*, Vol. XIV, No. 3, 2012, p. 52.

② Baldev R. Nayar, "A World Role: the Dialectics of Purpose and Power", in Boulder Mellor, ed., *India: A Rising Middle Power*, Lynne Rienner, 1979, pp. 117 – 145.

③ Thucydides (Rex Warner translation), *History of the Peloponnesian War*, London: Harmondsworth, 1954.

我实现的预言（*a self - fulling prophecy*）①。由于担心受到守成超级大国的遏制和战争而终结其崛起进程，新兴强国会采取各种措施防范，并反击守成超级大国的遏制，或发动的战争。美国在崛起过程中，不仅与守成超级大国英国开过战，而且在战后的岁月里制定了与英国争夺世界霸权的决战预案②。

　　相较于超级大国和区域强国（中等强国），"底层国家"在全球权力体系中处于"从属"地位，通常位于全球和区域事务决策机制的末端。因此从全球权力体系的决策架构来看，"底层国家"通常仅具备有限的外交政策主权。面对超级大国和众多的区域强国（中等强国），"底层国家"的外交折冲空间总的来说非常有限。在许多国际事务，特别是全球事务上，"底层"国家常常被排除在决策机制之外。因此，底层国家通常只能通过自身的政策调整，来适应"主导"国家做出的事关全球或区域事务的决策。

　　本书在研究方法的运用上借鉴了戴卫·辛格和肯尼思·沃尔茨的层次分析法，把国家的对外政策研究和国际体系的研究既做必要的分割，又作有机地结合，以多层次，多角度的方式解析了美国和太平洋自由联系国关系的建构、巩固和演变历程。通过这一方法的运用，本书从美国地区政治和军事霸权建构与护持的角度对美国与自由联系国关系的建构进行了深刻地揭示。冷战期间，美国始终将太平洋自由联系国所在的岛屿地区据为自己的托管地，对该地区实施"战略拒止"和"战略否决"。为了进一步巩固这些特权和霸权，美国在太平洋地区建构了旧金山体系。冷战末期，面对太平洋岛国地区汹涌的争取民族独立和自决的浪潮，美国不得不考虑让太平洋岛屿托管地独立，但却蛮横地要求这些岛屿托管地独立前必须承诺与美国签署《自由联系

---

①　Hugo Kirk, "No Bigger Question: How Should the U. S. Handle the Rise of China?", *National Interest*, 30 September 2016.

②　Russell Parkin and David Lee, *Great White Fleet to The Coral Sea*, Canberra, Australian Department of Foreign Affairs and Trade, 2008.

协定》，以便继续控制这些岛屿地区，这一无理的前提条件充分暴露了美国的"霸权雄心"。因此，层次分析法的运用恰到好处地将美国的"帝国雄心"放置到聚光灯下，也使美国在太平洋地区的霸权构建和演变得以更加清晰地曝光。

在"权力架构"理论和层次分析法的总架构下，本书还大量采用案例分析法来深入剖析美国与太平洋自由联系国关系在冷战后的强化与发展。本书之所以钟情这一研究方法，概因其被广泛运用来解构现实世界，并为我们提供进一步认知世界和探索未知的观点与方法。本特·弗莱夫杰格在对案例法进行长期研究之后认为，这种研究方法着重对某一个体，或某一现象发展过程中的某一阶段进行深入研析，并且这种研究方法总是把重点放在那些推动事物，或现象不断发展和变化的最重要因素上①。托马斯在其著述中更是对这种研究法作了更加详细地描述：案例分析法就是对人、事件、决策、事件的阶段、项目、政策、机构，或是制度运用一种，或多种方法进行全面的、系统的研究②。艾德尔蒙在总结自己的心得体会时指出：案例分析法是综合运用各种研究方法对某一事件进行全方位的研究。运用这种方法，可以对研究对象加以描述、解释，或是既描述又解释③。它可以对研究对象进行反思，抑或前瞻。正是因为案例分析法运用的研究方法的多样性和对研究目标的细致性，它才能够做到对某一研究对象展开深入的研究。在运用这一研究方法的过程中，还可能大量使用定性与定量分析，从而发现其内在的、不易为人察觉的内部关联。因此，案例研究法特别适用于对复杂的和不断发展变化的事件，或问题进行研

---

① Flyvbjerg, B., "Case study", in Denzin, N. K. & Lincoln, Y. S. (ed.), *The Sage Handbook of Qualitative Research*, Thousand Oaks: Sage, 2011, p. 301.

② Thomas, G., "A Typology for the Case Study in Social Science Following a Review of Definition, Discourse and Structure", *Qualitative Inquiry*, Vol. 17, No. 6, 2011, pp. 511 – 521.

③ Adelman, C., Jenkins, D. & Kemmis, S., "Re – thinking Case Study: Notes from the Second Cambridge Conference", *Cambridge Journal of Education*, Vol. 6, Issue. 3, 1976, pp. 139 – 150.

究，并揭示其为什么会发生，以及如何发生，或发展变化。

美国与太平洋自由联系国是殖民主义、帝国主义时代霸权激烈争夺以及冷战时期地缘政治和军事对抗的产物，带有鲜明而强烈的历史印记。但是，美国和太平洋自由联系国的关系在后冷战时代的发展演变却与人们的预期出现了极大的反差。21世纪初，美国仍然顽固地坚持对三国的军事特权，并不时以停止经济援助相要挟。本书查阅并收集了有着美国和太平洋自由联系国的大量资料，力求在现实主义国际关系理论"权力架构"理论的指导下，运用层次分析法和包括案例分析法在内的大量研究方法来深入探析美国和太平洋自由联系国关系在冷战后不同时期的发展特征，以及形成这些特征背后的美国方面的战略与国家利益考量。在此基础上，本书还剖析了美国与自由联系国关系的发展演变在后冷战时期对中国同三国关系的影响。鉴于本书在研究的过程中需要解析大量的具有重大影响的标志性事件，因此本书认为案例分析法及其采用的包括定性与定量分析法在内的大量综合研究方法是合适的，有利于对这一复杂的国际关系现象展开细致、透彻地解析。

第二章 美国和太平洋自由联系国关系建构的历史进程及其影响

第一节 两次世界大战和美国对密克群岛地区的霸权争夺

美国的太平洋自由联系国密克联邦（Federated States of Micronesia）、马绍尔群岛共和国（Marshall Islands）和帕劳共和国（Palau）均位于北太平洋密克罗尼西亚群岛（以下简称密克群岛），该群岛包括三大群岛：北马里亚纳群岛、马绍尔群岛和加罗林群岛。早在第一次世界大战期间，在欧洲列强殊死搏杀大西洋之际，美国就已深刻认识到太平洋地区对美国全球霸权的重要性。美国总统西奥多·罗斯福和海权论的奠基人阿尔弗雷德·马汉均深刻意识到太平洋地区将是美国建立世界霸权最为重要的战略区①。马汉预言太平洋地区将是新老帝国主义列强争夺世界霸权乃至下一次世界大战的主战场。1825 年，美国总统约翰·亚当斯（John Quincy Adams）明确表示美国必须建立一支强大的海军来保障美国在太平洋岛屿地区的利益。太平洋战争期间，罗斯福每天都会在白宫地图

---

① Walter Lafeber, "American Imperialism: Altruism or Aggression", Gerald N. Grob and George Athan Billias (eds.), *Interpretations of American History*, New York: The Free Press, 1967, p. 202; John A. Adams, *If Mahan Ran the Great Pacific War*, Bloomington: Indiana University Press, 2008, p. 10.

室凝视太平洋岛屿若有所思，他指着该地区的数百个小岛说"它们覆盖着大片的战略区"①。耶鲁大学历史学家保罗·肯尼迪曾于1987年出版了蜚声全球的历史研究巨著《大国的兴衰》，但他的第一部著作《萨摩亚纷争》却是研究大国在太平洋岛屿地区的战略竞争。作者在书中自问："为什么有这么多的文章和书讨论这些太平洋中的小岛屿？"他自己提供了答案：很大程度上是大国在南太地区的经济、战略和文化利益的重叠竞争②。

正是由于太平洋地区的战略重要性，太平洋岛屿才成为帝国主义列强长期争霸的焦点。除新兴的帝国主义强国美国外，日本和澳大利亚也是后起的帝国主义强国，两国虽然是帝国主义争夺殖民地的迟到者，但均不是地区霸权争夺战的缺席者。一战期间，德国太平洋岛屿殖民地成为日本军国主义和英国自治领澳大利亚争夺的焦点。澳大利亚虽然刚刚脱离英国的直接统治，但其构建地区霸权的野心一点也不亚于军国主义势力极度膨胀的日本。赫尔曼·哈瑞（Hermann Hiery）在其著作《被忽视的战争》（*The Neglected War*）中描述了刚刚建立不久的澳大利亚如何利用第一次世界大战乘机夺取德国在太平洋地区的岛屿殖民地，并借机建立澳大利亚的殖民统治和霸权体系。澳大利亚"白澳"政府认为一战的爆发给澳大利亚提供了夺取德国在南太地区岛屿殖民地并在南太地区建立霸权的良机。澳大利亚政府因此在一战刚一爆发即急不可耐地与英国、法国和新西兰一起向德属萨摩亚和新几内亚等岛屿和群岛发动进攻，并自不量力地欲与日本武力争夺赤道以北的太平洋岛屿地区。哈瑞在其著作中一针见血地指出，不论是哪个帝国主义国家殖民统治太平洋岛屿地区，当地的民众都一样饱受剥削和掠夺。哈瑞特别强调澳

---

① Charles Edel, "Small Dots, Large Strategic Areas: US Interests in the South Pacific", *The Interpreter*, 3 April 2018, https://www.lowyinstitute.org/the-interpreter/.

② Paul Kennedy, *The Samoan Tangle: A Study In Anglo German American Relations, 1878-1900*, St. Lucia: University of Queensland Press, 1974.

大利亚对太平洋岛屿殖民地的统治一点也不比德国好①。

出于争夺太平洋地区和世界霸权的目的，美国在一战后即考虑削弱新老殖民帝国主义在太平洋岛屿地区的力量。为此，美国极其关心太平洋岛屿地区的控制权。美国对战败国德国的太平洋岛屿殖民地的归属有着深刻的算计，它既不想让德国重新占有，也不想让日本或是英国及其太平洋地区的自治领，如澳大利亚、新西兰霸占②。美国总统威尔逊明确表示德国的太平洋岛屿殖民地不能由英国占领，也不能由澳大利亚占领，更不能由新兴强国日本占领，因为这些都将极大地损害美国在太平洋地区霸权的建构③。虽然美国与英国、澳大利亚和新西兰是一战时期的盟友，但美国坚决不同意将德属太平洋岛屿殖民地交由英国或其自治领澳大利亚和新西兰统治。这充分说明在帝国主义霸权和利益面前根本没有永恒的朋友，也没有永恒的敌人，永恒的只有利益。美国政府和军方深知一战的结束和共同敌人的消失即意味着与英国及其自治领战时同盟的结束，美英两国也就由战时的同盟变成角逐世界霸权的对手。

美国政府和军方担心一旦德属太平洋岛屿交由英国或澳大利亚、新西兰统治，英国的力量就会大为增强，从而对美国与英国争夺太平洋地区和世界霸权产生极为不利的影响④。美国政界和军方认为日本占领这些岛屿同样会对美国在太平洋地区的霸权和利益构成巨大的威胁。德属太平洋岛屿位于美国本土与其亚洲殖民地菲律宾和东亚势力范围之间，一旦为日本据有，日本就会随时出动其日益强

---

① Hiery, Hermann, *The Neglected War The German South Pacific and the Influence of World War I*, Honolulu: University of Hawaii Press, 1995.

② David Hunter Miller, *My Diary at the Conference of Paris* (*II*), New York: The Appeal Printing Company, 1924, pp. 106 – 7.

③ Manuscript Division, Library of Congress, *Woodrow Wilson Papers*, Washington, D. C., 2009.

④ Russell Parkin and David Lee, *Great White Fleet to Coral Sea: Naval Strategy and the Development of Australia – United States Relations, 1900 – 1945*, Canberra: National Library of Australia, 1965, p. 37.

大的海军力量切断美国与东亚之间的军事联系，损害美国在远东和
太平洋地区的霸权和利益①。正是出于美国霸权利益考虑，威尔逊
总统在巴黎和会上坚决反对将德国的太平洋岛屿殖民地交由日本、
英国或澳大利亚统治，而竭力主张将德属太平洋岛屿，如帕劳和马
绍尔群岛等交由国联——即由包括美国在内的帝国主义列强——实行
共管。威尔逊的主张实际上是要求美国有权参与这些岛屿的实际占领与
管理，使美国的势力能够更多地挤入太平洋岛屿地区。基于这一考量，
威尔逊总统断然拒绝了澳大利亚要求全部接收并统治德国太平洋岛屿殖
民地的要求②。

　　威尔逊深知其国际共管的主张肯定会引起澳大利亚和日本的强烈
不满，但他自信美国完全有能力不理睬澳大利亚的不满。威尔逊总统
的判断十分准确，澳大利亚总理休斯对美国拒绝其统治德国殖民地的
要求极为不满。他声称虽然澳大利亚人口稀少，军力薄弱，但澳大利
亚将坚定地在太平洋岛屿地区推行自己的"门罗主义"，"决不会将
自己从德国手中夺取的德国太平洋岛屿拱手送人"，"誓将与来犯之敌
战斗到最后一兵一卒"③。休斯还十分强硬地要求日本等帝国主义列强
"把其脏手从澳大利亚的太平洋岛屿拿开"，休斯宣称"这就是澳大
利亚的门罗主义"④。由于美国和澳大利亚之间存在着不可调和的霸权
利益之争，休斯和威尔逊两人见面总是"话不投机半句多"。两人之

---

　　① David Hunter Miller, "My Diary at the Conference of Paris（II）", New York: The Appeal Printing Company, Vol. II, 1924, pp. 106 – 7.

　　② William Morris Hughes, *Policies and Potentates*, Angus and Robertson: Sydney, 1950, pp. 229 – 30.

　　③ Russell Parkin and David Lee, *Great White Fleet to Coral Sea: Naval Strategy and the Development of Australia – United States Relations*, *1900 – 1945*, Canberra: National Library of Australia, 1965, p. 24.

　　④ John A. Adams, *If Mahan Ran the Great Pacific War*, Bloomington: Indiana University Press, 2008, p. 10. Russell Parkin and David Lee, *Great White Fleet to Coral Sea: Naval Strategy and the Development of Australia – United States Relations*, *1900 – 1945*, Canberra: National Library of Australia, 1965.

间不仅没有形成休斯所渴望的基于"同文同宗"的"个人友谊"，反而相看两厌。休斯出于报复的目的，在巴黎和会上处处与威尔逊作对。

休斯故意和威尔逊唱反调，他不仅强烈要求严惩德国，追讨战争赔偿，而且要求将德国在西南太平洋上的殖民地岛屿，如新几内亚等全部交由澳大利亚统治。休斯异常强硬地对威尔逊表示"我的要求是代表六万战死的澳大利亚人提出的"①，"如果你想让我改变主意，尽管放马来吧"②。由于美国和日本的坚决反对，国力弱小的澳大利亚在巴黎和会上并没有实现地区霸权的野心，这再次验证了帝国主义列强所主导的世界体系充斥了"强权即公理"和"弱国无外交"的铁律。恼羞至极的休斯于是便联合英国、法国否决美国对太平洋岛屿的统治意图，坚决不同意将德属太平洋岛屿交由包括美国在内的帝国主义列强共管。不仅如此，休斯还对威尔逊总统关于战后世界秩序重建的提议采取了坚决不合作的态度。休斯不仅公然对威尔逊战后世界秩序的建议嗤之以鼻，而且还带头拒绝威尔逊战后和平重建建议，声称澳大利亚决不会踏上威尔逊"十四点计划"的战车③。休斯的蔑视激怒了威尔逊总统，两人之间的关系也随之降至冰点。

威尔逊深知美国可以对澳大利亚的不满不以为意，但对军国主义势力日益强大的日本则不能不认真对待并加以戒备。威尔逊认为美国必须小心应对日本，这不仅是由于日本的军事力量快速发展已经足以与美国在太平洋地区一较高低，更是由于日本的军国主义扩张思潮已经预示了日本必然不满足于已有的侵略结果。在巴黎和会上，日本代表团表现出对德属太平洋岛屿志在必得。早在1917年，日本即派遣

① Chrispin Hull, "100 Years after WWI, a Glaring Lack of Leadership on Difficult Issues", *Sydney Morning Herald*, 17 November 2018.

② Hughes Papers, Series 23/3, Item 1893; *Imperial War Cabinet*, Minutes, No. 31, 14 August 1918.

③ Maloney Shane and Grosz Chris, "Billy Hughes & Woodrow Wilson", *The Monthly*, October 2007.

代表团赴美商讨战后事宜。日本代表团强硬地表示如果美英不能将德属太平洋岛屿作为"礼物"送与日本，日本政府就会遭到国内民众的反对而垮台①。威尔逊并不相信日本代表团的说辞，认为这只不过是日本为了骗取德属太平洋岛屿而编造的谎言。为了美国在太平洋地区的利益和长远霸权，威尔逊设想美国可以"祸水西引"，鼓励日本在亚洲大陆进行侵略扩张②。此举既可以让日本将侵略的矛头指向中国，通过侵略和霸占中国来奖励日本的一战"功劳"，又可将日本的注意力从美国利益集中的太平洋地区转移至亚洲大陆。

令威尔逊失望的是其如意算盘并未能实现。在英法的操控下，国联最终将包括现今帕劳、密克联邦和马绍尔群岛在内的广大太平洋岛屿地区交由日本托管。日本随即大举向三国所在的岛屿移民，实行殖民统治。1931年九一八事变后，日本因国联拒绝承认日本占领中国东北而退出国联。此后，日本宣布帕劳为其领土，不允许外国人到访，并在岛屿上修建了许多大型军事设施，为发动更大规模的战争做准备。密克群岛地区有许多岛屿和环礁可以修建飞机场，也有许多深水港可用作大型军事基地。日本在密克群岛地区大兴土木将该地区打造为日本在太平洋地区军事扩张的前进基地，并可借此大举向东部太平洋扩张，夺取中途岛和夏威夷，南向夺取印度尼西亚和澳大利亚。日本霸占密克群岛地区使其军事力量在太平洋地区迅速扩张，为不久后太平洋战争的爆发埋下了祸根③。密克群岛地区的军事基地还可以用作拱卫日本本土的前哨阵地，美国在二战中与日本在此血战，付出了

---

① Patsy Mink, "Micronesia: Our Bungled Trust", *Texas International Law Forum*, Vol. 6, No. 2, 1971, pp. 181–207. U. S. State Department, *Foreign Relations of the U. S.: The Lansing Papers, 1914–1920*, Vol. II, 1986, p. 433.

② U. S. State Department, *Foreign Relations of the U. S.: The Lansing Papers, 1914–1920*, Vol. II, 1986, p. 433.

③ Patsy Mink, "Micronesia: Our Bungled Trust", *Texas International Law Forum*, Vol. 6, No. 2, 1971, pp. 181–207.

惨重代价才最终打开了进攻日本本土的道路①。

尽管休斯在巴黎和会上为澳大利亚争得了一些太平洋岛屿殖民地，但他一回国即遭到澳大利亚政界、军方和社会舆论的广泛批评。澳大利亚社会各界对休斯无能地将德属北太平洋岛屿殖民地"丢失"于日本之手表示强烈不满，同时也对日本势力迅速向南太地区扩张感到忧心忡忡。澳大利亚社会各界因而纷纷指责休斯"无能"、外交策略"拙劣"，因为他不仅让日本这个较德国更为可怕的侵略性帝国在巴黎和会上获得了巨大的利益，霸占了德属北太平洋岛屿，而且使日本的势力范围向南太平洋地区扩张了3000多千米，将扩张的触角瞬间伸至澳大利亚的"家门口"，使澳大利亚的国家安全陷于十分危险的境地②。澳大利亚军方认为日本贪婪成性，在其霸占德国太平洋岛屿殖民地后，日本的"前门"即与澳大利亚的"后门"贴在一处，日本随时有可能对澳大利亚本土发动侵略战争③。澳大利亚最为担心的被日本侵略和攻占的最糟糕的局面似乎已经到来④。

第二次世界大战于1939年9月在欧洲爆发。德国和意大利法西斯在欧洲和北非的扩张侵略暂时取得的胜利极大地刺激了日本军国主义的扩张野心。虽然日本百万侵略军由于中国人民不屈的抗日斗争而深陷中国战场，但日本政府、军方和民众却在英、法、美、澳等帝国主义国家别有用心的"绥靖"政策的鼓动下野心勃勃。但出乎西方帝

---

① Walter B. Harris, "The South Sea Islands Under Japanese Mandate", *Foreign Affairs*, 1932, https://www.foreignaffairs.com/articles/japan/1932-07-01/; Jeter A. Iseley and Philip A. Crowl, *U. S. Marines and Amphibious Warfare*, Princeton: Princeton University Press, 1951, pp. 25-26.

② Russell Parkin and David Lee, *Great White Fleet to Coral Sea: Naval Strategy and the Development of Australia-United States Relations, 1900-1945*, Canberra: National Library of Australia, 1965, p. 24.

③ Chow Misuzu Hanihara and Chuma Kiyofuku, *The Turning Point in US-Japan Relations*, Sydney: Palgrave MacMillan, 2016, p. 19.

④ Georges Clemenceau (trans. F. M. Atkinson), *The Grandeur and Misery of Victory*, Paris: Literary Licensing, 2011, p. 141.

国主义列强意料的是，日本被其鼓动的侵略野心并没有将侵略的目标指向苏联，而是积极准备在太平洋和东南亚地区发动针对英美的帝国主义争霸战。英美等帝国主义强国对日本的纵容使得日本在太平洋战争爆发前在远东地区取得了巨大的暂时胜利，日本的侵略野心也随之极度膨胀。澳大利亚"白澳"政府对日本日益咄咄逼人的侵略扩张态势感到极大的恐惧，因而进一步支持英国的绥靖政策，希望以牺牲中国来换取日本放弃进攻巴布亚新几内亚等太平洋岛屿地区和澳大利亚。为此，澳大利亚政府竭力赞同关闭滇缅公路，断绝国际社会对中国人民抗击日本军国主义扩张侵略的援助①。

　　更令澳大利亚殖民政府意外的是，英国在日本的扩张野心面前表现得比澳大利亚更加自私和阴险。为了避免日本在亚洲地区损害其殖民利益，英国不仅对日本的侵略行为不加阻止，反而一味纵容绥靖。英国不仅企图以牺牲中国和其他亚洲地区的利益来保全英国的殖民利益，英国甚至不惜牺牲澳大利亚和新西兰来保全英国在远东和太平洋地区的利益②。在日本军国主义的侵略扩张面前，英国和澳大利亚各打算盘，两国的分歧进一步加剧。

　　由于对中国的侵略扩张受到美、英等西方强国的鼓励和纵容，日本对外侵略扩张的野心进一步快速膨胀。法国投降后中，日本军国主义势力更加蠢蠢欲动。近卫文麿内阁于1940年发布《国策纲要》，宣称日本必须抓住世界大变局的良机，建立包括中国、太平洋群岛、澳大利亚和新西兰在内的太平洋"共荣圈"，把东南亚和整个西太平洋地区变成日本的势力范围，构建日本在太平洋地区的霸权体系③。令

　　① Rasor Eugene, *The China - Burma - India Campaign, 1931 - 1945*, London: Greenwood Press, 1998, p.4.

　　② Russell Parkin and David Lee, *Great White Fleet to The Coral Sea*, Canberra: Australian Department of Foreign Affairs and Trade, 2008.

　　③ Mark Peattie, "The Southward Advance, 1931 - 1941 as a Prelude to the Japanese Occupation of the Southeast Asia", Peter Dus, Ramon H. Myers, and Mark R. Peattie (eds.), *The Japanese Wartime Empire, 1931 -1945*, Princeton: Princeton University Press, 1996.

英国和澳大利亚感到极其不安的是，日本公布的"共荣圈"不仅包括英国在东南亚地区的殖民地，而且包括印度、太平洋岛屿和远在南太地区的澳大利亚与新西兰。日本的"共荣圈"充分暴露了日本的侵略野心①。日本的"共荣圈"计划宣告了英国和澳大利亚长期以来一直对日本军国主义奉行的绥靖政策的彻底失败，英国和澳大利亚终于尝到对日绥靖政策的初步恶果②。日本的"共荣圈"计划，以及日本与德国和意大利的结盟，无疑是向英国等老牌殖民主义国家宣战，表明三国欲运用武力重新瓜分世界。

为了实现"共荣圈"计划，日本确定"南进"方案，将攻占东南亚和太平洋岛屿地区作为构建"共荣圈"的重要一步。日本军国主义分子认为英美澳等国包庇、纵容日本的目的就是为了将其侵略扩张的"祸水"引向中国和苏联。日本如果此时向疏于防范的英、美发动进攻就会轻而易举地夺取太平洋战争的主动权，建立日本在西太平洋地区的霸权。1941年，极端军国主义分子东条英机上台执政，决定利用法西斯德国和意大利暂时大获胜利的有利时机发动太平洋战争。就在澳大利亚和英国为美国究竟应该重点援助欧洲还是亚洲而发生激烈争吵之际③，日本于1941年底对美国珍珠港发动了突然袭击，太平洋战争正式拉开了序幕。由于包庇和纵容日本，美国、英国和澳大利亚长期缺乏对日本作战的准备，因而在太平洋战争之初屡屡被日本击败，饱尝了绥靖政策的苦果。

日本由于长期进行战争准备，因而在太平洋战争爆发前拥有非常强大的战争动员能力。据历史资料记载，太平洋战争爆发前日军共有51个师团，远远超过了英美澳军队之和。所幸美国总统罗斯福颇具战

---

① Meredith Howard, *Sources of Japanese Tradition*, *Abridged*: *1600 to 2000*; *Part 2*: *1868 to 2000*, New York: Columbia University Press, 2006, p. 313.

② Pam Oliver, "World Wars and the Anticipation of Conflict", Dean, Peter (eds.), *Australia 1942*: *In the Shadow of War*, New York: Cambridge University Press, 2013, p. 43.

③ Russell Parkin and David Lee, *Great White Fleet to The Coral Sea*, Canberra: Australian Department of Foreign Affairs and Trade, 2008.

略眼光，他力排众议，坚持向中国抗日民众提供一定的经济和军事援助①。罗斯福此举旨在以兵员众多，但国力羸弱的中国拖住并损耗日本的国力和军力，日军多达34个师团陷在了中国战场。至太平洋战争爆发之际，日本能用于东南亚和包括澳大利亚大陆和太平洋岛屿在内的西南太平洋地区作战的部队仅有11个师团②。这对于严重缺乏战争准备的澳大利亚和美英确是不幸之中的万幸。

日军在偷袭珍珠港数小时后就对美国在东南亚的殖民地和最大的军事基地菲律宾发动了进攻，美军和英军都因长期奉行"绥靖政策"而对日本的侵略扩张不做认真的战争准备，因而根本无力抵抗日军的凶猛进攻。美军总司令麦克阿瑟在极有可能被日本俘获的情形下丢下部队狼狈地逃至澳大利亚③。1942年4月初，美国驻菲律宾殖民军向日军投降。至此，日本完全控制了太平洋中部地区。日军占领东南亚和西北太平洋岛屿地区之后，乘胜对澳大利亚北部重镇达尔文发动了自珍珠港事件以来最大规模的空袭。日军潜艇还潜入悉尼港，试图封锁澳大利亚最为重要的商业港口。澳大利亚一时间处于日军随时进攻的炮火下，导致澳大利亚民众一日数惊，再也无法安心享受安逸的生活。

在受到日军的猛烈打击后，英美等国终于意识到必须大幅度增加对中国抗日军民的援助。此举一方面有助于抗击日本这个共同的敌人，利用中国抗战最大限度地拖住并消耗日本的国力、军力；另一方面则有利于迟滞日军向东南亚和太平洋地区的进攻速度，为美、英、澳收拢溃军争取喘息时间。与此同时，美、英、澳等国成立西南太平洋战区，涵盖澳大利亚、菲律宾、所罗门群岛和荷属东印度地区，麦

---

①　Cornelius Van Minnen, John F. Sears and Khalid Arar, *FDR And His Contemporaries：Foreign Perceptions of an American President*, London：Mcmillan Press, 1992, p. 129.

②　David Black and Lesley Wallace, *John Curtin Guide to Archives of Australia's Prime Ministers*, National Archives of Australia and John Curtin Prime Ministerial Library：Canberra, 2008.

③　Ikeda Kiyoshi, "Japanese Strategy and the Pacific War", Nish, Ian（eds.）, *Anglo - Japanese Alienation 1919 - 1952*, London：Cambridge University Press, 1982, p. 127.

克阿瑟为战区盟军总司令。为了阻止日军进一步南下并夺取南太平洋岛屿，美军特别建立了拥有 3 艘航母和数十艘战舰的南太平洋舰队。1942 年 5 月，日本对极具军事战略重要性的新几内亚和所罗门群岛发动进攻。在日军的凌厉进攻下，澳大利亚殖民军稍作抵抗便溃逃。日军十分顺利地夺取了几内亚群岛和所罗门群岛等战略要地，实现了预定的战略目标。日军在占领几内亚群岛和所罗门群岛后，在布干维尔岛和瓜达尔卡纳尔岛修建了大型军事基地，成为日军在南太平洋地区最重要的海空军基地之一，与日军在特鲁克（今密克联邦境内）的军事基地构成了日军在南太平洋地区的军事堡垒。

日军在南太平洋岛屿地区的军事基地距离澳大利亚和盟军在新几内亚的军事基地很近，对澳大利亚构成了严重的威胁，日军随时可以对澳大利亚发动大规模进攻切断美澳之间的海上交通线，并入侵澳大利亚。残酷的战争现实和英国对澳大利亚生死的冷漠令澳大利亚举国上下达成了空前一致的共识，即澳大利亚必须与美国结盟。万分危急之时，澳大利亚总理柯廷一再哀求罗斯福总统美国向澳大利亚伸出援助之手，并与澳大利亚正式结为军事同盟，共同阻止日本对澳大利亚的入侵①。柯廷甚至在报纸上公开声称澳大利亚现在必须摆脱一切"与英国传统关系的羁绊，而将希望放到美国身上"②。柯廷向美国发出的求救声明清楚地表明澳大利亚已下定决心寻求与美国建立比与英国更为密切的同盟关系。柯廷的求救声明被普遍认为是澳大利亚对外政策的转折点，澳大利亚自此奉美国而不是英国为自己的主人（British masters for American ones）③。此后不久，日军又对澳大利亚达尔文港发动空袭，并攻击澳大利亚的东部海域。万幸的是，由于日军

---

① Martin Kichen, *The British Empire and Commonwealth: A Short History*, Vancouver: Simon Fraser University, 1996, p. 85.

② Peter Edwards, "Permanent Friends? Historical Reflections on the Australian – American Alliance", *Lowy Institute for International Policy*, 2005, p. 9.

③ David Lowe, "Australia in the World", Joan Beaumont (ed.), *Australia's War, 1939 – 1945*, New York: Routledge, 1996, p. 169.

的主要陆军兵力都陷于中国战场，因而无法集中足够的地面部队进攻澳大利亚，日军最终不得不放弃入侵澳大利亚大陆。

日本在占领东南亚和西南太平洋之后，控制了 1.5 亿人口和 700 多万平方千米的土地，形成了一个北起阿留申群岛，南临澳大利亚，西迄印度洋、东至中途岛的庞大的殖民帝国，基本上实现了"共荣圈"的扩张计划。日军至此完全掌握了西太平洋地区的制空权和制海权，暂时夺取了太平洋战争初期的军事优势。虽然日军取得了暂时的战争主动权，日本军国主义势力也深知日本的战争潜力远远不及美国。日军因此在大体实现"共荣圈"后即在太平洋地区依托三条岛链构筑了三道防线，用以抵御美军随时可能发动的反击，巩固日本在西太平洋上刚刚夺取的地区霸权。太平洋岛屿在日军的三道防线构成中具有极为重要的作用：第一道防线由吉尔伯特群岛、马绍尔群岛、威克岛、阿留申群岛构成。第二道防线由新几内亚群岛、马里亚纳群岛、硫磺列岛、小笠原群岛构成。第三道防线由菲律宾群岛、台湾岛、琉球群岛和加罗林群岛构成。日军虽然在太平洋上建构了三道防线，但日本战争潜力不足和战线过长的弊端已经显露，这为其在随后爆发的太平洋大海战中的失败埋下了祸根。

从二战后缴获的日军作战计划来看，日军统帅部的确计划于 1942 年 2、3 月份发动侵澳战争，夺取澳大利亚大陆[1]。据当时日军统帅部估计，入侵澳大利亚至少需要 6 万人的作战部队[2]。如果少于这一兵力，入侵澳大利亚的战争极有可能变成消耗战，从而像中国战场一样将日军深深地陷在其中。中国战场的持久战如同日军的噩梦，日本统帅部预计日军根本无法承受另一场类似中国的持久战。如果澳大利亚也变成持久战，日本注定将成为第二次世界大战的失败者。由于兵力

---

① David Horner, "Australia in 1942: a Pivotal Year Dean", Peter (eds.), *Australia 1942: In the Shadow of War*, London: Cambridge University Press, 2013, p.12.

② Gary Brown and David Anderson, *Invasion 1942? Australia and the Japanese Threat*, Canberra: Department of the Parliamentary Library, 1992.

不足，日本统帅部思忖再三，不得不放弃全面入侵澳大利亚的作战计划，转而对之实行包围与封锁，切断澳大利亚与外部世界，特别是与美国的联系，企图以此迫使澳大利亚投降。日军这一计划显然也是不切实际的幻想，因为澳大利亚四面临海，而日军根本就没有足够的海军力量包围澳大利亚，并彻底切断其与外部，特别是与美国的海上联系。由于战线过长，特别是大多数兵力陷于中国战场无法脱身，日军最终不得不放弃入侵澳大利亚的作战计划，澳大利亚因此幸运地躲过了日军的蹂躏①。

1942年5月初，美国对驻扎在太平洋岛屿巴布亚新几内亚的莫尔斯比港的日军发动进攻。这是美、日两国海军主力在太平洋战场上的首次交锋，著名的珊瑚海战役就此拉开了序幕。虽然双方在此次战役中损失相当，但美军挡住了日军的继续南进，这对美军来说无疑是获得了战略性胜利。6月3日，日军发动中途岛海战，企图歼灭美国在太平洋上的海军主力。但是这次海战的结果却是日军再次惨败，日军在此次海战后不得不转入战略防御。面对连续两次战略性失败，日本急欲夺回太平洋战争的主动权，巩固太平洋地区的霸权。日军因而计划夺占西南太平洋岛屿，切断美军太平洋海空军基地夏威夷和澳大利亚大陆间的军事和战略联系，使得美军无法利用澳大利亚作为今后反攻的军事基地。太平洋战争充分表明了太平洋岛屿地区对军事强国建构太平洋霸权的重要性，这也使得太平洋岛屿地区在二战后成为美国和澳大利亚必须牢牢控制的地区。澳大利亚政府和军方也从此时萌生了将整个太平洋岛屿地区变成澳大利亚"后院"的念想②。

为了夺回太平洋战争的主动权，日军竭力企图重新占领巴布亚新

---

① Henry Frei, *Japan's Southward Advance and Australia*, Hawaii：University of Hawaii Press 1991，p. 167.

② David Horner, "Australia in *1942*：a Pivotal Year Dean", Peter（eds.），*Australia 1942：In the Shadow of War*, London：Cambridge University Press, 2013.

几内亚的莫尔斯比港。此处东连太平洋中部地区，可将太平洋拦腰截为两段；西连东南亚地区，极具战略重要性。经过一个月的殊死战斗，澳大利亚军队付出惨重的代价阻挡了日军的进攻。此次战斗是盟军在太平洋战争中取得的第一次陆战胜利，致使日本的战略企图落空。在日军发动进攻之际，美军也在擘画军事反攻。为了确保与澳大利亚之间的战略性联系不被日军切断，确保澳大利亚的安全，美军发起了夺取所罗门群岛的瓜达尔卡纳尔岛的战斗。在美军强大火力的打击下，日军不得不于1943年2月初撤出瓜达尔卡纳尔岛。此后日军虽然发动了数次反攻，企图夺回该岛，但均以失败而告终。在对瓜达尔卡纳尔岛长达半年的争夺战中，美日双方进行了近百次大小海战。以美国为首的盟军先后投入6万兵力参战，伤亡5千多人。日军投入作战兵力3万5千余人，伤亡近2万5千人①。中途岛海战和瓜达尔卡纳尔岛争夺战是太平洋战争的转折点，此两战后，日军完全丧失了在太平洋地区的优势。而盟军却重新夺回了战略主动权，扭转了战争初期的被动。

　　盟军在取得上述胜利后，紧接着又对太平洋岛屿地区的其他岛屿，如巴布亚新几内亚的布干维尔岛发动了战略性进攻。1944年2月，美军夺取了马绍尔群岛中的大部分岛屿。随后在俾斯麦群岛登陆，完成了对日本军事要塞拉包尔的包围。美军此后发动了新几内亚战役，基本收复了新几内亚全岛。1943年11月，美军发起吉尔伯特群岛战役，占领了塔拉瓦等岛屿。1944年1月至2月，美军又夺取了马绍尔群岛瓜加林环礁、罗伊岛—那慕尔岛、埃尼威托克诸环礁，为夺取马里亚纳群岛创造了条件。1944年6月，美国在"马里亚纳海战"中完胜日本联合舰队，予日本海军以毁灭性打击。美军自此夺取了太平洋中部地区的制海权和制空权，完全取得了太平洋战争的战略

---

① John Lundstrom, *The First Team and the Guadalcanal Campaign*, Annapolis: Naval Institute Press, 2005.

主动权。美军随后发动了马里亚纳群岛登陆战，先后攻占了塞班岛、关岛和提尼安岛，并歼灭日军七万余人。日本自此不但随时面临着美军轰炸机从马里亚纳群岛空袭的危险，美军更获得了继续北进的前哨基地。马里亚纳大海战的失败和马里亚纳群岛的丢失，震动了日本各界，激化了日本统治集团的内部矛盾。日本各界对东条英机的不满迅速高涨，东条英机内阁因此倒台。1944 年 10 月 23 日至 26 日，日本与美国爆发了世界上迄今为止规模最大的海战——莱特湾大海战，美军再次取得了全胜，而日本则完全丧失了与美国海上对抗的力量[①]。

　　太平洋战争是世界反法西斯战争的重要组成部分，直接起始于 1941 年 12 月 7 日，结束于 1945 年 9 月 2 日，范围遍及太平洋、印度洋、东亚及东南亚地区。太平洋战争虽然始于日本偷袭珍珠港，却是发轫于日本军国主义对中国东北的侵略。太平洋战争对亚洲和太平洋地区有着深刻的影响，日本在战后不仅失去了此前数十年通过发动侵略战争而霸占的土地，而且举国被直接置于美国的军事占领之下。更重要的是，太平洋战争和第二次世界大战的结束直接引发了亚非拉和太平洋岛屿地区各族人民民族自觉意识的觉醒和民族独立运动的兴起。美国、英国、法国、澳大利亚、新西兰等西方国家从此面临着太平洋岛屿地区人民风起云涌的独立运动[②]。二战的结束也宣告了英帝国作为世界超级大国的终结，为美国的崛起和建立由美国主导的战后全球霸权体系和秩序扫清了道路。英国势力从太平洋地区的消退为美国建立太平洋霸权、太平洋岛屿托管地和自由联系国铺平了道路。

---

　　① H. P. Willmott, *The Battle of Leyte Gulf*: *The Last Fleet Action* (*Twentieth - Century Battles*), Bloomington: Indiana University Press, 2015.

　　② Steward Firth, "Sovereignty and Independence in the Contemporary Pacific", *The Contemporary Pacific*, Volume I, Numbers 1 & 2, Spring & Fall, 1989, pp. 75 - 96.

第二节　美国托管密克罗尼西亚群岛

美国在二战后成功地取代英国成为新的超级大国和包括太平洋地区在内的世界新霸主，了却了一个多世纪的霸权心愿。经过太平洋战争，特别是与日本的惨烈争霸，美国更加深刻地认识到控制太平洋岛屿地区，特别是密克群岛地区的战略重要性。密克群岛地区靠近繁忙的太平洋商业航线，控制了密克群岛地区也就控制了太平洋航线和整个西太平洋地区，美国政府和军方因而将密克群岛地区定义为"关乎美国国家安全"（更确切地说应该是美国霸权）的海岛地区①。在美国政府和军方的太平洋霸权战略中，密克群岛地区还是美国亚洲军事基地的战略后方。二战后，亚非拉各地区人民掀起了争取民族独立和解放的浪潮。菲律宾自美西战争后即沦为美国的殖民地，菲律宾民众在二战后也掀起了民族独立和自决运动，迫使美国不得不考虑应对可能出现的最坏局面——从菲律宾撤军。美国政府和军方因此擘画一旦失去在菲律宾的军事基地，美国必须将密克群岛地区建为可以成为菲律宾军事基地的替代地。正是出于这样的考量，美国在 20 世纪 40 年代中后期更急于控制密克群岛以便巩固太平洋地区的霸权，控制密克群岛地区也因此成为美国二战后在太平洋地区最为重要的军事战略。

鉴于该地区的军事和战略价值，美国政府，特别是军方势力强烈要求杜鲁门总统吞并该地区，使之正式成为美军的军事和战略基地②。但碍于战后国际形势的巨大变化，杜鲁门总统不得不拒绝美国军方直接吞并密克群岛地区的要求而将其置于联合国托管体系之下。为了便

---

① U. S. Department of the Interior, Office of Insular Affairs, *Definitions of Insular Area Political Organizations*, 2020.

② Vandenberg, *The Private Papers of Senator Vandenberg*, New York： Houghton Mifflin Co. , 1952.

于美国控制该地区，杜鲁门对联合国托管委员会设置了前提条件，即密克群岛地区必须成为只由美国一国统治的"战略托管地"①。在美国的操纵下，联合国安理会不得不将包括现今密克联邦、马绍尔群岛共和国、帕劳共和国、北马里亚纳群岛所在的太平洋地区2000多个岛屿，接近800万平方千米的辽阔地区作为美国的托管地②。联合国与美国的《托管协议》于1947年7月18日正式生效，美国从此控制了密克群岛地区的政治、经济和军事权。鉴于这一地区的军事重要性，美国政府将该地区的统治权交由美国海军部负责，实行军事化殖民统治。美国总统艾森豪威尔、国务卿马歇尔以及海军将领尼米兹等都认为美国托管密克群岛地区使美国获得了对该地区完全的、排他性的军事控制权。任何外国军队在未得到美国的同意前无权进入该地区，从而使美军能够阻止外国军队利用密克群岛作为进攻美国的跳板。

美国海军取得对该地区的统治权后立即在当地驻扎军队，修建各种军事基地，并以安全为由随时封锁该地区的海空交通③。美军在密克群岛地区还享有极其霸道的土地征用和使用权，可以随心所欲地征用当地民众的土地修建军事基地而仅仅给予象征性补偿④。在美军的统治下，密克群岛地区迅速军事化。美军在此建立了大型的核武器试验基地、生化武装试验基地、太空武器试验基地和海空军军事基地。由于交通便利，马绍尔群岛和马里亚纳地区成为美军重点核武器和生化武器试验地。美军在此大肆驱赶当地民众，霸占土地修建大规模杀

① U. S. Department of State, *Draft*, *Trusteeship Agreement for the Japanese Mandated Islands*, Washington D. C. : U. S. Government Printing Office, 1947.

② Chris Bay – Hansen, *Power Geopolitics in the Pacific Age*, Portland: Inkwater Press, 2011, p. 179.

③ Encyclopedia Britanica, *Trust Territory of the Pacific Islands*, *Former United States Territory*, *Pacific Ocean*, August 2020, https://www.britannica.com/place/.

④ Patsy Mink, "Micronesia: Our Bungled Trust", *Texas International Law Forum*, Vol. 6, No. 2, 1971, pp. 181 –207.

伤性武器试验基地，并长期开展大规模核武器爆炸试验和生化武器试验①。

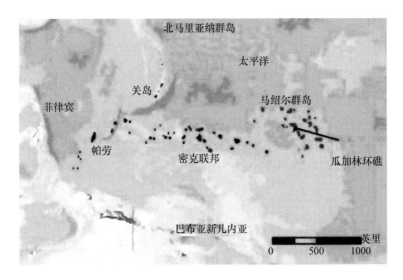

图 2 - 1　密克联邦、马绍尔群岛和帕劳地理位置图

Sources：Congressional Research Service，*The Freely Associated States and Issues for Congress*，Washington D. C.，2020.

　　1951 年，鉴于世界各地民族独立浪潮的风起云涌，美国政府不得不取消对密克群岛的直接军事统治，改由美国内政部管理。太平洋岛屿托管地延续了帝国主义殖民统治时期设立的七个行政区划：马绍尔群岛、波纳佩、丘克、马里亚纳群岛、雅浦、帕劳和科斯雷。波纳佩、丘克、雅浦和科斯雷四个区后来联合组成密克联邦，成为美国的自由联系国并获得独立。密克联邦位于密克群岛的加罗林群岛，由 600 多个岛屿组成，陆地面积约为 702 平方千米。1885 年，西班牙武装占领该地区并于 1899 年将其出售给德国，成为德属太平洋岛屿殖

---

① Robert Underwood，*The Changing American Lake in the Middle of the Pacific*，Seminar at Georgetown University，September 2017，https：//www.uog.edu/_ resources/files/news - and - announcements.

民地的一部分。第一次世界大战爆发后，日本在英国的支持下出兵夺取该地区。一战后，英法操纵国联将德属太平洋岛屿交由日本托管统治，成为日属南洋诸岛的一部分。二战期间，美军夺取该区。1947年，美国操纵联合国将该地区交由美国托管，成为美属太平洋群岛托管地的一部分①。

　　帝国主义殖民时期的马绍尔群岛区后来成立马绍尔群岛共和国，成为美国的自由联系国并获得独立。马绍尔群岛位于夏威夷群岛西南、马里亚纳群岛（美军关岛基地所在地）和加罗林群岛以东，军事地理位置十分重要。马绍尔群岛陆地面积约为181平方千米，专属经济区海域面积超过200万平方千米，人口10余万。马绍尔群岛于1874年被西班牙武装占领，并入西属东印度群岛。1884年，马绍尔群岛被西班牙出售给德国，成为德属新几内亚殖民地的一部分。一战期间，日本趁机出兵夺占德属马绍尔群岛。英、法控制的国际联盟为了笼络日本便于战后将马绍尔群岛交由日本托管，成为由日本南洋厅管辖的殖民地。太平洋战争爆发后，美国击败日本，占领了马绍尔群岛。二战后，美国操纵联合国将战略地位极其重要的马绍尔群岛和其他太平洋群岛一同交由美国托管②。

　　在美国的太平洋自由联系国中，马绍尔群岛的战略和军事地理位置最为重要，是联结东南亚、东亚和西太平洋地区与南北美洲的必经之地，也是兵家必争之地③。为了占有这一地区，美国一直企图将马绍尔群岛并入美国领土。美国政府声称它于1898年1月17日即已吞并了马绍尔群岛的埃南基欧岛（Enenkio），但美国政府和军方却拿不

---

①　Edward J. Michal, "Protected States: The Political Status of the Federated States of Micronesia and the Republic of the Marshall Islands", The Contemporary Pacific, Vol. 5, No. 2, 1993, pp. 303 – 332.

②　Steward Firth, "Sovereignty and Independence in the Contemporary Pacific", The Contemporary Pacific, Volume I, Numbers 1 & 2, Spring & Fall, 1989, pp. 75 – 96.

③　Congressional Research Service, The Freely Associated States and Issues for Congress, Washington D. C., September 2020.

出任何可以证明其曾经"吞并"该地区的正式档案和记录①。相反，美国和西班牙战争的历史以及这场战争结束后签署的《巴黎协定》都证明埃南基欧岛一直都是马绍尔群岛的一部分。该岛与马绍尔群岛一样先是被西班牙占领，后被德国占领，最终于1898年成为德国的殖民地。依据西班牙和德国于1885年12月签署的协定，西班牙将其位于东经164°以东的所有岛屿，包括埃南基欧岛全部出售给德国②。1898年9月10日，德国和西班牙在美西战争后签署的协定规定西班牙占领的殖民地并不全部割让给美国，而是一部分给德国。鉴于埃南基欧岛并没有出现在《巴黎协定》中，该岛在美西战争后法律上属于德国。这意味着埃南基欧岛属于德国殖民地，也就是马绍尔群岛的一部分。

太平洋战争爆发后，马绍尔群岛因为地理位置极其重要而成为美日争夺的焦点。日本在马绍尔群岛修建军事基地屯驻重兵，并重点防守军事价值极其重要的瓜加林等环礁。为了夺取马绍尔群岛，美军调遣5万余人、12艘航空母舰、8艘战列舰、6艘巡洋舰、36艘驱逐舰、700余架舰载机，对日军发动进攻。1944年初，在太平洋战争史上具有重要意义的马绍尔群岛战役打响。美军在伤亡2200人，毙伤1.1万名日军后终于夺取了马绍尔群岛，从而为进攻日本本土打开了大门。夺取马绍尔群岛后，美军立即在马绍尔群岛的瓜加林环礁和邻近岛屿修建了坚固的军事基地，意图长期控制该地区③。鉴于马绍尔群岛的军事重要性，美国在二战后一直意图控制该地区。1947年7月，美国操纵联合国将马绍尔群岛地区交由美国托管，直至1986年马绍尔群岛才获得独立。在整个冷战期间，美国的战略意图就是利用

---

① Dirk H. R. Spennemann, "The United States Annexation of Wake Atoll, Central Pacific Ocean", *The Journal of Pacific History*, Vol. 33, No. 2, 1998, pp. 239 – 247.

② Dirk H. R. Spennemann, "The United States Annexation of Wake Atoll, Central Pacific Ocean", *The Journal of Pacific History*, Vol. 33, No. 2, 1998, pp. 239 –247.

③ Micronesia Support Committee, *Marshall Islands: A Chronology: 1944 – 1981*, Honolulu: Micronesia Committee, 1982, p. 5.

西太平洋地区的三道岛屿链对苏联和亚洲国家进行围堵。马里亚纳群岛和澳大利亚构成第二岛屿链，夏威夷群岛是第三岛屿链。马绍尔群岛则位于第二和第三岛屿链之间，既是两个岛链的联结点，又是美国在太平洋地区最大的军事基地所在地夏威夷群岛的防卫前沿，因而成为美军护持太平洋霸权的重点地区之一[1]。

帝国主义殖民时期的帕劳区后来成立帕劳共和国，成为美国的自由联系国并获得了独立。帕劳位于密克群岛加罗林群岛的西部，由300多座岛屿组成，陆地面积约为459平方千米。帕劳的海上邻国包括印度尼西亚、菲律宾和密克联邦。1574年，帕劳被西班牙武装占领，成为西属东印度群岛的一部分。1898年，西班牙在美西战争中战败，遂于次年将帕劳出售给德国，隶属德属新几内亚殖民地。第一次世界大战爆发后，日本在英国的支持下夺占帕劳。一战后，国际联盟在英法主导下将帕劳交由日本"委任统治"，成为日本的殖民地，归入日治南洋群岛。太平洋战争爆发后，美日两军在此殊死厮杀，美军以伤亡万余人的代价于1944年夺占帕劳[2]。1947年，美国操纵联合国将帕劳交由美国托管，成为美属太平洋群岛托管地的一部分[3]。

第三节 美国在马绍尔群岛地区的核试验及其危害

冷战初期，美国为了与苏联进行军备竞赛，决定研制威力巨大的核武器——氢弹。但是，美国政府和军方深知在美国本土进行核试验将对美国的生态环境造成不可修复的巨大破坏，特别是日本广岛、长崎被炸后的惨状更让美国民众强烈反对在美国本土进行核试验。为了

---

[1] Derek Grossman, "America Is Betting Big on the Second Island Chain", *The Diplomat*, 5 September 2020.

[2] Congressional Research Service, *The Freely Associated States and Issues for Congress*, Washington D. C., 2020.

[3] Arnold Leibowitz, *Embattled Island: Palau's Struggle for Independence*, London: Praeger, 1996.

与苏联争霸，核试验是美国的优先事项，美国政府和军方便决定继续进行大规模核试验，但核试验的灾难性危险却要转嫁到太平洋岛屿地区的民众身上。1946年1月，美国政府和军方决定将马绍尔群岛作为美国的大型核武器试验场，太平洋岛屿地区的广大民众也因此成为美国核武器试验的无辜牺牲品。据美国媒体披露，美军于1946年初强行闯入马绍尔群岛地区，用枪炮将比基尼岛和其他一些岛屿上的居民驱离家园。美军随后大肆拆除民房，修建核试验设施，以便在这些岛屿上长期进行大规模的核武器试验①。由于美国政治、经济和军事力量强大，美国政府和军方恃强凌弱，对马绍尔群岛民众的房屋和土地的掠夺根本不予任何赔偿②。美国对马绍尔群岛军事基地的蛮横态度和对居民的强迫拆迁都充分表明了美国和马绍尔群岛之间的殖民地关系的本质。

1952年11月1日，美军在马绍尔群岛的伊鲁吉拉伯岛进行首枚氢弹爆炸试验，爆炸当量高达1000多万吨TNT，约为广岛原子弹爆炸当量的750倍，爆炸将伊鲁吉拉伯岛彻底摧毁。强大的冲击波和放射性物质形成的尘埃笼罩了马绍尔群岛及其周边海域，给当地民众的生命和财产安全以及当地的生态环境造成了灾难性破坏。不久，美国为了和苏联进行竞争又于1954年3月1日在比基尼环礁爆炸了第二枚威力更加巨大的氢弹。该弹威力相当于1000多枚投放于广岛的原子弹，达到1500万吨TNT当量③。强大的核爆炸使核试验岛礁和附近两个岛礁瞬间消失，氢弹爆炸处形成一个深80米、直径2千米的深坑。据报道，这次爆炸产生的永久性核污染区超过2万平方千米。

---

① Holly M. Barker, *Bravo for the Marshallese*: *Regaining Control in a Post – Nuclear*, *Post – Colonial World*, New York: Thomson/Wadsworth, 2004.

② Lauren Hirshberg, "Nuclear Families: （Re）producing 1950s Suburban America in the Marshall Islands", *Organization of American Historians*, *Magazine of History*, Volume 26, Issue 4, 2012, pp. 39 – 43.

③ Susanne Rust, "How the U. S. Betrayed the Marshall Islands, Kindling the Next Nuclear Disaster", *Los Angeles Times*, 10 November 2019.

这是当时全世界威力最大的核武器，其爆炸所产生的核污染给太平洋地区造成了数十年都难以消除的身心和生态危害。

更可怕的是，美国政府还刻意隐瞒这些核试验的危害。在美军爆炸该氢弹时，周围海域尚有上百只渔船正在作业，附近的岛屿上尚生活着数千名居民。美军在核试验前并未通知撤离附近的居民和正在海上作业的渔船，也未告知当地民众甚至是参与核试验的美军士兵核试验会产生严重污染和危害，致使当地民众和部分参与核试验的美国士兵因此遭受了核辐射和核污染的危害。由于美军不告知核爆炸的危害，马绍尔群岛儿童出于好奇纷纷用手抓取氢弹爆炸后产生的彩色尘埃玩耍，致使许多儿童因此遭受强辐射和核污染。在美国氢弹试验后的很短时间内，大批马绍尔群岛民众因患上肝硬化、白血病和癌症等恶性疾病而死亡①。

马绍尔群岛地区是美国密集进行核试验的场所。据统计，美军在1946年至1958年的12年间一共在马绍尔群岛地区进行了67次原子弹和氢弹爆炸试验，其中在比基尼环礁进行了23次核试验，在埃内韦塔克（Enewetak）环礁进行了43次核武器和氢弹试验②。美军大气层核试验和热核武器试验令马绍尔群岛六个岛屿消失，成千居民背井离乡。核爆炸的尘埃散布整个太平洋地区，给当地造成了极其危险的核辐射污染③。实际上，所有马绍尔群岛民众及密克群岛地区相当一部分民众都被核试验的尘埃所笼罩，这些核尘埃污染了当地的食物和水源，导致了各种恶性疾病在密克群岛地区的广泛发生。据美国有关部门统计，美军在马绍尔群岛地区进行的核试验约占美国在太平洋岛

① Dan Zak, "A Ground Zero Forgotten: The Marshall Islands, Once a U. S. Nuclear Test Site, Face Oblivion Again", *The Washington Post*, 27 November 2015.

② Calin Georgescu, *Report of the Special Rapporteur on the Implications for Human Rights of the Environmentally Sound Management and Disposal of Hazardous Substances and Wastes*, UN, Human Rights Council, 2012.

③ Susanne Rust, "How the U. S. Betrayed the Marshall Islands, Kindling the Next Nuclear Disaster", *Los Angeles Times*, 10 November 2019.

屿地区开展核试验总数的15%，占美国核试验总当量的80%①。美国仅在1954年一年内就在马绍尔群岛所属岛屿爆炸了三颗1000万吨以上当量的核武器，其中最大的一颗氢弹的爆炸当量高达1500万吨，是广岛原子弹当量的1000多倍②。

　　美国的核试验很多是在马绍尔群岛的潟湖中进行，因而给当地的海洋生态环境造成了巨大的污染和破坏。美国的研究人员发现当地的湖泊中含有大量从军事基地泄露出去的多氯联苯（PCBs）③，该物质对人体极其有害，导致肝部疾病、黄疸、新生儿体重过低、甲状腺疾病、免疫系统疾病和神经等健康问题④。除了核污染，马绍尔群岛地区岛屿面积狭小，过于拥挤和缺乏医疗卫生设施致使传染性疾病频发，肺炎、乙肝、梅毒、霍乱和登革热等在当地非常普遍⑤。例如，美国军方为了试验大型导弹而于1965年迫使马绍尔民众迁离瓜加林环礁及附近的一些小岛屿而移居埃贝岛。美国的强行搬迁行动导致面积只有0.1平方英里的埃贝岛聚居了上万人，致使该岛的人口密度甚至高于曼哈顿和香港⑥。大量移民的到来令埃贝岛拥挤不堪，岛上生

---

　　① Calin Georgescu, *Report of the Special Rapporteur on the Implications for Human Rights of the Environmentally Sound Management and Disposal of Hazardous Substances and Wastes*, UN, Human Rights Council, 2012.

　　② Dan Zak, "A Ground Zero Forgotten: The Marshall Islands, Once a U. S. Nuclear Test Site, Face Oblivion Again", *The Washington Post*, 27 November 2015.

　　③ U.S. Army Institute of Public Health, *Draft Southern US Army Garrison - Kwajalein Atoll Fish Study*, 2014. Hyun S. Lee, "Post Trusteeship Environmental Accountability: Case of PCB Contamination on the Marshall Islands", *Denver Journal of International Law & Policy*, Vol. 26, No. 3, 2020, pp. 399 –435.

　　④ U. S. Department of Health and Human Services, *Toxicological Profile for Polychlorinated Biphenyls (PCBs)*, 2000. U. S. Department of Veteran's Affairs, *Public Health: Polychlorinated Biphenyls (PCBs)*, 2010.

　　⑤ Sheldon Riklon, Wilfred Alik, Allen Hixon and Neal A Palafox, "The Compact Impact in Hawaii: Focus on Health Care", *The Hawaii Medical Journal*, Vol. 69, No. 6, 2010, pp. 7 – 12. Seiji Yamada, Sheldon Riklon and Gregory G. Maskarinec, "Ethical Responsibility for the Social Production of Tuberculosis", *Journal of Bioethical Inquiry*, Volume 13, 2016, pp. 57 –64.

　　⑥ Economic Policy, Planning, and Statistics Office of the Republic of Marshall Islands, *The RMI Census of Population and Housing Summary and Highlights Only*, Majuro, 2011.

活条件不断恶化。马绍尔群岛淡水资源缺乏，主要靠地下水和雨水。但由于污染，相当一部分水资源不适合饮用。埃贝岛上移入人口越来越多致使地下水资源迅速减少，该地区电力和饮用水供应均十分紧张。美军还将垃圾和污水直接倒入附近的潟湖，致使当地湖水的细菌总数是美国和联合国安全标准的 25000 倍①。美军长期的核试验和多氯物排泄不仅污染了马绍尔群岛的土壤、水源及其周边辽阔的海域，而且严重的核污染还使该国的潟湖和周边海域产生了"毒鱼"②。虽然马绍尔群岛民众在核试验后仍然进行农业和渔业生产，但核试验已经产生了难以消除的持久污染。当地受核污染的农作物和水产品对马绍尔群岛民众的身心健康造成了致命的危害③。

由于严重的核污染，马绍尔群岛和整个密克群岛地区的民众不得不放弃农业和渔业等传统经济方式和传统的健康饮食转而依赖美国进口食物④。据统计，90% 的马绍尔群岛民众目前只能依靠进口食品——主要是美国食品——为生⑤。但从美国进口的食物基本都是各种不利于健康的"垃圾食品"。大量食用快餐式"垃圾"食品导致马绍尔群岛民众的肥胖、糖尿病等疾病的患病率远远高于世界其他

① Martha Smith - Morris, *Domination and Resistance: The United States and the Marshall Islands During the Cold War*, Honolulu: University of Hawaii Press, 2016, pp. 105, 116 - 117.

② U. S. Army Institute of Public Health, *Draft Southern US Army Garrison - Kwajalein Atoll Fish Study*, 2014. Giff Johnson, "Fish at Kwaj Dangerous to Eat", *The Marshall Islands Journal*, July 18 2019.

③ Hyun S. Lee, "Post Trusteeship Environmental Accountability: Case of PCB Contamination on the Marshall Islands", *Denver Journal of International Law & Policy*, Vol. 26, No. 3, 2020, pp. 399 - 435.

④ Pearl A. McElfish, Rachel S. Purvis, Monica K. Esquivel, Claire Townsend, Nicola L. Hawley, Lauren K. Haggard - Duff etc., "Diabetes Disparities and Promising Interventions to Address Diabetes in Native Hawaiian and Pacific Islander Populations", *Current Diabetes Reports*, 2019, https: //link. springer. com/article/10. 1007% 2Fs11892 - 019 - 1138 - 1#citeas. Gaby Galvin, "From the Islands to the Ozarks", *U. S. News & World Report*, March 6 2019.

⑤ Sheldon Riklon, Wilfred Alik, Allen Hixon and Neal A Palafox, "The 'Compact Impact' in Hawaii: Focus on Health Care", *The Hawaii Medical Journal*, Vol. 69, No. 6, 2010, pp. 7 - 12.

地区①。研究表明糖尿病和心脏病这些非传染性疾病已经成为密克联邦和马绍尔群岛民众公共健康的最大威胁，是两国民众死亡的最大病因②，占两国民众死亡率的 80%③。更糟糕的是，糖尿病、心脏病、癌症、高血压和中风等普遍性疾病的患病率还在不断增长④。

美国地方病专家在对该地区进行研究后也不得不承认马绍尔群岛民众饮食结构的重大转变是美国核试验的直接结果⑤。医学研究确定了美国的核试验和生化武器试验和密克群岛地区非传染性疾病之间的关联⑥。由此可见，包括马绍尔群岛在内的密克群岛地区的卫生危机与美国的军事占领和核武器、生化武器试验有着必然的联系。包括马绍尔群岛在内的密克群岛地区疾病也随着岛国移民在美国大量出现。美国医疗部门的追踪研究表明生活在阿肯色州的马绍尔群岛移民有

---

① Tracy Lin, Yasmin Teymourian and Maitri Tursini, "The Effect of Sugar and Processed Food Imports on the Prevalence of Overweight and Obesity in 172 Countries", *Globalization & Health*, Vol. 14, No. 35, 2018, pp. 1 – 14.

② Bridget Kool, Maybelline Ipil and Judith McCool, "Diabetes Mellitus – related Foot Surgeries in the Republic of the Marshall Islands in Micronesia", *Hawaii Journal of Medicine & Public Health*, Vol. 78, No. 1, 2019, pp. 13 – 18. Nia Aitaoto and Henry Ichiho, "Assessing the Health Care System of Services for Non – Communicable Diseases in the US – affiliated Pacific Islands: A Pacific Regional Perspective", *Hawaii Journal of Medicine & Public Health*, Vol. 72, No. 5, 2013, pp. 106 – 114.

③ Henry Ichiho, Johannes Seremai, Richard Trinidad, Irene Paul, Justina Langidrik and Nia Aitaoto, "An Assessment of Non – Communicable Diseases, Diabetes, and Related Risk Factors in the Republic of the Marshall Islands, Kwajelein Atoll, Ebeye Island A Systems Perspective", *Hawaii Journal of Medicine & Public Health*, Vol. 77, No. 5, 2013, pp. 77 – 86. Sameer Vali Gopalani, Marcus Samo, Siocy Soaz, Wincener J. David, Scott Mori, X – ner Luther, Karen L. Carter, "Premature Mortality From Noncommunicable Diseases in the Federated States of Micronesia", *Asia Pacific Journal of Public Health*, Volume: 29, Issue 3, 2017, pp. 171 – 179.

④ Sheldon Riklon, Wilfred Alik, Allen Hixon and Neal A Palafox, "The 'Compact Impact' in Hawaii: Focus on Health Care", *The Hawaii Medical Journal*, Vol. 69, No. 6, 2010, pp. 7 – 12.

⑤ Kenneth Brower, "The Atolls of Arkansas: Doomed by climate change, Marshall Islanders Find a New home in Springdale", *Sierra Club*, 2018, https://www.sierraclub.org/sierra. Pearl Anna McElfish, Emily Hallgren, Jean Henry, Mandy Ritok, Jellesen Rubon – Chutaro, Peter Kohler, "Health Beliefs of Marshallese Regarding Type 2 Diabetes", *Journal of Health Behavior*, Volume 40, Number 2, 2016, pp. 248 – 257.

⑥ Seiji Yamada, Sheldon Riklon and Gregory G. Maskarinec, "Ethical Responsibility for the Social Production of Tuberculosis", *Journal of Bioethical Inquiry*, Volume 13, 2016, pp. 57 – 64.

46.5%的人患有糖尿病，21.4%的人患有肾病①。在夏威夷，马绍尔群岛44.2%的成年移民患有Ⅱ型糖尿病，25.3%的成年移民有糖尿病前兆。美国艾奥瓦州一位经常为马绍尔群岛移民诊断的医生表示几乎80%的马绍尔群岛成年移民患者有肾病②。但美国政府为了节省医疗费用却剥夺了太平洋自由联系国移民享受美国医疗援助的权力，致使一多半来自密克联邦、马绍尔群岛和帕劳的移民在美国没有医疗保险，导致他们无法在美国就医或积极预防疾病③。

2016年，澳大利亚记者约翰·皮尔格在其纪录片《即将到来的对华战争》中曝光美军在二战后最初的12年里相当于每天在马绍尔群岛爆炸1.6个投放于广岛的原子弹④。影片还曝光美国允许使用当地居民进行实验，美国官员甚至表示研究太平洋岛民对辐射的曝露程度"很有意思"。为了保密和观察核试验效果，美国政府和军方从不将核试验的时间、地点告知马绍尔群岛政府和当地居民。特别令当地民众愤慨的是美国在马绍尔群岛进行当量最大的核试验"喝彩城堡"（Castle Bravo）时也刻意不通知当地居民撤离以便进行核辐射的人体试验⑤。此外，美军还在马绍尔群岛地区长期开展生物和化学武器试验。据美国《洛杉矶时报》透露，埃内韦塔克湖还是美军生物武器的重要实验地，美军在此至少进行了多达12次的生物武器试验。尽管美军长期在此进行核武器和生化武器试验，但为了保密，美国政府和

① Pearl Anna McElfish, Emily Hallgren, Jean Henry, Mandy Ritok, Jellesen Rubon - Chutaro, Peter Kohler, "Health Beliefs of Marshallese Regarding Type 2 Diabetes", *Journal of Health Behavior*, Volume 40, Number 2, 2016, pp. 248 - 257.

② Dan Diamond, "They Did Not Realize We are Human Beings", *Politico*, January 26, 2020, https://www.politico.com/news/magazine/2020/01/26/marshall - islands - iowa - medicaid - 103940.

③ Pearl A. McElfish, Rachel S. Purvis, Sheldon Riklon and Seiji Yamada, "Compact of Free Association Migrants and Health Insurance Policies: Barriers and Solutions to Improve Health Equity", *Inquiry*, 2019, https://www.ncbi.nlm.nih.gov/pmc/articles/PMC6906344/.

④ John Pilger, *The Coming War on China*, 2021, https://thecomingwarmovie.com/.

⑤ Martha Smith - Morris, *Domination and Resistance: The United States and the Marshall Islands during the Cold War*, Honolulu: University of Hawaii Press, 2016.

军方在此后长达数十年的时间里刻意欺骗当地民众，并隐瞒当地民众长期暴露在核辐射中的事实。1994 年，美国人体辐射试验咨询委员会披露了数以千计的关于类似试验的文件。但直至今日，美国政府仍将在马绍尔群岛地区进行核武器和生化武器试验相关的数千份文件定为绝密，严禁外泄①。

　　尽管马绍尔群岛地区的病患是美国核试验和生化试验的受害者，但美国托管当局却坚决不允许马绍尔群岛的患者到瓜加林医院就医，即使是急诊也不行，这引起马绍尔群岛民众的强烈不满②。愤怒而又无奈的马绍尔群岛民众多次派遣请愿团赴联合国控诉美国核试验的暴行，要求美国政府立即停止在该地区的核试验和其他一切生化试验，并允许受害民众至美军医院就医。面对马绍尔群岛民众的悲惨境遇，一向自诩为"民主与人权"卫士的美国却毫不顾及太平洋岛屿地区人民的生命安全，不仅蛮横地拒绝了马绍尔群岛民众的正当要求，而且施压联合国对太平洋岛屿地区民众的控诉不予理睬。此后，美国继续在马绍尔群岛地区长期进行大规模的核试验。据美国于冷战后披露的资料表明，美国于二战后在太平洋岛屿地区进行了数百次大气层核爆炸试验，其中包括一些当量特别高的核试验。直至 1958 年 7 月，美国才迫于国际社会压力不得不停止在马绍尔群岛的核试验。

　　国际社会和当地民众要求美国负责处理核试验和生化试验废料，美国政府仅仅是利用核试验造成的深坑将这些致命的废料填埋了事③。

---

①　Alex Wellerstein, *Marshall Islands Nuclear Document Database*, October 2017, http：//data. alexwellerstein. com/mindd/.

②　Center for Nation Reconstruction and Capacity Development, *Ebeye 2023*：*Comprehensive Capacity Development Master Plan*, Department of Systems Engineering United States Military Academy, Washington D. C., 2012. Susanne Rust, "Huge Waves and Disease turn Marshall Islands into 'A War Zone', Health Official Says", *Los Angeles Times*, December 5 2019, https：//www. latimes. com/environment/story/2019 – 12 – 05.

③　Susanne Rust, "How the U. S. Betrayed the Marshall Islands, Kindling the Next Nuclear Disaster", *Los Angeles Times*, November 10, 2019, https：//www. latimes. com/projects/.

美军还从其他地区移来泥土在核试验地区薄薄地覆盖一层，然后种上椰树便算是对核污染进行了"认真处理"。1977 年，美国又命令美军将 130 多吨在内华达州核试验产生的废料，包括相当于 35 个标准游泳池的 8.7 万立方米的放射性土壤和碎片以及致命数量的钚运至马绍尔群岛填埋。美军最后用厚厚的混凝土密封深坑中的核废料，形成一座 115 米高的"穹顶"（Runit Dome）①。为了保密，美国政府并不告知参与填埋工作的 4000 多名美军士兵他们正在处理的是致命的核辐射物②。由于"穹顶"的设计和修建并未经过充分的科学论证和精心施工，"穹顶"存在着严重的质量问题。在过去的近半个世纪里，"穹顶"里封存的大量核废料不断渗透至地下水中，严重地污染了当地的地下水源。除了核污染外，美国对二战中的战争残留物也不做任何清理。例如，美国军方曾在密克群岛地区废弃和摧毁了大量的战舰和油轮，美国政府在战后却对此不闻不问，任由其污染太平洋的海洋生态环境③。

美军在马绍尔群岛地区频繁的核试验和核废料倾倒不仅给太平洋地区造成了极其严重的人道主义和生态环境灾难，对当地民众的身心健康造成了巨大的危害，而且导致大量的马绍尔群岛民众背井离乡④。美国核试验的灾难性影响至今不仅未能消除，反而随着时间的推移而不断增大，特别是核辐射对岛国民众身心健康的危害与日俱增。马绍尔群岛地区民众的癌症高发率和美国长期在此进行核试验和填埋核废

① Davor Pevec, "The Marshall Islands Nuclear Claims Tribunal: The Claims of the Enewetak People", *Denver Journal of International Law & Policy*, Volume 35, Number 1, 2006, pp. 221 - 239.

② Susanne Rust, "How the U. S. Betrayed the Marshall Islands, Kindling the Next Nuclear Disaster", *Los Angeles Times*, November 10, 2019, https://www.latimes.com/projects/.

③ Clement Yow Mulalap, "Federated States of Micronesia", *The Contemporary Pacific*, Volume 30, Number 1, 2018, pp. 126 - 136.

④ Keola Diaz, *The Compact of Free Association (COFA): A History of Failures*, Master's Thesis at the University of Hawaii, 2012, http://hdl.handle.net/10125/24265.

料所造成的高辐射密切相关①。当地妇女也受到严重影响，产下许多
畸形婴儿②。自 1957 年至 1980 年，部分马绍尔群岛民众因听信美国
政府核试验无害的宣传而返回核试验区居住。由于美国政府和军方的
刻意隐瞒，马绍尔群岛民众数十年来一直在周边海域捕鱼，收集椰
子、面包果等维生。但这些民众在 20 世纪七八十年代不得不再次迁
离家园，因为该地区的核污染十分严重，极大地损害了当地居民的身
心健康。美国《洛杉矶时报》强调指出，美国在马绍尔群岛进行了大
量核试验，并刻意隐瞒核污染信息给太平洋岛屿地区民众和太平洋地
区的环境造成了灾难性损害③。

尽管美国政府认为核试验地区现在已经达到安全标准，适合人类
居住了，但哥伦比亚大学 2019 年的一份研究报告认为事实并非如
此④。哥伦比亚大学的研究发现即使经过 60 多年的衰变，当地的土壤
样品中的伽马辐射仍然高于 1986 年切尔诺贝利核污染区⑤。研究还发

---

① National Institutes of Health, *Estimation of the Baseline Number of Cancers Among Marshallese and the Number of Cancers Attributable to Exposure to Fallout from Nuclear Weapons Testing Conducted in the Marshall Islands*, Nuclear Claims Tribunal, 2004, https：//web. archive. org/web/20131016002503fw. Steven L Simon, André Bouville, Charles E Land, Harold L Beck, "Radiation Doses and Cancer Risks in the Marshall Islands Associated with Exposure to Radioactive Fallout from Bikini and Enewetak Nuclear Weapons Tests：Summary", *Health Physics*, Vol. 99, No. 2, 2010, pp. 105 – 123.

② United States of America Advisory Committee on Human Radiation Experiments, Public Comment by Glenn Alcalay in Advisory Committee on Human Radiation Experiments, March 15, 1995, https：//nsarchive2. gwu. edu/radiation/dir/mstreet/commeet.

③ Susanne Rust, "How the U. S. Betrayed the Marshall Islands, Kindling the Next Nuclear Disaster", *Los Angeles Times*, 10 November 2019.

④ Maveric K. I. L. Abella, Monica Rouco Molina, Ivana Nikolić – Hughes, Emlyn W. Hughes, and Malvin Ruderman, *Background Gamma Radiation and Soil Activity Measurements in the Northern Marshall Islands*, PNAS, 30 July 2019, https：//www. pnas. org/content/116/31/15425. Carlisle E. W. Topping, Maveric K. I. L. Abella, Michael E. Berkowitz, Monica Rouco Molina, *In Situ Measurement of Cesium – 137 Contamination in Fruits from the Northern Marshall Islands*, 116 PNAS 15414, 30 July 2019, https：//doi. org/10. 1073/pnas. 1903481116.

⑤ Maveric K. I. L. Abella, Monica Rouco Molina, Ivana Nikolić – Hughes, Emlyn W. Hughes, and Malvin Ruderman, "Background Gamma Radiation and Soil Activity Measurements in the Northern Marshall Islands", *PNAS*, 30 July 2019, https：//www. pnas. org/content/116/31/15425.

现当地水果样品的辐射残留也超过了国际安全标准①。哥伦比亚大学的研究报告认为马绍尔群岛部分岛屿的辐射超过切尔诺贝利和福岛核泄漏区。核试验残留的放射物已经混杂在土壤中，使当地的食品和饮水都成为辐射污染源。《洛杉矶时报》称研究资料显示核试验对环境的影响是持久的，美国核试验数十年后，马绍尔群岛地区海鲜中的辐射含量仍然远远高于其他地区②。哥伦比亚大学的研究结果也表明马绍尔群岛核试验所产生的放射性污染可能会持续几个世纪。美军在马绍尔群岛地区长期进行的核试验不仅给当地民众造成了巨大的生命损失，而且还将风景秀丽的太平洋岛屿地区从人间天堂变成了充满核辐射的地狱。马绍尔群岛由于自然和人文环境遭到美军核试验的巨大破坏一直未能被评入世界文化遗产。

"穹顶"现今已经成为马绍尔群岛地区民众和生态环境的巨大威胁。21世纪初，由于地震和海平面上升，"穹顶"出现多处裂缝和缺口，导致该地的核辐射程度甚至高于切尔诺贝利和福岛，并且"穹顶"随时有可能因暴风雨和海平面上升被淹没。如果"穹顶"爆裂，核废料必然会倾入大海从而对整个太平洋海域造成无法弥补的灾难。"穹顶"的危险状态引起太平洋岛国民众和国际社会的强烈关注和忧虑。鉴于海平面上升可能淹没"穹顶"，国际社会要求美国政府尽快调查马绍尔群岛核废料填埋泄漏情况及其可能对当地的生态环境和居民生命造成的危险。由于马绍尔群岛核试验地点距离美国夏威夷并不遥远，因此马绍尔群岛的核辐射和"穹顶"可能发生的核泄露引起夏威夷和关岛等地美国民众的忧虑和关注。代表夏威夷第二选区的民主党众议员图尔西·加伯德因而不得不回应当地民众的呼声，要求美国

---

① Carlisle E. W. Topping, Maveric K. I. L. Abella, Michael E. Berkowitz, Monica Rouco Molina, "In Situ Measurement of Cesium – *137* contamination in Fruits from the Northern Marshall Islands", *PNAS*, 30 July 2019, https://doi.org/10.1073/pnas.1903481116.

② Susanne Rust, "How the U. S. Betrayed the Marshall Islands, Kindling the Next Nuclear Disaster", *Los Angeles Times*, 10 November 2019.

政府对马绍尔群岛地区的核辐射和"穹顶"填埋坑负责，确保美国公民"不受马绍尔群岛有毒废物的危害"。马绍尔群岛国家核委员会的主席雷亚·莫斯·克里斯蒂安也强烈要求美国重新处置核废料以保证马绍尔群岛民众的生命安全。

2020年，美国政府在太平洋岛国和国际社会的压力下指定能源部对"穹顶"的安全状况进行调查，并向国会提交关于"穹顶"外泄可能造成的环境灾难的范围和严重程度的报告①。美国能源部根据《国防授权法案》（National Defense Authorization Act）于2020年6月发布的关于"穹顶"的调查报告，坚决否认存在核污染②。美国能源部的报告宣称"穹顶"建筑主体牢固，不会产生泄露问题，更不会对太平洋地区造成生命和环境灾难③。美国能源部还声称通过对地下水辐射的化学分析，没有证据表明当地的放射物已经达到很严重的程度④。但据《洛杉矶时报》报道，美国能源部内部承认"穹顶"核废料填埋场很容易受到海平面上升和狂风暴雨的影响，"穹顶"目前正向埃内韦塔克湖泄漏⑤。鉴于美国能源部和美国政府只是选择性地检测核试验的危害，并且根本没有邀请马绍尔群岛专家和政府官员参与，马绍尔群岛政府认为美国政府的报告非常片面，根本不公正。马绍尔群岛国家核委员会因而呼吁国际原子能机构等第三方机构能够参与评估"穹顶"的安全性，确保该地区民众的生命和生态环境

---

① National Defense Authorization Act（NDAA），2020.

② Susanne Rust, *Report on the Status of Runit Dome in the Marshall Islands*：*Report to Congress*，June 2020. "U. S. Says Leaking Nuclear Waste Dome Is Safe；Marshall Islands Leaders Don't Believe It"，*Los Angeles Times*，1 July 2020.

③ Department of Energy, *Report on the Status of the Runit Dome in the Marshall Island*s，June 2020，https：//www. energy. gov/sites/prod/files/2020/06/f76/.

④ Maveric K. I. L. Abella, Monica Rouco Molina, Ivana Nikolić – Hughes, Emlyn W. Hughes, and Malvin Ruderman, "Background Gamma Radiation and Soil Activity Measurements in the Northern Marshall Islands"，*PNAS*，30 July 2019，https：//www. pnas. org/content/116/31/15425.

⑤ Susanne Rust, "How the U. S. Betrayed the Marshall Islands, Kindling the Next Nuclear Disaster"，*Los Angeles Times*，10 November 2019.

安全。马绍尔群岛前总统希尔达·海因（Hilda Heine）强调美国必须承担其核试验对该地区造成的损害，并请第三方，而不是美国能源部来评估"穹顶"的危害并最终将其移走。但美国政府一直以"穹顶"没有安全隐患和缺乏资金为由拒绝继续向马绍尔群岛提供核赔偿并安全处理"穹顶"里的核废物。

美军不仅把马绍尔群岛作为全球最为重要的核试验基地，而且还在这里修建了美国夺取全球霸权最为重要的军事基地。邻近和经由密克群岛的海上交通线是世界最为繁忙的航线之一，控制这一航线是美国最为重要的军事目标，因此在航线附近修建大型军事基地便成为美国军方的首要选择。瓜加林环礁不仅交通便利而且相对隐蔽，十分安全。美国国防部曾发布分析报告强调密克群岛位于北太平洋空中和海上航线附近，美军在此修建大型军事基地一方面可以保护北太航线不受潜在敌人海上和空中的阻断和威胁，另一方面可以保护美国的军事力量从本土和夏威夷地区经此安全快捷地进入亚太地区。冷战后，这一地区的海上交通重要性更加凸显，美国与亚太地区主要经济体，特别是与中国、日本和韩国等的贸易有一多半需经此地，日本前往澳大利亚的航线也要经过这一地区。

美军不仅在密克群岛地区建立海空军基地，而且还在这一地区建立了全球最为先进的战略导弹试验基地①。美国陆军太空和导弹防御司令部认为马绍尔群岛的瓜加林环礁距离美国本土遥远，对美国本土的安全和环境污染影响小。该地区海域辽阔、人口稀少，是理想的洲际导弹试验区。另外，此处接近赤道，是观察外国太空活动和太空发射的最佳观察和跟踪区。因此，在二战结束后的半个多世纪里，瓜加林一直是美国的军事战略基地，美军在该地拥有若干重要的军事设施。为了与苏联进行洲际导弹竞争，美国军事当局于1964年强迫马

---

① Martha Smith - Morris, *Domination and Resistance: The United States and the Marshall Islands During the Cold War*, Honolulu: University of Hawaii Press, 2016, pp. 108 - 109.

绍尔民众将战略地位异常重要的瓜加林环礁修建成世界最大的导弹试验基地——洲际导弹测试中心。美军的大部分高端设备位于瓜加林环礁和附近的五个小岛上，基地和设备由美国陆军太空和导弹防御司令部管理。2001年，该基地正式命名为罗纳德·里根弹道导弹防御测试基地（Ronald Reagan Ballistic Missile Defense Test Site）①。里根弹道导弹试验基地是现今美国最大的军事基地，也是美国试验洲际弹道导弹最为重要的军事基地。美军曾在此进行了一系列洲际导弹发射和拦截试验、超高音速导弹试验等②。为了进行洲际弹道导弹拦截试验，美国耗资40亿美元在瓜加林环礁修建了全世界装备最为先进的导弹试验靶场。靶场配备了拦截导弹发射装置、卫星和地面雷达监控设备、各类对空探测装置等。美军最为骄傲的试验装置之一便是X波段雷达，这是美国弹道导弹防御体系的重要组成部分，不仅具有较强的识别能力，而且能够监视整个太平洋西岸地区的导弹发射情况③。

1999年底，美军发射"民兵"—3洲际导弹，检验了瓜加林军事基地的雷达追踪能力。美国还在此进行了大量其他型号的导弹试验和导弹拦截试验。瓜加林基地不仅包括里根试验基地项目，还包括空军太空藩篱项目（U. S. Air Force's Space Fence program）、空军全球定位系统和导弹防御项目等。太空藩篱项目旨在发现和追踪其他国家的各种用途的卫星和太空发射以及威胁美国卫星运行的太空垃圾④。该基

① "Regarding U. S. Payments", see David Gootnick, *Compacts of Free Association*：*Actions Needed for the Transition of Micronesia and the Marshall Islands to Trust Fund Income*, U. S. Government Accountability Office, Washington, D. C., May 2018.

② Davor Pevec, "The Marshall Islands Nuclear Claims Tribunal：The Claims of the Enewetak People", *Denver Journal of International Law & Policy*, Volume 35, Number 1, 2006, pp. 221 – 239.

③ U. S. Army Kwajalein Atoll (USAKA), https：//www. globalsecurity. org/space/facility/ kwaj. htm.

④ Wyatt Olson, "Space Fence on Kwajalein Atoll Will Allow Air Force to Monitor Debris, Threats", *Stars and Stripes*, 10 April 2017.

地拥有大量先进的跟踪设备、弹道摄影设备等以收集、记录和处理飞行数据；基地在瓜加林环礁的东部水域拥有先进的深水声呐设备，可以精确发现船舶和潜航器的方位；基地还建有发射场。此外，美军还在马绍尔群岛另外 11 个岛上建有军事基地并严禁当地民众进入。在过去的数十年中，美军在该基地的设备投资已经超过了上百亿美元。1979 年，美国国防部考虑可否将位于瓜加林环礁的导弹基地迁址。美国国防部强调导弹基地的新址所在地必须政治上拥护美国，陆地面积够大、人口较少。美国国防部认为北马里亚纳群岛、密克联邦的丘克州和基里巴斯是合适的替代地。但由于美国在马绍尔群岛的导弹基地规模庞大、搬迁费用昂贵而最终遭到否决，美国国防部转而迫使马绍尔群岛将军事基地的租赁协议延续至 2086 年①。这充分说明瓜加林军事基地对美国的重要性以及美国长期使用该基地的意图。美国在马绍尔群岛设立如此众多的军事基地充分说明该地区对美国全球和太平洋地区军事霸权的重要性，也充分说明马绍尔群岛对美国具有难以替代的军事价值。除马绍尔群岛外，美国同样在帕劳建立了军事价值极为重要的军事基地，并安装了先进的雷达系统②。为此，美国每年向帕劳支付 6 亿美元作为军事基地的使用费用。

第四节　核赔偿纷争与南太无核区的建立

核试验和生化武器试验给马绍尔群岛造成了巨大的生命和生态环境损失，马绍尔群岛政府为此一再和美国政府和军方交涉，要求美国政府承担赔偿责任。但美国政府和军方恃强凌弱，始终

---

① "For Options to Renew the Rental Agreement out to 2086", see David B. Gootnick, *Compacts of Free Association: Actions Needed for the Transition of Micronesia and the Marshall Islands to Trust Fund Income*, U. S. Government Accountability Office, Washington, D. C., May 2018.

② Wyatt Olson, "U. S. to Install Radar Systems on Tiny Pacific Island Nation of Palau", *Stars and Stripes*, 28 August 2017.

拒绝赔偿①。美国政府一向高调宣称"以规则为基础"，但它对于给马绍尔群岛的生态和居民所造成的极大伤害却始终不予理睬，反而倒打一耙地声称由于核爆炸发生在马绍尔群岛地区，马绍尔群岛政府应该对此负责。美国蛮横无理的态度引起马绍尔群岛民众的强烈不满，马绍尔群岛前总统希尔达·海因反诘美国政府："我们怎么会是罪魁祸首？核废料填埋场怎么会是我国的产物？'穹顶'不是我们修建的，里面的核垃圾更不是我们马绍尔群岛的，是美国的。"②面对美国的霸凌和无赖，马绍尔群岛和密克群岛地区其他国家的民众在国际社会的支持下进行了长期抗争。马绍尔群岛民众于1978年8月、1979年7月、1982年6月，1986年1月先后掀起四次大规模的抗议活动，要求美国支付核赔偿和军事基地的租金，不得绕过马绍尔群岛民众与马绍尔群岛政府进行秘密交易，损害马绍尔群岛民众的利益。在抗议期间，马绍尔群岛民众占领了瓜加林环礁，迫使美国不得不取消原定于1979年8月举行的两次导弹试验活动。80年代，民众抗议活动更加高涨，迫使瓜加林环礁的美国非军事人员暂时撤离。在马绍尔群岛民众的强烈抗争和国际社会的巨大压力下，美国政府最终不得不在与马绍尔群岛签署的《自由联系协定177款》和《177款实施协定》中规定设立核赔偿法庭（the Nuclear Claims Tribunal）和核试验赔偿基金。《自由联系协定》的附属协定则规定美国要向马绍尔群岛民众提供足额赔偿以彻底解决今后可能再发生的核赔偿要求③。

---

① Antoni Pigrau, "Colonialism, Environmental Injustice, and Sustainable Development from Toxic Substances and Hazardous Wastes", Sumudu A. Atapattu, Carmen G. Gonzalez, Sara L. Seck (eds.), *The Cambridge Handbook of Environmental Justice and Sustainable Development*, London: Cambridge University Press, 2021, p. 34.

② Susanne Rust, "The U. S. Betrayed the Marshall Islands, Kindling the Next Nuclear Disaster", *Los Angeles Times*, 10 November 2019.

③ Davor Pevec, "The Marshall Islands Nuclear Claims Tribunal: The Claims of the Enewetak People", *Denver Journal of International Law & Policy*, Vol. 35, No. 1, 2020, pp. 221 –239.

依据上述协定相关条款的规定，马绍尔群岛立法机构于 1987 年通过《核赔偿法庭法案》，正式建立核赔偿法庭。自该法庭建立后，马绍尔群岛民众纷纷向法庭递交赔偿申请①。据法庭统计，核赔偿法庭初步判决美国政府应支付赔偿金 24 亿美元。虽然美国政府声称要通过法律途径解决马绍尔群岛地区的核损害问题，但在核试验赔偿法庭判决美国赔偿 24 亿美元后，美国政府又采取了霸凌态度，一直拒绝按判决赔偿马绍尔群岛民众。美国政府在向马绍尔群岛受害者支付了不到 400 万美元的赔偿后便不再理睬法庭的任何判决②。更为恶劣的是，美国联邦申诉法院居然驳回马绍尔群岛政府要求强制执行赔偿的若干申诉③。核赔偿法庭判决美国的核赔偿金远远超过了美国政府答应的赔偿款，该判决包括核赔偿法庭已经判决但未支付的人员伤害赔偿金 1400 万美元，法庭已经判决但尚未向比基尼岛等直接核试验区支付的财产损害赔偿金 9.49 亿美元，5000 万美元医疗设施建设费、50 年的核辐射治疗费用（美国每年需为此支付 4500 万美元）等④。

美国政府拒不赔偿的恶劣态度受到国际社会的强烈批评。美国政府数十年来宁愿花费数万亿美元不断升级其核武器也不同意足额赔偿马绍尔群岛民众的生命和财产损失⑤。半个多世纪来，美国政府只象征性地

---

① Marshall Islands Nuclear Claims Tribunal, "Marshall Islands Nuclear Claims Tribunal: In the Matter of the People of Enewetak", *International Legal Materials*, Vol. 39, No. 5, 2000, pp. 1214 – 1233.

② Antoni Pigrau, "Colonialism, Environmental Injustice, and Sustainable Development from Toxic Substances and Hazardous Wastes", Sumudu A. Atapattu, Carmen G. Gonzalez, Sara L. Seck (eds.), *The Cambridge Handbook of Environmental Justice and Sustainable Development*, London: Cambridge University Press, 2021, p. 34.

③ Philip A. Okney, "Legacies and Perils from the Perspectives of Republic of the Marshall Islands Nuclear Claims Tribunal", David D. Caron and Harry N. Scheiber (eds.), *The Oceans in the Nuclear Age: Legacies and Risks*, Leiden: Martinus Nijhoff Publishers, 2021, p. 65.

④ Dick Thornburgh, Glenn Reichardt and Jon Stanley, *The Nuclear Claims Tribunal of the Republic of the Marshall Islands: An Independent Examination and Assessment of Its Decision – Making Processes*, Kirkpatrick & Lockhart LLP, Washington, D. C., 2003.

⑤ U. S. Congressional Budget Office, *Approaches for Managing the Costs of U. S. Nuclear Forces, 2017 to 2046*, 2017, https://www.cbo.gov/system/files/115th – congress – 2017 – 2018/reports/53211 – nuclearforces.pdf.

向马绍尔群岛支付一点赔偿金，致使许多民众没有得到赔偿便离世，许多受害者的资料也因此散失[1]。迄今为止，美国政府也仅向核赔偿基金提供 1.5 亿美元的资金，宣称这笔资金足以赔偿核试验所造成的人员伤害、财产损失、受害者医疗费用、马绍尔群岛民众被迫迁居和核试验受害者生活困难补助等[2]。美国政府还特别规定信托基金的投资回报必须用于支付受害者的医疗和重新安置费用，补偿受害者的财产损失以及相关岛屿的生态环境恢复等。很显然，美国政府提供的基金远远不足以弥补如此巨大的生命、财产和生态环境损害。2002 年，马绍尔群岛聘用美国前司法部长理查德·索恩伯勒（Richard Thornburgh）负责独立核查核赔偿要求。索恩伯勒领导的团队此后发布报告，对赔偿法庭的审理和审理方法进行了详细评估，认为美国答应的赔偿金严重不足，根本无法满足马绍尔群岛民众的合理要求[3]。索恩伯勒领导的团队还认为美国向核赔偿基金提供的 1.5 亿美元同样不足以帮助该地区的受害者恢复健康，更无法帮助恢复当地的生态环境[4]。

马绍尔群岛政府和民众要求美国增加赔偿金，但遭到美国政府的拒绝[5]。据报道，美国迄今只提供了金额有限的赔偿金用于受害者的

①　Sophie van Dijken，"Monetary Payments for Civilian Harm in International and National Practice"，*Amsterdam International Law Clinic*，2013，https：//civiliansinconflict. org/wp - content/uploads/2017/11/Valuation_ Final_ Oct_ 2013pdf. Trudy Huskamp Peterson，"Searching for Support：Preserving the Records of the Nuclear Claims Tribunal"，*Groniek*，2015，https：// ugp. rug. nl/groniek/article/view/17722/15188.

②　Ronron Calunsod，"Marshall Islands Commits to a 'World Without Nuclear Weapons'"，*Kyodo News*，1 March 2018.

③　Dick Thornburgh，Glenn Reichardt and Jon Stanley，*The Nuclear Claims Tribunal of the Republic of the Marshall Islands：An Independent Examination and Assessment of Its Decision - Making Processes*，Washington，D. C：Kirkpatrick & Lockhart LLP，2003.

④　Congressional Research Service，*Republic of the Marshall Islands Changed Circumstances Petition to Congress*，CRS Report for Congress，The Library of Congress，2005.

⑤　Department of State，*Report Evaluating the Request of the Government of the Republic of the Marshall Islands Presented to the Congress of the United States of America*，November 2004. Warren Richey，"Supreme Court：No Review of Award for U. S. Nuclear Weapons Tests"，*Christian Science Monitor*，5 April 2010.

医疗、环境恢复和环境监测等①。马绍尔群岛政府和民众认为美国政府根本没有认真赔偿马绍尔群岛民众的诚意，因为美国不仅没有提供足够的赔偿金，而且也仅向比基尼岛等四个岛屿的受害者赔偿，而对马绍尔群岛和密克群岛其他广大地区的受害者不予分文赔偿②。实际上，除了这四个岛屿外，马绍尔群岛的其他岛屿地区也都受到了核试验的严重污染。美国政府在核试验前从未通知这些岛屿的居民撤离，美国的核试验对这些岛屿居民的生命和身心健康造成了极大的损害③。因此这些岛屿的居民完全有权向美国政府提出核赔偿要求，但美国政府始终不予理睬④。美国国务院、能源部和国防部还联合发布报告，拒绝马绍尔群岛民众的赔偿要求。美国政府声称这些赔偿要求根本没有法律和科学依据⑤。美国国会也拒绝马绍尔群岛民众的赔偿要求，并强硬地拒绝增加任何赔偿拨款⑥。

---

① Ronron Calunsod, "Marshall Islands Commits to a World Without Nuclear Weapons", *Kyodo News*, 1 March 2018.

② Alfred Breslin and Melvin Cassidy, *Radioactive Debris from Operation Castle: Islands of the Mid – Pacific*, 1955, and Document: Atolls Upon Which Significant Nuclear Fallout Could Have Occurred from the Pacific Proving Grounds During Atmospheric Testing (DRAFT, no final version), United States Atomic Energy Commission, New York, 1955. Holly Barker, *Bravo for the Marshallese: Regaining Control in a Post – Nuclear, Post – Colonial World* (Case Studies on Contemporary Social Issues), Wadsworth: Belmont, 2013, p. 152.

③ Erin Thomas and Shannon Marcoux, *Compacts of Free Association (COFA) Balancing the Scales in Negotiations between the United States and the Federated States of Micronesia (FSM) and the Republic of the Marshall Islands (RMI)*, International Center for Advocates Against Discrimination, 2020. Seiichiro Takemine, "Invisible Nuclear Catastrophe Consequences of the U. S. Atomic and Hydrogen Bomb Testings in the Marshall Islands: Focusing on the 'Overlooked' Ailuk Atoll", *Hiroshima Peace Science*, No. 39, 2017, pp. 43 – 68.

④ Erin Thomas and Shannon Marcoux, *Compacts of Free Association (COFA) Balancing the Scales in Negotiations between the United States and the Federated States of Micronesia (FSM) and the Republic of the Marshall Islands (RMI)*, International Center for Advocates Against Discrimination, 2020.

⑤ U. S. Department of State, *Report Evaluating the Request of the Government of the Republic of the Marshall Islands Presented to the Congress of the United States of America*, November 2004.

⑥ Congressional Research Service, *Republic of the Marshall Islands Changed Circumstances Petition to Congress*, CRS Report for Congress, The Library of Congress, 2005.

马绍尔群岛政府和民众对此十分愤慨，多次向核赔偿法庭和美国的法庭起诉美国政府，并提交了具体的赔偿要求，但均被美国政府和法院所拒绝①。2000—2003 年，马绍尔群岛政府在与美国谈判《自由联系协定》的补充协议时，再次要求美国支付核损害赔偿，但遭到美国政府的拒绝。2010 年，美国悍然宣布核赔偿金全部支付完毕，美国无需再向马绍尔群岛政府和民众支付任何核赔偿。美国的霸蛮态度引起马绍尔群岛政府和民众的强烈愤怒，国际社会纷纷对马绍尔群岛政府和民众表示同情和支持。由于迟迟得不到赔偿，许多马绍尔群岛受害者因无钱医治恶疾而去世。与马绍尔群岛的核损害赔偿形成鲜明对比的是，美国政府通过国内法案向内华达州核试验的受害者提供了 5.62 亿美元的赔偿金。内华达州的受害者人数远远少于马绍尔群岛，受害程度也要轻得多，但他们获得的赔偿却是既多又快。这一方面表明美国政府对马绍尔群岛民众充满了种族主义的蔑视，另一方面也证明美国向马绍尔群岛地区提供的赔偿金远远不敷使用②。

美国在核赔偿问题上表现出来的霸凌和不公正行为迫使马绍尔群岛政府和民众不得不寻找国际化途径解决。国际法庭早在 1988 年即判决美国政府应向马绍尔群岛支付 23 亿美元赔偿金，但美国政府拒不接受该判决③。2014 年，马绍尔群岛政府和部分民众代表就此问题再次向国际法庭起诉美国，要求美国承担核赔偿责任。马绍尔群岛政府在起诉声明中严厉批评美国作为《核不扩散条约》的签署国却从来

---

① Department of State, *Report Evaluating the Request of the Government of the Republic of the Marshall Islands Presented to the Congress of the United States of America*, November 2004. Warren Richey, "Supreme Court: No Review of Award for U. S. Nuclear Weapons Tests", *Christian Science Monitor*, 5 April 2010.

② Dick Thornburgh, *The Nuclear Claims Tribunal of the Republic of the Marshall Islands: An Independent Examination and Assessment of Its Decision – Making Processes*, January 2003, https://www.bikiniatoll.com/ThornburgReport.pdf.

③ Susanne Rust, "How the U. S. Betrayed the Marshall Islands, Kindling the Next Nuclear Disaster", *Los Angeles Times*, 10 November 2019.

没有认真履行义务，更没有认真减少核武器的数量和危害[①]。虽然国际社会对马绍尔群岛政府和民众予以同情和声援，但美国政府拒不承认国际法庭，也拒绝出庭应诉。和以往一样，马绍尔群岛的核赔偿起诉最终同样不了了之。美国政府对国际法庭的判决根本不予理睬，美国政府甚至声称根本不承认国际法庭[②]。美国拒绝承认国际法庭的判决表明在美国主导的霸权主义国际体系和秩序下，国际社会很难找到有效的方法迫使美国承担核赔偿责任，更谈不上制止美国的核霸权。马绍尔群岛政府和民众于2017年向美国第九巡回上诉法庭起诉美国政府的核危害和核扩散，并要求予以赔偿。但美国法庭毫不犹豫地立刻驳回了马绍尔群岛政府和民众的核赔偿请求[③]。美国法庭的态度说明通过美国国内法律途径根本无法解决马绍尔群岛核损害的案件充分表明了美国的霸权行径，也说明通过法律渠道解决美国的核赔偿问题是不可能的。

　　虽然马绍尔群岛政府和民众寻求核赔偿的努力一再受挫，但他们始终坚持要求美国政府还马绍尔群岛民众以核公正，并声称要求美国政府核赔偿只是全面和彻底解决核污染和生命、生态损害努力的一部分。许多国际法学者指出无论是从国际法，还是从国际道义角度，美国都应对其在太平洋岛屿地区的大规模核试验承担责任，并且马绍尔

---

①　"UN court throws out Marshall Islands' Nuclear Weapons Case", *BBC News*, 5 October 2016, https：//www.bbc.com/news/world - asia - 37560663.

②　Maitê de Souza Schmitz, "Decision of the International Court of Justice in the Nuclear Arms Race Case", *Harvard International Law Journal*, 2016, http：//www.harvardilj.org/2016/11/.

③　United States Court of Appeals, Ninth Circuit, Republic of the Marshall Islands, A non - nuclear - weapon State Party to the Treaty on the Non Proliferation of Nuclear Weapons, Plaintiff - Appellant, v. United States of America; Donald J. Trump The President of the United States of America; Department of Defense; James Mattis, Secretary, Department of Defense; Department of Energy; Rick Perry, Secretary, Department of Energy; National Nuclear Security Administration, Defendants - Appellees, No. 15 - 15636, Decided：31 July 2017, https：//caselaw.findlaw.com/us - 9th - circuit/1869473.html.

群岛政府对美国政府和军方的追责应当是无限期的①。《国际核安全公约》和《核燃料管理安全和放射性废物管理安全联合公约》都规定放射性污染的最终处置责任应该由污染者承担。如果明知道实验地区有人，还做类似核实验，无异于把原子弹扔到日本的广岛、长崎。美国在马绍尔群岛地区长期进行核试验给该地区的民众和生态造成了巨大而长久的伤害，但美国政府迄今为止在马绍尔群岛持续的生态环境恶化和民众的健康问题上几乎不作为。美国对马绍尔群岛核损害和核赔偿的冷漠态度已经成为马绍尔群岛乃至整个太平洋岛屿地区的集体记忆，对美国同太平洋岛屿地区的关系产生了难以估量的持久性影响②。

马绍尔群岛国家核委员会（National Nuclear Commission）从五个方面定义核公正：核灾难赔偿、核灾难医疗救助、核灾难环境恢复、核灾难的国家教育能力、对核灾难问题的认知。尽管不同的太平洋岛国对核公正有着不尽相同的定义，但核公正的定义总体上包括核赔偿资金，它意味着遭受核灾难的岛国有希望治愈受害民众的心灵创伤和修复受害地区的生态环境；它意味着受害岛国有希望变得更强大，更有能力教育本国儿童独特的太平洋历史；它还意味着岛国能够获得足够的资金用于治疗因核试验而造成的各种疾病和伤害③。因此，美国对马绍尔群岛民众和生态环境造成的损害持冷漠态度，对修复核伤害缺乏兴趣已经成为太平洋岛国民众记忆的一部分。联合国人权和有毒废物报告特别起草组专家在考察马绍尔群岛的核危害和环境污染后强调指出，"马绍尔群岛政府和民众与美国之间已经形成深深的裂痕，

① John Noble Wilford, "Bikinians Suing U. S. for ＄450 Million over A – Tests", *New York Times*, 15 March 1981.

② Martha Smith – Morris, *Domination and Resistance: The United States and the Marshall Islands During the Cold War*, Honolulu: University of Hawaii Press, 2016, pp. 75 – 102.

③ Marshall Islands National Nuclear Commission, *Nuclear Justice for the Marshall Islands A Strategy for Coordinated Action FY2020 – FY2023*, 2019, p. 10.

这对两国关系构成了巨大的挑战"①。

第二次世界大战期间，美国在日本投下的两颗原子弹所造成的巨大破坏和持久的危害给全世界人民留下了深刻的记忆。美国和苏联在二战后为了争夺霸权而在世界各地剑拔弩张，特别是古巴导弹危机更是将全世界带到了核大战的边缘。核大战的危害及其爆发的可能性引起世界各国人民的警觉，如何避免核战争，特别是遏制美苏两国在广大发展中国家及周边地区打核大战是广大发展中国面临的一个重大问题。1959 年，《南极条约》诞生。该条约禁止任何国家在南极地区爆炸核武器，禁止任何国家或国家集团在该地区进行一切军事活动②。1967 年，拉美国家签署《特拉特洛尔科条约》（The Treaty of Tlatelolco；The Treaty for the Prohibition of Nuclear Weapons in Latin America and the Caribbean），率先禁止任何国家在该地区试验、使用、生产任何核武器；禁止任何国家在该地区贮存、安装、部署核武器，或以任何方式拥有核武器③。《特拉特洛尔科条约》的签署使拉美地区成为世界上首个通过条约形式禁止核武器存在和使用的地区，为全世界禁止核武器的扩散和使用开辟了先河。在拉美国家和国际社会的强烈要求和压力下，美苏等核大国不得不承诺尊重该地区的"无核"现状和要求，不在该地区试验、生产核武器，也不对该地区的国家使用或威胁使用核武器。

在《特拉特洛尔科条约》的启发和鼓舞下，深受美、英、法核试验之害的南太平洋岛屿地区的帕劳、密克联邦、马绍尔群岛、斐济、基里巴斯、巴布亚新几内亚、汤加、西萨摩亚、库克群岛、瑙鲁、纽

---

① Erin Thomas, *Compacts of Free Association in FSM, RMI, and Palau: Implications for the 2023 - 2024 Renewal Negotiations*, International Center for Advocates Against Discrimination, 9 March 2019.

② Hanna Newcombe, "A Nuclear - Weapon - Free Zone in the Arctic: A Proposal", *Bulletin of Peace Proposals*, Vol. 12, No. 3, 1981, pp. 251 - 258.

③ John R. Redick, "The Tlatelolco Regime and Nonproliferation in Latin America", *International Organization*, Vol. 35, No. 1, 1981, pp. 103 - 134.

埃也产生了在太平洋岛屿地区建立无核区的强烈愿望，但这一构想却遭到了地区霸权国澳大利亚的竭力阻挠。澳大利亚唯恐南太无核区的建立会损害其与美国的军事同盟关系，损害美国对澳大利亚地区霸权的扶持，澳大利亚政府和军方因此坚决拒绝南太无核区的推进。此后，澳大利亚政府一方面利用苏联在亚太地区的扩张来恐吓和威胁本国民众和太平洋岛屿地区民众支持美、英等国在该地区的核对抗政策，另一方面有意将民众的注意力转移至反对域外国家在南太平洋地区进行核试验的"和平运动"。为此，澳大利亚政府领导人多次刻意高调地在国际会议上呼吁核大国尊重南太平洋国家和人民建立南太平洋无核区的意愿，并有意将针对的矛头指向了法国，意图"避重就轻"地转移该地区民众对澳美合作的关注，以便在本地区长期构建用于美苏全球争霸的战略性军事设施与核设施①。

太平洋岛屿地区已经独立的岛国政府和民众并不理睬澳大利亚政府和军方的阻挠和破坏，一再呼吁联合国和国际社会对美、苏等核大国施压，尊重太平洋岛屿地区人民的无核意愿。在太平洋岛屿地区民众的集体压力下，澳大利亚和新西兰政府最终也不得不接受了南太无核区的构想。1975 年，南太地区国家发表联合公报表达了在南太平洋地区建立无核区和不卷入美苏核冲突的强烈愿望。同年，斐济等南太平洋岛国再次联合致函联合国秘书长，坚决反对美、英、法等国在太平洋进行核试验，强烈要求禁止任何国家在南太平洋地区贮存或倾倒放射性核废料，并请求联合国将建立南太平洋无核区问题列入联大议程。在太平洋岛国的坚决要求和国际社会的大力支持下，1975 年 12 月 11 日，联合国大会冲破美、英等国的阻挠通过了关于建立南太平洋无核区的 3477 号决议②。

---

① Stephen Henningham, "France and the South Pacific in the 1980s: An Australian Perspective", *Journal de la Société des Océanistes*, No. 92 –93, 1991, pp. 21 –45.

② United Nations, *Establishment of a Nuclear - weapon - free Zone in the South Pacific*, 1976.

1983 年，太平洋岛国论坛发表公报，提出建立南太平洋无核区的具体原则和方案。1984 年，太平洋岛国论坛的各成员国首脑就尽早建立南太平洋无核区达成了协议。1985 年，太平洋岛国论坛在库克群岛的拉罗汤加举行年会，与会各国首脑一致通过了《拉罗汤加条约》（Treaty of Rarotonga，亦称《南太平洋无核区条约》）。1986 年，太平洋岛国论坛又通过了与该条约相关的几个议定书，要求美、苏等核大国承诺不对该条约的缔约国使用，或威胁使用核武器，也不在南太平洋地区进行核试验。《拉罗汤加条约》于 1986 年 12 月 11 日正式生效，它标志着南太平洋无核区的正式确立[1]。南太平洋地区无核区是继《特拉特洛尔科条约》之后，人类在有人居住区建立的第二个无核区。《拉罗汤加条约》覆盖区十分辽阔，它北至赤道（含赤道以北巴布亚新几内亚、瑙鲁和基里巴斯的全部领土），南至南纬 60°，东接《特拉特洛尔科条约》的边界，西至澳大利亚西海岸（含澳大利亚位于印度洋中的领土）。南纬 60°以南地区则是《南极条约》覆盖的南极完全非军事化区。

《拉罗汤加条约》缔约国承诺[2]：

（1）不谋求获得核武器，不帮助其他国家获取核武器；

（2）不允许在其领土上存放核武器；

（3）不允许在其领土上试验核爆炸装置；不帮助他国在其领土上试验核爆炸装置；

（4）对核材料出口实施严格的不扩散措施，保证只能和平和非爆炸地利用核材料；

（5）不在本区域的海洋倾倒放射性废料；

（6）不帮助他国在本区域海洋倾倒放射性废物，支持缔结不允许

---

[1] Greg Fry, "The South Pacific Nuclear – free Zone: Significance and Implications", *Bulletin of Concerned Asian Scholars*, Vol. 18, No. 2, 1986, pp. 61 –72.

[2] UN Office for Disarmament Affairs, *South Pacific Nuclear Free Zone Treaty*, 1985.

任何国家、组织和个人在本区域海洋倾倒放射性废料的区域性公约；

（7）缔约国切实履行条约义务，并接受国际安全核实。

《拉罗汤加条约》还有三个附加的议定书：

《议定书一》希望在本区域拥有领土，或受其管辖领地的域外国家（法国、联合王国和美国）将本条约的规定适用于其在本区域内的领土。

《议定书二》敦促五个拥有核武器的联合国安理会常任理事会（美国、苏联、中国、法国、英国）承诺不对该条约缔约国使用或威胁使用核武器。

《议定书三》敦促上述五个有核国家不在本区域内进行任何核试验。《拉罗汤加条约》及其议定书一经宣布即得到了广大发展中国家的理解和支持，中国很快便签署并批准了该条约及议定书。但该条约及议定书却遭到了法国、英国和美国的坚决反对和抵制。法国对条约及议定书的反应最为强烈，法国政府十分荒唐地表示法国在南太平洋地区进行核试验和存放核废料是其天然权力①。法国政府甚至反诬《拉罗汤加条约》及其议定书是太平洋岛国强加于法国的条约，是多数"暴政"的表现，是对法国天然权力的无理剥夺和歧视。法国政府对南太地区人民的呼声和对《拉罗汤加条约》及其议定书的回应是变本加厉地在该地区进行更加频繁的核试验②。英国政府也随即发表声明，荒谬地强调《拉罗汤加条约》及其议定书是对英国权力和利益的严重损害，英国绝不接受这样的"不平等"条约③。

美国、法国和英国的极端自私和严重危害太平洋地区人民生命安全的行为引起了太平洋岛国人民的强烈谴责，也引起国际社会主持正

---

① Laurence Cordonnery, "The Legacy Of French Nuclear Testing In The Pacific", David D. Caron and Harry N. Scheiber（eds.）, *The Oceans in the Nuclear Age*, Leiden：Brill, 2010.

② Don MacKay, "Nuclear Testing：New Zealand and France in the International Court of Justice", *Fordham International Law Journal*, Volume 19, Issue 5, 1995, pp. 1857 – 1887.

③ Paul F. Power, "The South Pacific Nuclear – Weapon – Free Zone", *Pacific Affairs*, Vol. 59, No. 3（Autumn）, 1986, pp. 455 – 475.

义和爱好和平人士的广泛抗议，三国政府一时间在国际社会处于极为不利的地位①。在太平洋岛国政府和人民的强烈抗议和国际社会的巨大压力下，英国政府不得不表示在南太地区不采取与《拉罗汤加条约》及其议定书规定相悖的行动。美国政府和军方则从争夺全球霸权的角度强调《拉罗汤加条约》及其议定书严重限制了美国核力量在全球的部署和对广大无核国家的威慑，因而严重损害美国的权力和利益。美国政府和军方因此对《拉罗汤加条约》及其议定书大加批评，坚决拒绝签署和执行②。截至 2017 年底，共有 13 个国家签署并批准了《拉罗汤加条约》及其议定书，但世界第一核武大国美国迄未批准③。

---

① Greg Fry, "The South Pacific Nuclear - free Zone: Significance and Implications", *Critical Asian Studies*, Vol. 18, No. 2, 1986, pp. 61 - 72.

② Toshiki Mogami, "The South Pacific Nuclear Free Zone: A Fettered Leap Forward", *Journal of Peace Research*, Vol. 25, No. 4, Special Issue on Militarization and Demilitarization in Asia - Pacific, 1988, pp. 411 - 430.

③ Michelle Keown, "Waves of destruction: Nuclear Imperialism and Anti - nuclear Protest in the Indigenous Literature of the Pacific", *Journal of Postcolonial Writing*, Vol. 54, Issue 5, 2018, pp. 585 - 600.

第三章 《自由联系协定》的签署和密克联邦、马绍尔群岛、帕劳的独立

美国自太平洋战争后期击败日本军国主义势力，占领密克群岛地区后，美国政府和军方便一直意图将该地区据为己有，并建为护持其太平洋霸权的军事基地。为此，美国政府和军方一直将该地区交由美国海军部负责占领并监管该地区。鉴于二战后国际社会反对殖民主义和帝国主义的深刻变化，美国不得不放弃直接吞并该地区的意图而改由联合国安理会将密克群岛地区交由美国托管①。经过二战后长期不懈地努力，1978 年，密克联邦四个州举行全民公决，宣布独立。马绍尔群岛也于 1979 年宣布独立。但美国政府迟迟不愿解除托管，直至1986 年两国与美国签署《自由联系协定》后，美国才最终同意两国独立。帕劳在《自由联系协定》于 1994 年正式生效后才被允许独立。1992 年底，联合国安理会通过了终止太平洋托管地的决议，托管理事会遂于 1994 年底停止工作，密克联邦、马绍尔群岛和帕劳最终成为联合国的成员国②。

---

① Suzanne Falgout, Lin Poyer, Laurence Marshall Carucci, *Memories of War: Micronesians in the Pacific War*, Honolulu: University of Hawaii University, 2008, p. 18.

② Jon Hinck, "The Republic of Palau and the United States: Self – Determination Becomes the Price of Free Association", *California Law Review*, Vol. 78, No. 4, 1990, pp. 915 – 971.

第一节　美国托管的结束和密克联邦、
马绍尔群岛、帕劳的独立

20 世纪 60 年代，亚非拉各地掀起反对帝国主义、反对殖民主义的浪潮，密克群岛地区民众也强烈要求实现民族独立和自决。密克群岛民众纷纷向联合国驻密克群岛使团请愿，要求联合国主导尽早解除美国对密克群岛地区的托管。但美国政府和军方鉴于该地区具有极其重要的军事战略位置，对美国的太平洋霸权极为重要，因而坚决不允许其独立，更不允许其在联合国的主导下以符合当地民众意愿的方式获得独立①。美国于二战后操纵联合国安理会将密克群岛地区交由美国托管时即公开声称美国在这一地区存在着重大的军事和战略利益，为此，美国迫使联合国在《托管协议》中承认美国对"维护太平洋地区国际和平与安全"发挥了，并将继续发挥重大的作用②。尽管美国在《托管协议》中承诺遵守《联合国宪章》，承认托管地民众的利益"至高无上"，并保证支持托管地实现经济自立和政治独立③，但以美国和太平洋岛屿地区前殖民宗主国在阻挠该地区实现民族独立和自决方面持有高度一致的立场，这就是坚决阻挠该地区实现民族自决和经济自立。这些欧洲殖民主义国家声称太平洋岛屿地区地狭人稀、资源贫乏，民众能力低下，根本不具备国家独立和治国理政的能力④。

---

① Anthony M. Solomon, *The Solomon Report: Report by the U. S. Government Survey Mission to the Trust Territory of the Pacific Islands*, U. S. Government Survey Mission to the Trust Territory of the Pacific Islands, New York: United Nations, 1963.

② Ganeshwar Chand, "The United States and the Origins of the Trusteeship System", *Review* (Fernand Braudel Center), Vol. 14, No. 2, 1991, pp. 171 – 230.

③ Harry G. Prince, "The United States, The United Nations, and Micronesia: Questions of Procedure, Substance and Faith", *Michigan Journal of International Law*, Vol. 11 Issue 1, 1989, pp. 11 – 91.

④ Congressional Research Service, *The Freely Associated States and Issues for Congress*, Washington D. C. , 2020.

从现实主义国际关系的视角，土地面积、综合力量、经济规模和人口数量的确均为一个国家能力的要素，但历史也证明国家独立和民族自决从来都不完全取决于这些所谓的国家要素。太平洋岛屿地区各地民众长期遭受西方列强的殖民和压迫，其要求国家独立和民族自决的心情既迫切又坚定，表现出根本不惧怕西方殖民主义大国的威胁和压力的精神。由于美国、澳大利亚等殖民主义强国对霸权和经济利益的顽固护持，致使密克群岛地区人民争取国家独立和民族自决之路异常坎坷和漫长。太平洋岛屿地区自二战结束至 20 世纪 90 年代长期处于反对殖民主义压迫、争取国家独立与民族自决的政治抗争期。20 世纪 50 年代，在亚非拉人民争取民族独立和解放运动的鼓舞下，密克群岛地区争取民族独立和自决的运动也迅速高涨。在此情形下，美国当局迅速于 1959 年将夏威夷各岛变成美国的一个州以便将整个北太平洋地区军事化，加强对太平洋霸权的巩固。

二战后，为了长期保持美国的太平洋霸权，美国政府和军方一直企图在该地区实施"拒止"战略，即动用一切政治和军事力量阻止其他大国，特别是战后新兴大国进入太平洋地区。美国视这一战略为护持太平洋霸权和地区安全的基石[①]。美国的拒止战略不仅旨在阻止苏联势力进入太平洋地区，也同样旨在阻止欧洲前殖民主义大国恢复在该地区的军事力量和影响。美国对在该地区的战略拒止权异常重视。

正是在这一战略思想的主导下，美国政府和军方进一步加强对密克群岛地区的控制，决不允许其脱离美国而独立。美国政府和军方的顽固立场导致密克群岛地区的民族独立和自决进程在整个 60 年代十分缓慢。1965 年 7 月，密克群岛地区民众冲破美国托管当局的阻挠和

---

① Derek Grossman, Michael S. Chase, Gerard Finin, Wallace Gregson, Jeffrey W. Hornung, Logan Ma, Jordan R. Reimer, Alice Shih, *America's Pacific Island Allies: The Freely Associated States and Chinese Influence*, Santa Monica: Rand Corporation, 2019.

破坏成立国民大会①。同年，新西兰被迫与库克群岛签署《自由联系协定》，库克群岛获得独立，这令密克群岛地区民众十分兴奋，并由此看到摆脱美国的殖民统治获得民族独立的希望。1966 年，国民大会要求美国总统约翰逊成立专门委员会回应该地区的民族自决和独立要求。但美国政府和军方鉴于该地区对美国霸权和美苏对抗的重要性，并不理睬国民会议的要求，也决不允许该地区独立。

在此情形下，国民会议于 1967 年成立"地区政治地位"委员会，制定了与美国政府就独立问题进行谈判的四项指导性原则：

（1）密克罗尼西亚地区的主权属于密克罗尼西亚人民，密克罗尼西亚人民有权要求自治和成立政府；

（2）密克罗尼西亚人民有权自决，有权选择独立或自治并与任何国家或国家组织建立自由联系；

（3）密克罗尼西亚人民有权制定宪法并随时予以修补、改变或废除；

（4）该地区可以和美国以协定形式建立"自由联系关系"，但协定可以修改且任何一方可以单方面终止②。

在国际社会和密克群岛民众的联合推动和压力下，美国政府为了平息国际社会和当地民众的愤怒，被迫于 1969 年 9 月同意和密克群岛政治地位委员会就该地区的政治未来进行谈判。但美国只关心继续军事掌控密克群岛地区，美国政府因而在第一次正式谈判时就强硬地要求该地区依照美国宪法第四款成为美国领土的一部分。但美国政府的这一无理要求与密克群岛地区民众要求获得国家独立和民族自决的意愿根本背道而驰，这一无理要求因而遭到密克群岛政治地位委员会

---

① Donald F. McHenry, *Micronesia*, *Trust betrayed*: *Altruism vs self Interest in American Foreign Policy*, Washington D. C.: Carnegie Endowment for International Peace, 1975.

② A. John Armstrong, "The Emergence of the Micronesians Into the International Community: A Study of the Creation of a New International Entity", *Brooklyn International Law Journal*, Vol. 7, 1979, pp. 207 – 261.

的坚决拒绝。政治地位委员会代表密克群岛地区人民明确向美国政府要求实现民族自决和独立，取消美国在该地区长期享有的军事、政治等特权①。1975 年，在美国政府和军方的施压下，北马里亚纳群岛成立联邦并与美国签署协定，正式成为美国领土的一部分②。北马里亚纳群岛以外的密克群岛地区于是成立制宪大会（Constitutional Convention），并在加罗林群岛四个区——雅浦、波纳佩、丘克和科斯雷——的民众主导下制定了密克罗尼西亚联邦宪法，宣布该地区将致力于实现国家独立和民族自决。

1978 年，马绍尔群岛民众投票决定与密克群岛其他地区分离并起草了自己的宪法。1979 年，宪法得到批准，马绍尔群岛自此建立共和国，实行自治。1978 年，密克群岛地区民众再次拒绝美国企图将该地区并入美国的无理要求而执意寻求独立。1979 年，联合国举行"密克罗尼西亚宪法"公投③。在美国的挑动下，该地区再次发生分裂。帕劳和马绍尔群岛民众拒绝接受"密克罗尼西亚宪法"。雅浦、波纳佩、丘克和科斯雷四个区遂宣布联合成立"密克罗尼西亚联邦"。特别需要注意的是，帕劳民众在制定自己的宪法草案时因否定美国的军事特权、否定他们任意征用民众土地财产的特权而遭到美国政府和军方的强烈反对和阻挠。美国尤其反对帕劳宪法草案中的两款：第一款是禁止强制征用私人财产为外国利益服务；第二款是帕劳政府必须得到 3/4 的帕劳公民的同意方可与外国政府签署重要协议，如允许核原料、核武器等进入帕劳领土。在随后举行的全民公决中，92% 的帕劳

① Department of the Interior, Office of Insular Affairs, *Definitions of Insular Area Political Organizations*, 2020.

② Arnold H. Liebowitz, "The Marianas Covenant Negotiations", *Fordham International Law Journal*, Volume 4, Issue 1, 1980. Also see U. S. Code, Title 48, Section 1801, *Approval of Covenant to Establish a Commonwealth of the Northern Mariana Islands*, 24 March 1976.

③ Harry G. Prince, "The United States, The United Nations, and Micronesia: Questions of Procedure, Substance, and Faith", *Michigan Journal of International Law*, Vol. 11 Issue 1, 1989, pp. 11 –89.

民众投票支持该宪法草案。帕劳因而成为全世界首个禁核国家。

由于帕劳宪法草案的上述条款损害了美国的既得利益和军事、战略特权，特别是"阻止美国载核战舰和飞行器进入帕劳"，美国政府和军方因而对帕劳宪法草案表示强烈不满和坚决反对①。早在帕劳宪法起草之际，美国政府即强硬地施加压力，要求帕劳删除禁核和阻碍美国军事特权的条款。帕劳宪法起草委员会在美国的压力下修改了宪法草案的有关内容，满足了美国政府和军方的要求。但修改后的草案在第二次全民投票中遭到70%的帕劳民众的反对②。在民众的强烈要求下，特别是22名帕劳妇女领导的民众运动的压力下，宪法委员会恢复了被删除的条款，坚决否决美国核武器和核军事装备进入帕劳领土、领海和领空。1980年7月，帕劳对宪法草案进行了第三次投票，获得79%的帕劳民众的支持。1981年，帕劳宣布自治并成立自治政府。1988年，这22名帕劳妇女获诺贝尔和平奖提名③。

自1980年起，密克联邦、马绍尔群岛和帕劳这三个密克群岛地区的政治体开始集体和美国谈判《自由联系协定》以争取美国同意其最终独立。美国政府和军方对密克群岛地区的政治发展态势极为忧虑，便千方百计地运用政治、经济和军事手段分化这三个政治体。1981年，里根政府悍然宣布不与三国集体谈判其独立问题，而改与三方分别进行《自由联系协定》谈判，以分而化之，为美国获取最大化的军事和政治特权与利益④。在最初的《自由联系协定》草案中，美国规定在三国获得独立后仍由其负责三国的安全和国防15年，《附属

---

① John Anglim, "Palau: Constitution for Sale", *Bulletin of Concerned Asian Scholars*, Vol. 22, No. 1, 1990, pp. 5 – 20.

② Jon Hinck, "The Republic of Palau and the United States: Self – Determination Becomes the Price of Free Association 1990", *California Law Review*, Vol. 78, No. 4, 1990, pp. 915 – 971.

③ Roman Bedor, *Palau: From the Colonial Outpost to Independent Nation*, Palau Bedor, 2015.

④ Armstrong and Hills, "The Negotiations for the Future Political Status of Micronesia", *American Journal of International Law*, Vol. 78 Issue 2, 1984, pp. 484 – 497.

协定》则具体规定了美国的军事特权和各种军事行动权。但美国政府和军方对控制三国安全和军事仅仅 15 年及享有其他军事特权并不满意。1982 年，美国以允许独立和连续提供经济援助 15 年等威逼利诱等手段使密克联邦和马绍尔群岛共和国分别与美国签署《自由联系协定》①。

美国威胁两国民众如果不接受符合美国利益的《自由联系协定》，不将美国在该地区犯下的殖民主义和霸权主义罪行，如殖民统治和掠夺、核试验和生化武装试验等遗忘，美国就不会与两国签署《自由联系协定》，更不会同意终结美国的托管，密克群岛地区将永远是美国的托管地。鉴此，密克联邦和马绍尔群岛的谈判代表不得不做出让步，因为他们渴望立即结束被美国殖民和托管的悲惨命运②。尽管两国代表最终不得不做出不利于两国人民的重大让步，两国除了与美国签署《自由联系协定》外，还被迫签署了《军事使用和军事行动权协定》(The Military Use and Operating Rights Agreements) 及其补充协定。上述协定规定美军有权进入两国的领土、领海和领空，在两国建立并控制军事基地③。美国国防部还进一步以每年 17021 美元的价格强行"租赁"了瓜加林环礁附近的比根岛（Bigen），用于开展各种核试验。面对美国的霸凌和屈辱的《自由联系协定》，密克群岛地区一位谈判参与者回忆说，问题的关键不在于《自由联系协定》是好是坏，而在于它是两国摆脱美国的殖民统治，走上国家独立和民族自决之路的开始。

在正式签署的《自由联系协定》中，美国不仅获得了较草案范围更广、时间更长的军事特权，而且获得了美国在该地区的军事"拒止

---

① Jon Hinck, "The Republic of Palau and the United States: Self – Determination Becomes the Price of Free Association", *California Law Review*, Vol. 78, No. 4, 1990, pp. 915 –971.

② Julian Aguon, *What We Bury at Night*, New York: Blue Ocean Press, 2008, p. 33.

③ U. S. General Accountability Office, *Foreign Relations: Kwajalein Atoll Is the Key U. S. Defense Interest in Two Micronesian Nations*, GAO – 02 – 119, Washington, D. C., 2002.

权"和军事"否决权"。美国获得的这些军事特权为美国继续保持在
该地区的军事霸权，遏制苏联向太平洋地区扩张，与美国争夺太平洋
霸权奠定了基础。1985 年，美国国会批准了与马绍尔群岛和密克联邦
签署的《自由联系协定》，并于次年11 月 3 日生效。马绍尔群岛和密
克联邦在被迫和美国签署《自由联系协定》后于1986 年获得独立。
两国自此获得内政、外交自主权，但国防和安全事务必须交由美国
负责①。

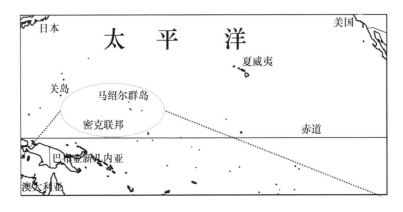

图 3 - 1   密克联邦和马绍尔群岛地理方位示意图

面对太平洋岛屿地区越来越高涨的国家独立和民族自决浪潮，美
国政府认识到再也无法阻止密克群岛地区民众的独立要求。美国政府
遂于1986 年通过《自由联系协定》，原则同意密克联邦、马绍尔群岛
和帕劳独立并规定了美国与三国的未来关系：三国获得独立，但只有
内政和外交自主权，国防和安全事务由美国负责。三国可参加地区组
织，但不能加入联合国。"自由联系国"这一概念最早产生于新西兰
和邻近的两个岛国：库克群岛（1965）和纽埃（1974）。新西兰在自
由联系的语境中同意给予两个岛国更大的主权和独立性，但各国有权

① U. S. Department of Interior, *Compact of Free Association Act of 1985*, Washington D. C.,
1986.

单方面退出自由联系协定①。

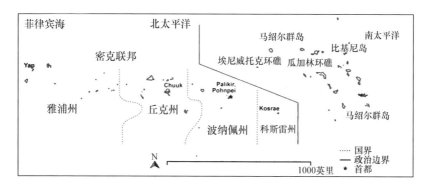

图 3 - 2 密克联邦和马绍尔群岛行政区划示意图

　　美国对自由联系的概念做了符合美国利益的调整后将之用于密克群岛地区的密克联邦、马绍尔群岛和帕劳②。《自由联系协定》为美国提供了继续控制该地区的特权，但它实质性结束了美国的托管，并在政治、经济和国防关系上重新定位了三国与美国的关系。1990 年12 月，联合国安理会通过了终止美国托管决议，正式结束了马绍尔群岛和密克联邦的托管地位。1991 年 9 月，联合国接纳两国成为联合国正式成员国。独立后的密克联邦由丘克、科斯雷、波纳佩和雅浦四个半自治的州组成，面积约 700 平方千米（见图 3 - 2）。密克联邦 2016 年人口约为 10 万，人均国内生产总值 3220 美元。密克联邦四个州的人口和国内生产总值差异极为明显，丘克州人口最多，但人均国内生产总值最低③。独立后，马绍尔群岛 2016 年人口约为 5.5 万，人均国

　　① Edward J. Michal, "Protected States: The Political Status of the Federated States of Micronesia and the Republic of the Marshall Islands", *The Contemporary Pacific*, Vol. 5, No. 2 (FALL 1993), pp. 303 - 332.

　　② Allen Stayman, *U. S. Territorial Policy: Trends and Current Challenges*, Honolulu, Hawaii: East - West Center, 2009.

　　③ Australian Department of Foreign Affairs and Trade, *The Fact Sheet of the Federated States of Micronesia*, Canberra, 2021.

内生产总值3592美元（见表3-1）①。马绍尔群岛虽然陆地面积狭小却分布在超过200万平方千米的海域里，海底钴壳和锰结核以及海岛上的磷酸盐矿等矿产资源十分丰富。

表3-1　2016年密克联邦及各州、马绍尔群岛人口和经济概况表　单位：美元

国名、州名	2016年人口	2016年人均GDP
密克联邦	102453	3220
密克联邦各州		
丘克州	46688	1994
科斯雷州	6227	3376
波纳佩州	37893	4313
雅浦州	11645	4495
马绍尔群岛共和国	54153	3592

资料来源：Graduate School USA，FSM FY2016 Economic Brief（August 2017）and RMI FY2016 Economic Brief（August 2017）.

　　由于帕劳民众坚持"无核"宪法，帕劳的独立过程不仅更为曲折而且历程更为漫长。1985年6月30日，帕劳总统哈鲁奥·雷梅利克（Haruo Remeliik）遇刺身亡，帕劳《自由联系协定》资深谈判代表拉扎勒斯·萨利当选为第二任总统。美国以15年内提供4.5亿美元的经济援助和允许帕劳独立为条件诱使帕劳政府与之签订为期50年的《自由联系协定》。1986年1月10日，萨利和美国总统里根签署了《自由联系协定》。该协定规定，帕劳享有内政自治权并有权与第三国和国际组织订立条约和协定，但外交事务必须与美国协商，必须出让国防和与国防相关的外交事务权给美国②。依据协定，美国还享有派

---

　　① Australian Department of Foreign Affairs and Trade, *The Fact Sheet of the Republic of Marshall Islands*, Canberra, 2021.

　　② Statement of Fred M. Zeder, *U. S. Ambassador and President's Personal Rep. for Micronesian Status Negotiations*: *Hearing Before the Subcomm on East Asian and Pacific Affairs of the Senate Comm. on Foreign Relations*, 97th Cong., 2nd Sess. 3, 1982.

遣核动力军舰和飞机至帕劳领海、领空的特权，并且无需事先向帕劳政府说明美军舰、机是否载核，美军是否在帕劳领土、领空和领海部署核武器。由于美国通过该协定获得了一心希望得到的军事特权，美国国会立即批准了该协定，但该协定却遭到了帕劳民众的坚决抵制和反对。

　　由于《自由联系协定》公然违反了帕劳宪法的"无核化"规定，因而遭到了帕劳民众的强烈反对。帕劳最高法院顺应民意，判决《自由联系协定》无效，因为协定没有达到宪法规定的75%的民众投票支持率。帕劳政府试图提出一个让帕劳民众和美国军方都满意的方案，但这一方案在随后举行的全民投票中仍未达到规定的3/4多数。1990年2月6日，帕劳举行了第七次《自由联系协定》公民投票，这次投票仍然没有达到宪法规定3/4的绝对多数。尽管帕劳七次公民投票都拒绝《自由联系协定》，但美国政府和军方寸步不让，坚决拒绝和帕劳政府就《自由联系协定》中违背帕劳宪法的条款进行谈判。美国助理国防部长菲利浦·巴林格（Philip E. Barringer）曾披露美国坚决控制帕劳的动机：首先，控制帕劳可以阻止所有外国军事势力进入这一重要的军事战略区；其次，控制帕劳可以让美国的军事力量自由进入太平洋西部地区，从而在军事上控制整个太平洋地区；再次，控制帕劳可以使美国的核力量前进部署至太平洋西部和东亚地区，从而威慑整个亚太地区；最后，控制帕劳可以拓展美国的战略纵深，即使美军在菲律宾和东亚其他地区的军事基地无法保留，美军也可以撤至帕劳的军事基地①。在美国的威逼利诱下，帕劳和美国签署的《自由联系协定》直至1993年11月第8次公民投票始获通过。1994年，在《自由联系协定》正式生效后美国方才允许帕劳独立。

---

　　① Philip E. Barringer, *Palau Compact of Free Association Implementation Act*: *Hearing on H. R. J. Res. 175 Before the Senate Comm. on Energy and Natural Resources* (statement of Philip E. Barringer, Assistant Secretary of Defense, Department of Defense), 1989.

《自由联系协定》的关键日期：

1986 年，美国与马绍尔群岛和密克联邦签署的《自由联系协定》生效。

1995 年，美国与帕劳签署的《自由联系协定》生效。

2003 年，美国国会批准与马绍尔群岛和密克联邦签署的《自由联系协定补充协定》，将向两国提供的经济援助延长 20 年，即从 2004 年延长至 2023 年。

2004 年，美国政府悍然决定马绍尔群岛没有享受美国核试验损害额外赔偿的合法权力。

2010 年，美国和帕劳达成协议将对帕劳的经济援助延长 15 年，从 2010 年延长至 2024 年。

2020 年 5 月，美国政府与密克联邦、马绍尔群岛和帕劳就《自由联系协定》的终止条款举行初步磋商；第二轮谈判于 7 月举行①。

值得注意的是，在密克联邦、马绍尔群岛和帕劳获得独立后，美国和该地区的前殖民宗主国为了便于控制这些新生的太平洋岛国竭力阻挠其加入联合国。美国政府代表声称太平洋岛国国小力弱，不具备为联合国做出任何贡献的能力，相反只会成为联合国，特别是发达国家的政治和经济负担。美国等西方国家对太平洋岛国的立场与其强烈支持列支敦士登加入联合国的态度形成了鲜明的反差，显示了英美等国的道义虚伪、政治"双重标准"的种族主义的本质②。

美国和密克联邦、马绍尔群岛、帕劳签署的《自由联系协定》以及后来陆续签署的子协定和补充条款的主要内容如下：

---

① U. S. Department of the Interior, *News Release*: *United States Holds Second Round of Compact Consultations with the Federated States of Micronesia and the Republic of Palau*, 14 July 2020.

② Ellen Boneparth and James Wilkinson, "Terminating Trusteeship for the Federated States of Micronesia and the Republic of the Marshall Islands: Independence and self – sufficiency in the Post – Cold War Pacific", *Pacific Studies*, Vol. 2, No. 18, 1995, pp. 61 – 77.

第一部分：政府关系

主要条款：

主权：密克联邦、马绍尔群岛和帕劳三国宣布独立并自主处理各自的外交事务，拥有与外国政府和国际组织签署各种协定、协议和条约的权力。但这些协定和条约不得违反《自由联系协定》中关于国防和安全的条款，特别是不得损害美国在三国的军事特权。在美国的支持下，三国独立后先后加入了一些地区和国际组织，如太平洋岛国论坛（Pacific Islands Forum）、亚洲开发银行、联合国、国际货币基金组织和世界银行等①。

移民权：作为美国对三国经济援助的特殊形式，美国承诺给予密克联邦、马绍尔群岛和帕劳公民一定的移民特权。三国公民可免签证地进入美国，无限期地在美国工作，并可不受限制地把在美国的收入所得汇回国内。在未得到三国政府明确同意前，美国联邦和地方政府不得单方面终止或修改《自由联系协定》赋予三国公民的特权。

第二部分：经济关系

主要条款：

《自由联系协定》直接援助：《自由联系协定》生效后，美国政府承诺向密克联邦、马绍尔群岛和帕劳三国政府预算提供为期 15 年的援助，包括对经常项运营和维护的直接援助，向三国供给能源、医疗和教育等公共需求部门提供经常性援助。

《自由联系协定》和《补充条款》信托基金：美国政府承诺帮助三国建立信托基金并提供资金援助以保证三国基金能够在 2023 年后

---

① U. S. Department of Homeland Security，"Fact Sheet：Status of Citizens of the Republic of Palau，" October 26 2018. U. S. Department of Homeland Security, *Fact Sheet：Status of Citizens of the Freely Associated States of the Federated States of Micronesia and the Republic of the Marshall Islands*，November 3，2015.

为三国财政提供可持续收入①。

《自由联系协定》信托基金和种经济援助的责任保证：密克联邦、马绍尔群岛和帕劳政府需就《自由联系协定》基金的使用情况向美国政府汇报。三国政府必须接受美国政府部门对美国基金援款和其他所有援助进行定期审计。

《自由联系协定》规定美国联邦政府有关部门需向三国提供服务援助：美国承诺依据《自由联系协定》和《项目与服务协定》的规定向密克联邦、马绍尔群岛和帕劳三国提供经济援助和美国联邦政府部门的某些项目和服务援助，如邮政、气象、民航等服务。美国国家气象局同意在密克联邦和马绍尔群岛设立气象观测台，向三国电台、机场等部门提供气象服务。美国民航局依据协定提供空中管制、航班检查、导航服务、技术援助等服务并培训三国相关人员。美国其他机构，如教育部、卫生和公众服务部、内政部等也承诺依据协定向三国提供经济性服务援助。

《自由联系协定》道路援助：美国政府承诺视情向密克联邦和马绍尔群岛两国提供公路修建和维修援助；承诺帮助帕劳修建国家主干公路体系。

第三部分：安全和防务关系

主要条款：

密克联邦、马绍尔群岛和帕劳安全和防务：在《自由联系协定》正式终止前（美国与帕劳签署的《自由联系协定》特别规定在 2044 年 10 月 1 日前），除非三国政府和美国协议终止《自由联系协定》或

---

① U. S. State Department, *The Compact of Free Association Amendments Act*, 2003. Thomas Lum, "The Marshall Islands and Micronesia: Amendments to the Compact of Free Association with the United States", *Current Politics and Economics of South, Southeastern, and Central Asia*, Vol. 24, Issue2/3, 2015, pp. 231 – 243. Thomas Lum, *The Marshall Islands and Micronesia: Amendments to the Compact of Free Association with the United States*, 2003.

任何一方单方面终止《自由联系协定》，密克联邦、马绍尔群岛和帕劳授权美国政府全权负责三国的安全和国防事务并保障三国的安全；美国有义务保卫三国不受外部军事攻击或军事威胁，在三国受到他国进攻时美国有权采取必要的陆、海、空军行动。美国有权阻止三国政府有碍美国担负这一义务的任何政策和决定（"战略否决权"）。

美国战略拒止权：在《自由联系协定》正式终止前（美国与帕劳签署的《自由联系协定》特别规定在 2044 年 10 月 1 日前），除非三国政府和美国协议终止《自由联系协定》或任何一方单方面终止《自由联系协定》，美国有权拒绝任何第三国武装力量战略性使用或未经美国邀请、批准和监控的情况下军事进入密克联邦、马绍尔群岛和帕劳的领土、领海和领空。

美国军事基地和军事行动权：在《自由联系协定》正式终止前（美国与帕劳签署的《自由联系协定》特别规定在 2044 年 10 月 1 日前），除非三国政府和美国协议终止《自由联系协定》或任何一方单方面终止《自由联系协定》，美国有权在三国建立陆、海、空军基地和军事设施，并拥有军事行动权。美国与帕劳签署的《自由联系协定》的子协定还特别规定在 2044 年前，美国还享有对帕劳机场及附近土地和马拉卡尔港（Malakal）及其附近地面和水下土地的排他性使用权。

密克联邦、马绍尔群岛和帕劳公民在美军的服役权：在《自由联系协定》正式终止前（美国与帕劳签署的《自由联系协定》特别规定在 2044 年 10 月 1 日前），除非三国政府和美国协议终止《自由联系协定》或任何一方单方面终止《自由联系协定》，三国公民有权在美军服役。

第四部分：总条款

《自由联系协定》的批准和有效期条款、会议和争议解决程序条款、《自由联系协定》终止程序、在《自由联系协定》生效后第 15

周年、30 周年和 40 周年时的评审条款。在美国与帕劳签署的《自由联系协定》中特别规定在 2009 年、2024 年和 2034 年的评审条款。

自由联系协定还包括以下一些较为重要的内容：

1. 美国在密克联邦和马绍尔群岛不得再试爆或废弃任何核武器，不得试验、废弃、拆毁毒性化学或生物武器。

2. 美国政府有权邀请他国军事人员与美军一道，或是在美军控制下使用位于密克联邦、马绍尔群岛和帕劳的军事基地和设施。

3. 如果美国军方要求军事使用规定区域以外的区域时，密克联邦、马绍尔群岛和帕劳政府应以最快的速度通过租赁或其他方式予以满足。

第二节 美国对密克群岛地区托管与托管终止评析

在国际社会正义力量的支持下，密克群岛地区民众经过近半个世纪的不懈斗争，最终挣脱了殖民主义和帝国主义的枷锁，赢得了渴望已久的国家独立和民族自决。虽然密克联邦、马绍尔群岛和帕劳已独立三十多年，但美国在托管期间的政治、经济、基础设施建设和地区安全等方面的败政仍在严重地阻碍着三国的经济发展、社会进步和地区的和平与稳定。国际社会和密克群岛地区人民在检视这段特殊历史时期时，对美国在托管期间公然违反联合国《托管协议》，顽固地阻挠该地区人民实现民族自决、经济自立和地区的"无核化"与持久和平持强烈的批评和谴责立场。

第一，国际社会和包括西方国家在内的国际法学者和政治人士批评美国政府和军方顽固阻挠和拖延密克群岛人民以自己的意愿和方式获得国家独立和民族自决不仅严重违反了联合国《托管协议》，而且也违反了《联合国宪章》和国际法关于民族自决的基本原则。美国是否同意与密克群岛地区人民平等谈判并尊重其按自己的意愿和方式实现国家独立关系到托管地人民的民族自决权是否得到切实的保障和落实。《联合国宪章》第 1 款就是"自决"原则，这是联合国的四大宗旨之一，也是发展中国家间友好关系的前提①。1960 年底，联合国大会以 89∶0 票通过了 1514 号决议，宣布赋予殖民地国家和人民独立的权力。1514 号决议的通过被广泛认为是现代史上的里程碑性事件，标志着民族自决权成为国际公认的具有法律效力的基本权力②。面对二战后世界汹涌的民族独立和解放浪潮，美国、英国、法国和其他欧洲殖民主义大国自知无力阻止民族自决权决议的通过，被迫在联合国大会上投了弃权票。美国政府虚伪地诡辩其之所以投弃权票是因为殖民地人民"民智未开"，立即给予他们国家独立和民族自决的权力会破坏当地乃至地区的法律和秩序。

联合国《托管协议》第 6 款规定托管当局必须以适合当地国情的方式促进并引导其走向自治和独立③。根据这一条款的规定，美国托管当局在托管期间负有推动密克群岛地区政治发展的责任和义务。但密克群岛地区的独立史却实证了美国并没有遵守联合国《托管协议》，没有认真推进密克群岛地区走向自治和独立，也没有真正地给予密克群岛地区人民以自决权，更没有允许密克群岛地区人民按照自己的愿意自由地决定他们的政治地位，追求他们的政治、经济和文化发展。这一切均表明美国在托管期间公然违反联合国《托管协议》的规定，违反了托管地人民的自决权。包括联合国安理会常任理事国苏联在内的许多联合国成员国屡次向安理会和托管委员会转达密克群岛地区人民对美国侵犯自决权的控诉，谴责美国政府并未将密克群岛地区的独立作为该托管地的一项政治选项，要求安理会和托管委员会敦促美国政府顺应该地区人民的要求，尽早按照当地人民的意愿实现密克群岛

① United Nations, *U. N. CHARTER* art. 1, para. 2 (setting forth the goal that states hold " respect for the principle of equal rights and self‐determination of peoples"), 2020.

② Gros Espiell, *The Right to Self‐Determination: Implementation of United Nations Resolutions 8*, U. N. Doc. E/CN. 4/Sub. 2/405/Rev. 1, 1980.

③ Francis Sayre, " Legal Problems Arising from the United Nations Trusteeship System", *American Journal of International Law*, Vol. 42, Issue 2, 1948, pp. 263 – 298.

托管地的独立。

但美、英、法、澳等国却从护持自身政治、经济、军事利益的极端自私和种族主义的立场竭力诋毁太平洋岛屿托管地人民的自立、自决和自治的能力。美国政府和军方以极端种族主义的态度诡称独立是所有托管地的潜在选项，但独立只适合具有独立意愿并有能力承担相应责任的民族。美国驻联合国安理会代表沃伦·奥斯汀（Warren R. Austin）甚至公然蔑称密克罗尼西亚人民不具备实现民族自决和国家独立的能力，他诡辩称"一个民族要想获得自由和独立必须具备一个主权国家的特征"①。同样基于种族主义和帝国主义霸权利益的立场，英国支持美国继续统治密克群岛地区。英国驻联合国代表甚至以充满种族主义的口吻傲慢地宣称在独立问题上并不是每个民族和地区都有公平的选择机会。在国际社会和密克群岛民众日益增强的压力下，美国政府在 20 世纪 60 年代末不得不做出一些妥协，抛出替代独立的"现实"方案。这些所谓的"现实"方案实现上就是阻挠密克群岛的独立，而是允许其在美国的统治下实现一定程度的"自治"，最终"融入"美国，成为美国领土的一部分。由此可见，美国的"现实方案"实际上就是"吞并"密克群岛地区。这根本违反了密克群岛地区人民的意愿，也根本违反了联合国《托管协议》的规定，更违反了联合国民族自决的基本原则。

美国政府和军方威胁密克群岛人民只有与美国保持密切联系，该地区才有可能获得一定程度的自治并继续得到美国的经济援助。美国政府和军方之所以竭力阻挠密克群岛地区独立就是因为该地区战略地理位置重要，是帝国主义太平洋霸权的争夺焦点，美国的军事利益因而与密克群岛人民的自决权产生了严重的冲突。二战后国际法发展趋势就是当托管地人民的自决权与殖民帝国的军事利益发生冲突时，托

---

① Jon Hinck, "The Republic of Palau and the United States: Self – Determination Becomes the Price of Free Association", *California Law Review*, Vol. 78, No. 4, 1990, pp. 915 –971.

管地人民的自决权优先于殖民帝国的军事霸权。因此，当美国的军事利益不能得到满足时，美国作为联合国的成员国和安理会的常任理事会应当首先履行联合国的《托管协议》和国际习惯法，无条件地保障密克群岛地区人民的自决权[1]。但美国政府和军方在《自由联系协定》起草和谈判期间一直坚持密克群岛在其独立后必须给予美国军事特权。美国政府和军方在与密克群岛就政治地位进行第一轮谈判时就声称美国在太平洋地区的长期安全基于美国在密克群岛地区保持军事基地、战略拒止权和自由出入、通过、飞越该地区的权力[2]。

美国政府违反联合国自决权原则更为典型的例子就是公然违反帕劳宪法，要求在帕劳拥有违宪的军事特权。帕劳宪法明确禁止一切有核舰船和核武器进入或部署于其领土、领海和领空，并禁止外国政府征用本国土地用于军事目的，这些都是帕劳人民自决权的核心内容。但美国政府和军方却赤裸裸地威胁帕劳政府和人民否决美国的军事特权和军事征用权就等同于关闭《自由联系协定》谈判和帕劳独立的大门[3]。由此可见，美国政府实质上是坚持其军事霸权利益高于包括帕劳在内的密克群岛人民的主权和自决权。为了其军事霸权，美国政府可以采取各种手段胁迫密克群岛人民放弃他们的自决权、主权和地区安全。美国坚持享有军事特权的实质就是损害密克群岛地区人民的自决权。人民的自决权不是一项有条件的权力，对这项权力附加任何政治和经济条件均违反国际法，将自己的军事利益置于他国主权之上更

---

[1] Jon Hinck, "The Republic of Palau and the United States: Self - Determination Becomes the Price of Free Association", *California Law Review*, Vol. 78, No. 4, 1990, pp. 915 - 971.

[2] Statement of Noel C. Koch, *Principal Deputy Assistant Secretary of Defense and Office for Micronesian Status Negotiations*, *Summary Record of the Sixth Round of Renewed Political Status Negotiations between the United States and the Republic of Palau*, *The Federated States of Micronesia*, *The Republic of the Marshall Islands*, 3 - 9 October 1981.

[3] Report to the Palau Legislature, *Palau Constitutional Drafting Commission*, Quoted in Gibbons v. Salii, App. No. 8 - 86, slip op. at 22, 35 - 36 (Palau Sup. Ct., App. Div., Sept. 17, 1987).

是缺乏道义①。

第二，包括联合国在内的国际社会批评美国政府和托管当局为了达到长期控制密克群岛地区的意图刻意阻挠该地区的政治、经济和社会发展，违反了联合国《托管协议》关于促进托管地经济、社会和教育发展的规定。《托管协议》第6款明确规定美国政府和托管地当局有责任促进托管地的经济、政治、社会和教育的发展。因此，评估密克群岛地区美国托管当局的施政表现可以围绕上述四项内容进行考察。虽然联合国并没有规定具体的政治、经济和社会发展标准，但国际通行的评价标准仍可被用来考察美国在托管地的治理成效。在联合国《托管协议》规定的四项责任中，美国托管当局均没有取得令联合国和国际社会认可的进步。推动密克群岛托管地的政治朝着自治方向发展是联合国赋予美国托管当局最为重要的责任，但美国政府不仅担负起推动密克群岛地区自治的责任，反而出于自身的军事利益考量，百般阻挠和破坏密克群岛地区的政治自治势头和进程②。在推动密克群岛托管地的经济发展和自立方面，美国政府和托管当局的表现更糟糕，甚至遭到当地民众和国际社会的强烈批评。联合国《托管协议》第6款规定美国当局有责任促进密克群岛地区的经济发展和经济自立，特别是推动托管地的传统渔业、农业和工业的发展，促进托管地的交通和电信发展，保护托管地的土地和其他自然资源③。尽管联合国《托管协议》没有详细规定经济发展的评估标准，但我们可以轻易地发现美国托管当局根本没有尽到促进密克群岛地区经济发展的责

---

① Robert McCorquodale, "Self - Determination: A Human Rights Approach", *The International and Comparative Law Quarterly*, Vol. 43, No. 4, 1994, pp. 857 –885.

② Patsy Mink, "Micronesia: Our Bungled Trust", *Texas International Law Forum*, Vol. 6, No. 2, 1971, pp. 181 –207.

③ Derek Grossman, Michael S. Chase, Gerard Finin, Wallace Gregson, Jeffrey W. Hornung, Logan Ma, Jordan R. Reimer, Alice Shih, *America's Pacific Island Allies: The Freely Associated States and Chinese Influence*, Santa Monica: Rand Corporation, 2019.

任，更没有推动密克群岛地区的经济向着最终实现自立的方向发展①。

1959 年，联合国太平洋托管地访问团发表评估报告，批评美国太平洋托管地经济发展缓慢、基础设施落后。1961 年，联合国有关部门在托管地评估报告中批评"美国太平洋托管当局的管理在各个方面都存在着严重的问题"，如托管地交通、住房等基础设施非常破败，拒绝支付第二次世界大战期间的战争损害赔偿，对美军在托管地的军事征地不予赔偿，从不制定因地制宜的经济发展政策，推行殖民地化的教育项目，对几乎不存在的医疗保障熟视无睹等②。一些国际观察人士也批评美国"在控制密克罗尼西亚地区后，美国对该地区的民生和经济发展漠不关心，也不予较为充足的经济援助致使密克群岛地区的经济长期深陷于萧条和衰退之中。这些观察人士提醒联合国和国际社会注意密克群岛地区大部分岛民处于极度贫穷状态"③。

美国托管当局对此辩称没有足够的资金用于托管地的经济发展。国际观察人士认为美国托管当局的辩解并非完全没有道理，因为美国政府确实没有向密克群岛托管当局提供任何经济发展资金。但一些学者认为这只是问题的一个方面。这些学者从肯尼迪政府一份部分解密的秘密文件发现，美国政府和军方对密克群岛托管地的策略就是故意使其无法实现经济自立而只能长期依赖美国④。该文件声称美国应在该地区实施"攫取和控制"策略：控制该地区的政治力量并加以利用，从而实现美国长期占领和控制这一军事战略区的目的，为稳固美国的太平洋霸权服务。为此，该秘密文件强调密克群岛地区在可预见

① Harry G. Prince, "The United States, The United Nations, and Micronesia: Questions of Procedure, Substance and Faith", *Michigan Journal of International Law*, Vol. 11, Issue. 1, 1989, pp. 11 –91.

② Donald F. McHenry, *Micronesia: Trust Betrayed-Altruism vs. Self Interest in American Foreign Policy*, Washington D. C.: Carnegie Endowment for International Peace, 1975.

③ Patsy Mink, "Micronesia: Our Bungled Trust", *Texas International Law Forum*, Vol. 6, No. 2, 1971, pp. 181 –207.

④ U. S. Government, *U. S. Government Survey Mission to the Trust Territory of the Pacific Islands: Report to the President* (A. Solomon, Oct. 9) (confidential version), 1963.

的未来必须保持经济"赤字",并依赖美国的经济援助,这对美国控制该地区至关重要。美国政府和军方因此将美国对该地区的经济援助视作长期控制这一军事战略区而支付的"战略租金"。该秘密文件还透露帕劳未来的总统萨利是美国控制该地区潜在的合作伙伴①。在肯尼迪政府的秘密文件曝光后,美国政府和军方官员竭力否认美国故意致使密克群岛地区经济落后以长期依赖美国而无法自立。但另一些学者则通过对美国托管政策的研究发现,美国对密克群岛地区的经济政策不可避免地导致该地区的经济必须长期依赖美国②。

虽然美国外交政策界和学术界对于美国是否故意导致密克群岛地区无法实现经济自立而只能依赖美国仍存有较大的争议,但在美国各界却有一种广泛的共识,即该地区的经济发展非常不成功,在短期内根本无法改变严重依赖美国援助的困境③。美国内政部自由联系国事务办公室的一些高级官员,如希尔斯等,虽然竭力主张美国必须在政治和军事上长期控制密克群岛地区,却也不得不承认自从美国于二战后托管该地区,这一地区的经济发展和基础设施状况每况愈下,目前已处于令人绝望的境地④。美国驻联合国托管委员会代表也承认密克群岛地区的经济自美国托管后陷入停滞,短期内取得经济增长的可能性微乎其微⑤。

1964 年联合国访问团再次向美国托管当局发出警告:密克群岛地

① U. S. Government, *U. S. Government Survey Mission to the Trust Territory of the Pacific Islands: Report to the President* (A. Solomon, Oct. 9) (confidential version), 1963.

② Richard Marksbury, "A Micronesian Dependency: A Simple Matter of Pragmatics", Catherine Lutz (eds.), *Micronesia as Strategic Colony*, Cultural Survival: Cambridge, 1984.

③ Committee on Foreign Affairs, U. S. Congress, *Approving the Compact of Free Association Between the United States, The Marshall Islands and the Federated States of Micronesia*, U. S. Government Printing Office: Washington D. C., 1987.

④ James G. Peoples, "Dependence in a Micronesian Economy", *American Ethnologist*, Vol. 5, No. 3, 1978, pp. 535 – 552.

⑤ Jon Hinck, "The Republic of Palau and the United States: Self – Determination Becomes the Price of Free Association", *California Law Review*, Vol. 78, No. 4, 1990, pp. 915 – 971.

区的经济结构存在着严重的失衡问题，如再不加以改善，该地区的经济发展有长期陷于停滞的危险①。遗憾的是，美国托管当局对联合国代表团的警告不予理睬。20世纪70年代后，美国太平洋托管地的经济状况进一步恶化。联合国访问团在对该地区再次考察后发表报告，批评"密克群岛地区的基础设施已处于十分可悲的状态，农业停滞，贸易逆差急剧扩大"②。1976年，联合国访问团再次对该地区进行考察并发表报告，批评美国在该地区的政策严重损害密克群岛迈向经济自立的道路③。美国太平洋托管地的经济状态在80年代也没有丝毫改善。美国大使策德（Zeder）1984年在美国众议院作证时也不得不承认美国在促进密克群岛地区的经济发展方面做得很糟糕，致使该地区根本无法实现经济自立④。

以帕劳独立前夕的经济状况为例。1987财年，帕劳政府机构人员的工资占该地区就业人口工资总额的68%。此外，帕劳还背负着沉重的债务负担。这些都是由于美国托管当局错误的投资建议和长期财政管理不善造成的恶果。1988财年底，人口总量仅一万余人的帕劳欠债接近一千万美元。1989年，美国政府总审计局（U. S. General Accounting Office）发布报告，总结认为帕劳的经济困境是产业基础和生产能力薄弱，自然资源和熟练工人匮乏以及经济发展战略缺失等因素的综合结果⑤。但总审计局不仅不批评美国托管当局的糟糕表现，反而充满种族主义地预言帕劳民众不具备管理国家财富和金融的能

---

① U. N. , *Report of the United Nations Visiting Mission to the Trust Territory of the Pacific Islands*, *1964*, 31 U. N. TCOR Supp. （No. 2）at 21, U. N. Doc. T/1628（1964）.

② U. N. , *Report of the United Nations Visiting Mission to the Trust Territory of the Pacific Islands*, *1970*, 37 U. N. TCOR Supp. （No. 2）at 70 – 71, U. N. Doc. T/1713（1970）.

③ U. N. , *Report of the United Nations Visiting Mission to the Trust Territory of the Pacific Islands*, *1976*, 43 U. N. TCOR Supp. （No. 3）at 41, U. N. Doc. T/1774（1976）.

④ Jon Hinck, "The Republic of Palau and the United States: Self – Determination Becomes the Price of Free Association", *California Law Review*, Vol. 78, No. 4, 1990, pp. 915 –971.

⑤ U. S. Government Accountability Office, *Issues Associated With Palau's Transmission to self – government*, GAO/NSIAD – 89 – 182, 1989.

力。美国政府总审计局似乎选择性遗忘了美国政府曾盲目要求帕劳投入巨资建设电厂，并且美国政府在电厂建设前不仅没有进行可行性研究，而且也未研究过帕劳是否有能力建设该电厂以及电厂建成后电力供应是否会供过于求等重要问题①。

　　一些经济学家坚持认为美国当局的经济政策才是帕劳和密克群岛其他地区的经济陷入困境的关键：美国在整个密克群岛地区大力推行"消费主义"，只刺激该地区大力购买美国的商品，却从不鼓励和扶持该地区的商品生产，更不设法维护和增加对该地区的基础设施建设的投入。美国长期推行"消费主义"政策的恶果便是包括帕劳在内的密克群岛地区形成对美国经济的严重依赖，根本无法实现地区经济的自立②。一些学者在研究美国的托管地政策和发展实证后认为，联合国和美国签署的《托管协议》规定，美国有责任促进密克群岛地区的政治、经济发展和自立，但美国政府却刻意让该地区在经济上更加依赖美国。学者们因此批评美国违反了联合国《托管协议》，从未真心实意地落实促进该地区经济发展和自立的承诺。因此，美国太平洋托管地人民完全可以依据《托管协议》对美国在托管期间的败政提出批评和赔偿要求。

　　第三，国际社会和国际法学者批评美国政府和军方在密克群岛托管地大规模修建核武器试验基地和各种军事设施严重违反了《联合国宪章》和《托管协议》关于"促进国际和平与安全"的规定，加剧了太平洋地区的军事霸权竞争和战争的危险。《联合国宪章》第76款明确规定，联合国托管体系的建立旨在"促进国际和平与安全"。但美国却故意违反《联合国宪章》精神，操纵联合国安理会在1947年

---

① Arnold H. Leibowitz, *Embattled Island: Palau's Struggle for Independence*, London: Praeger, 1996, p. 224.

② Harwood, "Our Island Empire Infected by the Disease of Modernity", *Washington Post*, 22 April 1979; Butterfield, "The Improbable Welfare State", *New York Times*, 27 November 1977.

签署的密克群岛地区《托管协议》中为自己攫取了大量的军事特权。在向联合国安理会递交《托管协议》的草稿时，美国政府诡称美国在该地区建立军事基地和军事堡垒，驻扎军队，使用军事设施的目的旨在"以集体安全的形式保卫这些岛屿的安全"。联合国与美国签署的《托管协议》并没有给予美国核武器的过境权和部署权，也没有给予美国在密克群岛地区永久性驻军的特权，但美国政府和军方却通过种种胁迫手段迫使密克群岛地区承认其军事特权。最典型的案例即为帕劳禁核宪法。宪法是一个国家的根本大法，是一国一切法律的基础，它事关帕劳的主权和帕劳人民管理自己的领土，保护自己环境的权力。但美国出于一己之私，一再胁迫帕劳放弃禁核宪法，允许美国核武器自由出入和部署于帕劳①。许多国际法学者认为美国对帕劳的胁迫行为是国际法发展史上最为恶劣一页。

美国政府和军方在太平洋托管地攫取军事特权的目的并非如其所言是为了密克群岛地区的"集体安全"，而仅是为了美国的太平洋霸权和安全。美国政府和军方之所以在二战后竭力设法托管密克群岛地区就是因为美国十分担心其他国家会否如同二战时的日本一样以密克群岛为跳板攻击美国，并挑战美国在二战后获得的太平洋霸权。冷战期间，美苏激烈的太平洋争霸益发增加了美国对这种威胁的担忧。美国因而纠集澳大利亚和新西兰一道在太平洋岛屿地区实施"拒止"战略，竭力阻止苏联势力进入太平洋地区。在英美等国的共同狙击下，苏联势力在太平洋地区的扩张举步维艰，直至 1990 年才与太平洋岛国巴布亚新几内亚建立外交关系。美国不仅千方百计地阻挠苏联与太平洋岛国建立正常的外交关系，即便是建立经贸关系也不允许。例如，美国及其主要军事盟国澳大利亚一再阻挠苏联和太平洋岛国签署渔业协定，开展经贸合作。美国担心一旦苏联与岛国建立经贸关系，

---

① Ellen Wood, "Prelude to an Anti – War Constitution", *The Journal of Pacific History*, Vol. 28, No. 1, 1993, pp. 53 – 67.

太平洋岛国最终就会与苏联建立政治关系，进而建立军事关系，最终导致苏联军事力量进入太平洋这片全球霸权的战略区[1]。

1985年，苏联和基里巴斯签署商业渔业协定。在美国、澳大利亚的施压下，该协定规定苏联渔船和飞行器无权进入基里巴斯的陆地和领空[2]。但苏联并不气馁，经过不懈努力最终于1987年和瓦努阿图签署渔业协定，获得了进入瓦努阿图领土和领空的权力。美、英、澳等国对此大为惊恐，立即联合向瓦努阿图施压政治、经济和军事压力，最终迫使瓦努阿图取消了和苏联的渔业协定[3]。1990年，苏联和巴布亚新几内亚建交并签署渔业合作协定，苏联再次获得进入该国港口停泊渔船的权力。太平洋岛国一再突破以美、英为首的诸国的围堵与苏联建立渔业合作一方面是岛国经济发展的需要，另一方面也是岛国利用美苏争霸维护自身利益的策略需要[4]。国际关系学者亚历山大通过对太平洋岛屿地区的长期观察和研究认为"战略价值"在国际社会中也是可以出售的"商品"，他在研究文章中写道："只要有两个大国在太平洋地区竞争，太平洋岛国就会让他们两虎相争，从而自重其战略重要性。"[5] 岛国的这一策略还是有效的，美国及其主要盟国英国和澳大利亚对苏联势力介入太平洋地区极为担忧，他们认为苏联渔船的主要目的是为了到太平洋地区获取美国的军事情报和海况勘探，为和美国争夺太平洋霸权服务。美国政府和军方因此强调美军必须继续控制密克联邦、马绍尔群岛和帕劳，进一步强化美国在该地区的军事

① Michael C. Howard，"Myth of Soviet Menace in the South Pacific"，*Economic and Political Weekly*，Vol. 21，No. 7，1986，pp. 308 – 315.

② Martin Tsamenyi and S. K. N. Blay，"Soviet Fishing in the South Pacific：The Myths and the Realities"，*University of Technology Law Journal*，No. 5，1989，pp. 155 – 162.

③ Michael C. Howard，"Myth of Soviet Menace in the South Pacific"，*Economic and Political Weekly*，Vol. 21，No. 7，1986，pp. 308 – 315.

④ Geoff Bertram，"'Sustainable development' in Pacific Micro – economies"，*World Development*，Vol. 14，No. 7（1986）：p. 821.

⑤ Ronni Alexander，"Guns, Butter and Tuna：Alternative Security in the Pacific Island States"，*Journal of International Cooperation Studies*，Vol. 2（1），1994，p. 129.

"拒止"权。美国利用密克群岛地区与苏联争霸太平洋不仅令太平洋岛屿地区的安全形势长期动荡，而且也使密克群岛地区陷入安全困境而面临着极大的安全危机。

第三节　密克联邦、马绍尔群岛和帕劳独立评析

虽然密克联邦、马绍尔群岛和帕劳三国实现了独立，但许多学者指出，三国只是在与美国签署《自由联系协定》后才获得了并不彻底的独立[①]。一些西方学者也强调名义上的独立并不等同于政治自决和经济自立后的真正独立[②]。学者们认为为了阻挠密克联邦、马绍尔群岛和帕劳获得真正的政治、经济独立和彻底的去殖民地化，英美等国均不愿帮助三国实现经济自立。这些学者强调这种现象并不是太平洋岛国面临的独有现象，世界其他地区的小国、弱国均面临着类似的问题。但也有一些西方学者从殖民主义、帝国主义和种族主义的视角为美英等国的霸权主义行为诡辩。亨宁汉姆歪曲现代国际关系理论，劝说太平洋岛国奉行与美国等西方大国合并、追随和结盟的策略[③]。他宣称密克联邦、马绍尔群岛和帕劳等岛国虽然以独立国家的名义加入了联合国和太平洋岛国论坛等国际和地区组织，但它们实际上只是在内部事务自治的基础上执行联合国和太平洋岛国论坛的一些决定。三国独立后也只是对自己的事务行使有限的主权，"去殖民化"只是一个口号，现实主义国际关系"证明"亚非拉"去殖民化"鲜有成功。

尽管美国在《自由联系协定》中声称要帮助三国推动社会经济发展，但在美英等国控制下的太平洋岛国地区政治、经济体系以及岛国长期被

[①] Petersen, G., "Why is Micronesian 'Independence' an Issue?", Brij V. Lal and Hank Nelson (eds.), *Lines Across the Sea*, Brisbane: Pacific History Association, 1995, p. 80.

[②] Max Quanchi and Ron Adams, *Culture contact in the Pacific*, Cambridge: Cambridge University Press, 1993, p. 150.

[③] Stephen Henningham and Velibor Bobo Kovac, *The Pacific Island States*, London: Macmillan Press, 1995, p. 48.

殖民、被剥削和被边缘化的不利状态下，包括三国在内的太平洋岛国势
难实现经济自立。不仅如此，美国为了控制三国，长期霸占军事基地和
享受军事特权也根本无意帮助三国真正实现经济自立。美国政府还拒绝
赔偿二战期间因在密克群岛地区长期进行战争而造成的人员和财产损失，
这些都严重阻碍了密克群岛地区的经济恢复和发展[1]。密克联邦、马绍
尔群岛和帕劳三国独立后近30年的经济和社会发展也证实了三国的
经济、财政和民众生活不得不高度依赖美英等国的经济援助和三国民
众在美国的侨汇[2]。三国经济的困窘和对美英等国的依赖令西方政府、
军方和一些学者似乎自然而然地得出"有说服力"的结论：获得独立
的太平洋岛国的经济发展不如未独立的西方殖民地；美国太平洋"自
由联系国"的经济状态好于该地区非"自由联系国"[3]。亨宁汉姆甚
至声称太平洋自由联系国政府和民众对经济上依赖美国感到"十分满
足"，因为三国面临着根本无法克服的土地面积、人口数量和自然资
源等严重不足的制约[4]。博罗夫斯基也宣称尽管美国在军事托管期间
对该地区民众犯下种种殖民主义罪行并进行了大规模的破坏性核试
验，但美国援助已经被三国政府和民众广泛接受[5]。

上述部分西方学者的结论表面上似乎"符合"太平洋岛国的现
状，但他们却掩盖了更为深层次的政治经济学现象，即太平洋地区现
存的不合理的政治、经济秩序才是阻碍太平洋岛国经济发展与自立，

---

[1] Patsy Mink, "Micronesia: Our Bungled Trust", *Texas International Law Forum*, Vol. 6, No. 2, 1971, pp. 181 – 207.

[2] United States Government Accountability Office, *Compacts of Free Association Trust Funds for Micronesia and the Marshall Islands Are Unlikely to Fully Replace Expiring U. S. Annual Grant Assistance*, 2019.

[3] Stewart Firth, "Decolonization", Robert Borofsky (eds.), *Remembrance of Pacific pasts*, Honolulu: Hawaii University Press, 2000, p. 327.

[4] Stephen Henningham and Velibor Bobo Kovac, *The Pacific Island states*, London: Macmillan Press, 1995, p. 50.

[5] Robet Borofsky, *Rememberance of Pacific Pasts*, Honolulu: Hawaii University Press, 2000, p. 304.

实现国家真正独立的最根本原因。不平等的《自由联系协定》不仅损害了三国的国家主权，而且也阻挠了三国与域外国家政治关系的良性互动和经济上的平等互利合作，导致三国即便在 21 世纪仍然被世界政治、经济体系极度边缘化。不平等的《自由联系协定》也使三国与美国的关系长期龃龉，三国与美国在政治、经济、外交等领域始终存在着控制与反控制，再殖民地化和反殖民地化的博弈。例如，密克联邦 2015 年第 19 届国会曾通过动议提前 5 年于 2018 年而不是 2023 年终止《自由联系协定》。由于担心美英等国的压力，密克联邦国会动议的措辞并不激烈，与亚非拉各国领导人的反帝、反殖和争取民族独立与解放的言论相比要和缓得多，但它深刻反映了密克联邦政府和民众对美国颐指气使的愤怒，也反映了岛国民众对美国提供的援助和给予岛国民众赴美居住和工作种种限制的不满。尽管密克群岛地区三国已经获得独立三十多年，但国际社会和密克群岛地区人民在重新审视这段历史时，对美国政府和军方胁迫密克群岛地区人民签署《自由联系协定》及其附属协定表示强烈不满和谴责，认为《自由联系协定》的胁迫签署严重违反了国际法，实质性剥夺了密克群岛地区人民的自决权①。

第一，美国迫使密克联邦、马绍尔群岛和帕劳签署的《自由联系协定》及其各种附属协定，如《军事使用和军事行动权协定》等均包含了不平等的军事和安全条款，严重损害了三国的国家主权并使三国在未来相当长的时期里难以完全、彻底地摆脱被美国霸凌的悲惨命运②。通过《自由联系协定》，美国如愿以偿地迫使密克联邦、马绍尔群岛和帕劳满足了美国的军事利益，攫取了美国长期渴望的军事基地和军事战略特权。美国与三国《自由联系协定》及其他附属协定的

---

① Geoffrey Marston, "Termination of Trusteeship", *International & Comparative Law Quarterly*, Vol. 18, Issue 1, 1969, pp. 1 – 40.

② Anthony Payne, "The Politics of Small State Security in the Pacific", *The Journal of Commonwealth & Comparative Politics*, Vol. 31, No. 2, 1993, pp. 103 – 133.

签订为美国在 20 世纪末和 21 世纪继续控制了密克群岛地区奠定了基础。美国政府和军方竭力试图更长久地控制这一地区因而多次蛮横地宣称美国通过《自由联系协定》及其附属协定获得的地区"军事拒止"和"军事否决"等军事特权并不随着《自由联系协定》的终止而终止。

根据联合国国际法和《自由联系协定》的规定，战略拒止权实际上只应限定在三国的领土、领空和领海内，美国国务院认为这一特权是关乎美国利益的最为重要的权力，因为它实际上是将西太平洋大片地区控制了。美国国防部强调这两项特权实际上是给予美国排他性军事和法律权力将其他国家的军事力量排除在三岛国的 200 海里专属经济区外。这意味着超过美国大陆本土面积的广阔海域。马绍尔群岛外交和贸易部长在 1998 年的会议上也表示，这两项特权是给予美国在超过 100 万平方英里的中部太平洋地区的特权。在 2001 年召开的岛国安全会议也强调两项特权令美国建立起国际公认的覆盖 100 万平方英里的太平洋势力范围。这种说法实际上夸大这一地区和美国拒止战略的重要性。尽管美国可以控制三国不让其他国家在三国建立军事基地，美国实际上无法使用这一权力阻止其他国家在三国的 12 海里之外开展军事行动。美国海军正是依照这些规定经常在其他国家的水域航行。但美国国防部坚持认为他国无权进入三国领土，且战略拒止权限制了他国在该区域进行长期海军行动的能力，并使其在该地区的活动——如侦察——成本高昂。

第二，美国国防部认为美国与三国的军事安全关系优先于美国与北大西洋公约组织成员国的关系，因此美国在三国拥有的军事特权和军事基地权是无限期的。由此可见，《自由联系协定》在本质上严重损害了三国的国家主权①。包括联合国在内的国际社会对美国无视密

---

① Allen Stayman, *US Territorial Policy: Trends and Current Challenges*, Honolulu: East - West Center, 2009.

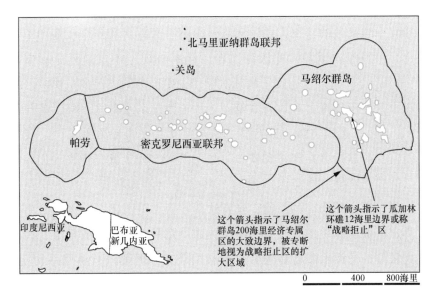

图 3 - 3　美国在帕劳、密克联邦和马绍尔群岛地区
"战略拒止"区范围示意图

资料来源：GAO. Derived from information provided by the National Imagery and Mapping
Agency，Department of Defense.

克群岛人民的自决权，不与联合国安理会协商即以符合美国自身利益
的方式终止托管，并胁迫密克联邦、马绍尔群岛和帕劳签署《自由联
系协定》持强烈的批评和谴责态度。

帕劳总统拉扎勒斯·萨利受美国利诱支持《自由联系协定》的签
署，但他也不得不承认三国屈辱地屈服于美国的军事压力和经济援助
的诱惑①。包括西方国家在内的许多学者均同意萨利的观点，认为
《自由联系协定》是典型的不平等条约，是"美帝国主义的工具"②。

---

① New York Times, "Palau Drops Nuclear - Free Status", 7 August 1987, https：//www.
nytimes. com/1987/08/07/world/palau - drops - nuclear - free - status. html.

② Ellen Boneparth and James Wilkinson, "Terminating Trusteeship for the Federated States of
Micronesia and the Republic of the Marshall Islands：Independence and self - sufficiency in the
Post - Cold War Pacific", *Pacific Studies*, Vol. 2, No. 18, 1995, pp. 61 - 77.

通过《自由联系协定》，美国享有在三国的"军事拒止""军事否决"和建立军事基地的特权，并做出能够影响三国军事和安全政策的重大决定。一些西方学者因此认为《自由联系协定》不仅违反了联合国《托管协议》，而且也违反了国际法赋予太平洋岛屿人民的自决权。彼得森批评美国以谎言和以自我利益为中心欺压弱小的太平洋岛屿托管地[①]，自由联系国实际上是美国"拥有独立主权的海洋地区"[②]。美国迫使密克群岛地区在经济和安全上依赖美国实质上就是迫使他们放弃自己的独立选择。但美国政府和一些官方学者却坚持《自由联系协定》是平等自愿磋商的产物，具有法律效力。美国政府辩称《自由联系协定》业经相关国家全民公决投票通过及其立法机构的批准，说明密克联邦、马绍尔群岛和帕劳政府和民众充分理解《自由联系协定》的内容及后果。因此，《自由联系协定》是该地区民众自己的选择，是美国尊重当地民众自决权的结果[③]。美国政府的一些御用学者还强调结盟不可避免地在某些方面制约了缔约方的权力，使其不致与同盟的共同利益发生冲突。

但多数国际法学者并不同意美国政府和官方学者的辩解，他们指出《自由联系协定》的提出、谈判和缔结没有一个环节是出于密克群岛人民的自愿，在《自由联系协定》的谈判过程中也没有一个环节体现出谈判双方的平等。学者们还指出在联合国"去殖民地化"原则通过后，全世界新签署的同盟条约除《自由联系协定》外均没有违反这一原则。在密克联邦、马绍尔群岛和帕劳独立后，作为主权国家，他们有权按照国际法给予任何国家他们希望给予的权力，美国坚持拥有"否决权"显然违

---

① Petersen, G., "Why is Micronesian 'independence' an issue?", Brij V. Lal and Hank Nelson (eds.), *Lines Across the Sea*, Pacific History Association: Brisbane, 1995. p. 80.

② Department of the Interior, Office of Insular Affairs, "Definitions of Insular Area Political Organizations", 2020, https://www.doi.gov/oia/islands/.

③ David Isenberg, "Reconciling Independence and Security: The Long Term Status of the Trust Territory of the Pacific Islands", *Pacific Basin Law Journal*, Vol. 4, No. 1, 1985, pp. 210 – 242.

反国际法和联合国宪章关于主权和主权平等的原则。国家主权的核心就是控制土地、自然资源和对外关系，这对任何一个独立国家都是至关重要的权力①。国际法认为任何国家均无权因追求军事利益而在他国享有军事特权，也无权因追求军事利益而享有干涉他国人民就本国的主权事务自由发表意愿的权力。克拉克教授认为美国在《自由联系协定》中坚持拥有军事基地等特权表明《自由联系协定》违反了联合国"去殖民地化"的原则，根本不能为现代国际社会所接受②。

　　国际社会和学者也大多认为美国胁迫密克联邦、马绍尔群岛和帕劳签署《自由联系协定》违反了联合国"去殖民地化"原则和国际法"自决"原则，不具法律效力③。学者们以帕劳为例，强调指出帕劳人民自由意愿表达的结果是产生了与美国的军事利益格格不入的宪法。美国政府不仅无视帕劳人民的自由意愿，反而强硬地坚持美国必须在帕劳拥有军事特权，不获满足则坚决不允许帕劳独立，从而导致帕劳人民获得国家独立和民族自决的愿望迟迟无法实现。帕劳宪法中令美国政府和军方极为不满的内容恰是一个国家主权至关重要的构成，如土地资源的使用权和控制权、国家安全和军事防卫权，核武器的使用权、部署权和管理权，对外关系和对外政策的决定权，核试验对民众的健康权和环境保护权等。虽然密克联邦、马绍尔群岛和帕劳同意了美国的特权，但显然并非出于民众的真实意愿，而是美国的胁迫和压力之下的选择：不同意美国的特权不仅无法获得独立，而且不可能获得包括美英等国的经济援助。因此，即使三国的立法机构批准

---

　　①　United Nations, *Resolution On Permanent Sovereignty Over Natural Resources*, G. A. Res. 1803, 17 U. N. GAOR Supp. （No. 17） at 15, U. N. Doe. A/5217, 1963.

　　②　Jon Hinck, "The Republic of Palau and the United States: Self – Determination Becomes the Price of Free Association", *California Law Review*, Vol. 78, No. 4, 1990, pp. 915 – 971.

　　③　Ellen Boneparth and James Wilkinson, "Terminating trusteeship for the Federated States of Micronesia and the Republic of the Marshall Islands: Independence and self – sufficiency in the Post – Cold War Pacific", *Pacific Studies*, Vol. 2, No. 18, 1995, pp. 61 – 77. Petersen, G., "Why is Micronesian 'independence' an Issue?", Brij V. Lal and Hank Nelson （eds.）, *Lines Across the Sea*, Brisbane: Pacific History Association, 1995, p. 80.

了《自由联系协定》，该协定也绝非当地人民自由意愿的真实表达，更不符合国际法的自决原则①。国际社会和国际法庭多数意见认为自决权是强制法，《自由联系协定》依照《国际条约法》是无效的，因为它违反了密克群岛人民的自决权。

第三，国际社会和国际法学者还批评美国政府故意违反联合国《托管协议》有关终止托管的条款，以达到绕开联合国安理会以有利于美国军事利益的方式单方面终止托管的目的。《自由联系协定》不仅违反了联合国的自决原则，而且违反了《国际条约法》。二战后，特别是联合国通过"去殖民地化"决议后，密克群岛和美国的关系不同于殖民主义和帝国主义时期保护国和非主权国家被保护地间的双边关系。美国宪法关于美国领土的条款也并不适用于密克群岛地区，因为该地区既不是美国的领土也不是美国的财产。密克群岛地区从未归属于美国主权之下，它只是联合安理会通过《托管协议》交由美国托管，因此美国和密克群岛之间的法律关系只适用国际法②。美国政府根据《托管协议》和《自由联系协定》而采取的任何终止密克群岛地区托管的行为必须符合国际法，包括《国际条约法》。《维也纳国际条约法公约》于1980年生效③。虽然美国迄未批准，但美国官方政策实际上已经视该公约为条约法及其实践的权威指导④。

根据该公约，任何违反国际法准则和因被别国胁迫而签署的条约均属无效。如果条约是以贿赂他国谈判代表等腐败手段而获得也属无效。《维也纳国际条约法公约》的这些规定对于认定国家间条约是否

---

① Harry G. Prince, "The United States, ' The United Nations, and Micronesia: Questions of Procedure, Substance, and Faith ' ", *Michigan Journal of International Law*, Vol. 11 Issue 1, 1989, pp. 11 – 89.

② Geoffrey Marston, " Termination of Trusteeship ", *International & Comparative Law Quarterly*, Vol. 18, Issue 1, 1969, pp. 1 – 40.

③ Vienna Convention on the Law of Treaties, adopted May 23, 1969,

④ U. S. Government, Vienna Convention on the Law of Treaties: Message from the President of the United States, Weekly Comp. Pres. Doc. 1556 (Nov. 21, 1971).

有效具有重要意义①。西方国家出于殖民主义和霸权主义的需要对《维也纳国际条约法公约》的一些条款予以保留，这成为美国和其他西方国家政府和学者对该公约是否适用于《自由联系协定》的借口。早在与联合国签署密克群岛地区《托管协议》时，美国政府就承诺托管终止的时间和方式必须得到联合国的批准，这充分说明美国政府理解联合国的托管意图和条件并不持异议②。但是，当美国政府面临托管地民众强烈要求独立时却出尔反尔地改变了对联合国的承诺。1986年 11 月 3 日，里根政府发布 5564 号声明，宣布美国以符合自身利益的方式单方面终止对北马里亚纳群岛、马绍尔群岛和密克联邦的托管，并声称美国还将以同样的方式终止对帕劳的托管③。里根政府的声明不仅明显违反了联合国《托管协议》，而且也与美国政府此前承诺的立场截然相反，充分表明美国政府无意再遵守联合国《托管协议》。

　　一些学者和观察人士分析认为美国此举明显违反了联合国的《托管协议》，意在护持美国在密克群岛地区既得的政治、经济，特别是排他性的军事利益。美国政府和军方也自知其单方面终止托管的行为违反了联合国《托管协议》，因而十分担心会遭到安理会常任理事国苏联的否决，故而刻意绕过联合国安理会④。不出美国所料，苏联驻联合国代表对美国政府的行为表示强烈不满，指责美国的行为违反了联合国关于"去殖民化"的声明，剥夺了密克群岛地区民众的自由和

----

① Maria Frankowska, "The Vienna Convention on the Law of Treaties Before United States Courts", *Journal of International Law*, 28 VA, 281, 1988, p. 368.

② Jon Hinck, "The Republic of Palau and the United States: Self – Determination Becomes the Price of Free Association", *California Law Review*, Vol. 78, No. 4, 1990, pp. 915 – 971.

③ U. S. Department of State, *Compact of Free Association: Hearing on S. J. Res. 231 Before the Senate Comm. on Energy and Natural Resources*, 100th Cong., 2d Sess. 74 – 75 (testimony of James D. Berg, Dir. Office of Freely Assoc.), 1988.

④ Office of Freely Associated State Affairs, U. S. Department of State, *Evolution of the Former Trust Territory of the Pacific Islands*, 25, October 1988.

以自己的意愿获得独立的权力①。苏联还指责美国正在用单方面的行动逐步吞并联合国太平洋托管地②。尽管一些观察人士认为苏联对美国的指责并非完全出于对联合国和国际法的尊重，但他们也不得不承认苏联和国际社会对美国的批评和指责完全符合联合国《托管协议》的规定，也符合《维也纳国际条约法公约》的精神和原则。《联合国宪章》第79款规定对联合国《托管协议》条款的任何变动，包括修改和补充均应得到相关国家的同意，并依据宪章第83和85款得到联合国安理会的批准③。

包括美国学者在内的一些国际法学者认为联合国《托管协议》属于双边协议性质，联合国安理会和美国是协议的双方。罗斯·麦克唐纳（Ross MacDonald）从国际法角度分析认为结束托管需要联合国安理会和美国的共同行动。作为协议的一方，美国应当遵守和承担协议的责任，对协议的任何变动均应得到联合国的同意。克拉克教授认为联合国宪章规定终止托管需要得到联合国安理会的批准，但美国结束对北马里亚纳群岛、马绍尔群岛、密克联邦和帕劳的托管并没有得到安理会的同意和批准，因而在法律上是无效的④。美国政府不遵守联合国《托管协议》引起国际社会、联合国和密克群岛地区民众对美国能否尊重托管地人民的合法权益产生疑虑，极大地削弱了美国政府的国际信誉。密克联邦、马绍尔群岛和帕劳的议会领导人和民众因而在

---

① United Nations, U. N. SCOR (1595th mtg.) Special Supp. (No. 1) at 27, U. N. Doc. S/17334 (1985) (Soviet Union voicing its objection to the U. S. procedures for termination of the trusteeship), 1985.

② Jon Hinck, "The Republic of Palau and the United States: Self – Determination Becomes the Price of Free Association", *California Law Review*, Vol. 78, No. 4, 1990, pp. 915 – 971.

③ Hungdah Chiu, *The Capacity of International Organization to Conclude Treaties, and the Special Legal Aspects of the Treaties so Concluded*, Hague: Martinus Nijhojf, 1966, p. 159. Clive Parry, "The Legal Nature of the Trusteeship Agreements", *British Year Book of International Law*, 1950, p. 164.

④ Geoffrey Marston, "Termination of Trusteeship", *International & Comparative Law Quarterly*, Vol. 18, Issue 1, 1969, pp. 1 – 40.

托管期间，特别是与美国谈判《自由联系协定》期间一再呼吁联合国介入当地的独立进程并实施有效监督①。

第四，国际社会和法学界人士普遍认定美国政府在《自由联系协定》的谈判和签署过程中公然使用武力胁迫，因而属于无效协定。例如，由于帕劳政府和民众坚持本国的禁核宪法，坚决拒绝美国核武器进入该国领土因而在独立问题上遭到美国政府和军方的百般阻挠。帕劳宪法是世界首部禁核宪法，但它因为不符合美国的军事利益而成为阻碍帕劳获得民族独立的巨大障碍。美国政府和军方宣称由于帕劳坚持"禁核"宪法，帕劳的独立将对美国的军事霸权和安全利益造成令美国根本无法接受的危害，因而坚决不同意帕劳独立。在美国迫使帕劳政府签署《自由联系协定》后，帕劳民众曾6次拒绝批准该协定，因为它包含了美国强加的条款，不仅违反了帕劳宪法的禁核规定，而且也违反宪法给予美国太多的有损帕劳主权的军事特权。依据帕劳宪法，《自由联系协定》必须得到3/4民众的投票同意方可生效。在帕劳第7次全民投票中，《自由联系协定》仍然只获得了简单多数而不是宪法规定的3/4多数②。

在帕劳第7次全民投票后，美国政府和军方仍然坚持帕劳必须同意美国核武器进入帕劳并在帕劳建立包括核设施在内的各种军事基地。美国政府和军方蛮横地表示如果其军事特权得不到满足，它不会允许帕劳独立，也不会和帕劳就独立问题进行实质性谈判。美国政府声称虽然它于二战后在密克群岛地区获得了大量特权，但并未在该地区充分行使，但这并不意味着该地区民众可以因此剥夺美国的特权。美国政府的立场充分反映了美国的霸权逻辑，因而遭到帕劳和该地区

---

① Bureau of International Organization Affairs Office of United Nations Political Affairs Trust Territory of the Pacific islands, Department of State Publication: Guam, 1979. UN Visiting Mission to the Trust Territory of the Pacific Islands, *Report of the United Nations Visiting Mission to the Trust Territory of the Pacific Islands*, 1985.

② Jon Hinck, "The Republic of Palau and the United States: Self – Determination Becomes the Price of Free Association", *California Law Review*, Vol. 78, No. 4, 1990, pp. 915 – 971.

民众的一致批评。美国政府和军方与帕劳民众的分歧显而易见：帕劳民众想要摆脱美国的殖民统治，获得完全的主权和独立；而美国则希望继续占有帕劳的军事基地和霸权利益。为此，美国和帕劳自70年代末围绕帕劳禁核宪法和帕劳独立问题发生了长期激烈的斗争。一些国际法学者强调指出，美国无权用经济援助威胁帕劳的自决权和主权，也无权以经济援助胁迫帕劳与之签署《自由联系协定》。美国必须无条件地保障帕劳人民的自决权和国家主权，尊重帕劳人民以自己的意愿实现国家独立和民族自决。美国只有在此基础之上才可以与独立主权国家帕劳就核武器过境、部署及建立军事基地等事项进行平等谈判①。

还有相当多的国际法学者认为，国际法定义中的"武力胁迫"还应包括经济胁迫。学者们强调指出美国在谈判中屡屡以停止对包括帕劳在内的密克群岛地区的经济援助胁迫太平洋托管地人民，特别是胁迫帕劳允许美军的核武器和核设施进入帕劳的领土、领空和领海。还有一些学者指出，美国政府和军方一直试图长期控制密克群岛地区，因此让该地区无法实现经济自立且美国援助胁迫三国签署《自由联系协定》是美国政府和军方的重要战略考量。在国际社会正义力量的要求下，维也纳国际法会议曾讨论过"经济胁迫"问题。绝大多数国家明确表示希望扩大胁迫的定义，将经济胁迫包含其中并写入《维也纳国际条约法公约》。但以美国为首的西方国家出于护持霸权和霸凌广大发展中国家的需要，坚决反对将经济胁迫写入胁迫的定义，并竭力阻挠将这一新定义写入《国际法公约》②。尽管将经济和政治胁迫定义为武力威胁受到以美国为首的西方殖民主义和帝国主义大国的坚决阻挠，但这一观念随着人类社会的进步而受到国际社会和国际法学界越来越多的

---

① Jon Hinck, "The Republic of Palau and the United States: Self-Determination Becomes the Price of Free Association", *California Law Review*, Vol. 78, No. 4, 1990, pp. 915 – 971.

② United Nations, *United Nations Conference on the Law of Treaties*, 1st Sess. (52d mtg.) at 292, U. N. Doc. A/Conf. 39/11 (1969).

关注。一些西方法律界学者也预言随着国际法的发展，经济胁迫和实质性武力胁迫一样终将成为国际条约无效的重要因素[1]。

《国际条约法》的起草、制定和发展的过程也同样预示着使用或威胁使用经济胁迫肯定会在将来的某个时刻写入公约。1963 年，第 15 届国际法委员会会议讨论了经济和政治胁迫问题。与会代表最终达成共识："以武力或以武力威胁"包括经济和政治胁迫[2]。1965 年，联合国大会通过 2131 号决议，谴责"武装干涉和任何其他形式的干涉和威胁，包括干涉和威胁他国人员的人身安全、他国的政治、经济和文化现状与发展"[3]。该决议还宣布任何国家不得使用或鼓励使用经济、政治或其他任何方式胁迫别国损害主权或获得优势。联合国的上述决议均充分说明任何国家不得以武力或经济、政治等手段胁迫他国以获得自身利益。1968 年，在第 48 届国际法委员会会议上，19 国提议对《维也纳国际条约法》进行补充：明确规定经济和政治压力违反政治和经济自决权。这一提议受到广大发展中国家的支持，但再次遭到以美国为首的西方国家的强烈反对和阻挠。一些发展中国家的代表强烈谴责西方国家对补充提议的阻挠，强调发展中国家长期以来就是受西方国家胁迫而缔结各种不平等、不公正条约的受害者。英国政府虽然坚定地与美国一道竭力阻挠这一提议，但它也不得不承认"赤裸裸的经济或政治压力等同于胁迫，因此而缔结的国际条约应当受到谴责"[4]。

---

① Hartmut Brosche, "The Arab Oil Embargo and the United States Pressure Against Chile: Economic and Political Coercion and the Charter of the United Nations", Richard Lillich (eds.), *Economic Coercion and the New International Economic Order*, Virginia: The Michie Company, 1976, pp. 285 – 310.

② The International Law Commission, "Summary Records of the 15th Session", *Yearbook of the International Law Commission*, U. N. Doc. A/CN. 4/SER. A/1963.

③ United Nations, General Assembly Resolution 2131 (XX) OF 21 December 1965 Declaration on the Inadmissibility of Intervention in the Domestic Affairs of States and the Protection of Their Independence and Sovereignty, U. N. Doc. A/6014 (1965).

④ Jon Hinck, "The Republic of Palau and the United States: Self – Determination Becomes the Price of Free Association", *California Law Review*, Vol. 78, No. 4, 1990, pp. 915 – 971.

不久后，《关于禁止使用和威胁使用经济或政治胁迫缔结条约的声明草案》得以通过。该草案谴责"使用或威胁使用任何形式的军事、政治胁迫他国而缔结的条约均违反主权国家平等和自愿的原则"①。1970 年，《关于友好国家国际法的原则声明》进而规定任何国家不得使用或鼓励使用经济手段胁迫他国损害其主权或获得优势。上述条约和声明都表明美国和密克群岛之间签署的《自由联系协定》均属胁迫性质，并且其胁迫性十分明显，可以作为国际法领域胁迫他国签署条约的典型案例。在与密克群岛人民谈判该地区的政治地位前和谈判期间，美国政府屡屡强硬地威胁密克群岛人民：美国的军事利益不容谈判，即使公然违反《联合国宪章》和国际法也在所不惜。围绕《自由联系协定》谈判所发生的事实充分展示了什么是遭到国际社会和《维也纳国际条约法公约》所谴责的经济胁迫②。不论美国政府和官方学者如何诡辩，人们都很容易从美国与密克群岛地区人民的独立谈判进程中区分什么是谈判，什么是胁迫。《自由联系协定》十分充分和典型地说明了为什么以美国为首的一小部分西方国家坚决反对国际社会将经济胁迫导致条约无效作为国际法的一项基本原则。

第五，国际社会和法学界人士普遍认定美国政府在《自由联系协定》的谈判和签署过程中使用腐败手段腐蚀密克群岛谈判代表和政府官员，因此其获得是非法的，在国际法上属于无效协定。根据《维也纳国际条约法公约》，如果一国通过直接或间接的手段腐蚀他国谈判代表而获得缔约，则该条约无效。据美国政府资料披露，帕劳已故前总统萨利深陷《自由联系协定》的腐败丑闻。萨利早在 1967 年即担

---

① United Nations, *United Nations Conference on the Law of Treaties：Reports of the Committee of the Whole*, U. N. Doc. A/CONF. 39/11/Add. 2 (1969).

② Harry G. Prince, "The United Nations, and Micronesia：Questions of Procedure, Substance, and Faith", *Michigan Journal of International Law*, Vol. 11 Issue 1, 1989, pp. 11 – 89.

任密克群岛政治地位委员会主席，深度参与《自由联系协定》的谈判工作。美国政府和军方称其为潜在的政治盟友，可帮助美国缔结有利于美国政治和军事利益的《自由联系协定》①。

帕劳民众、政治人士和国际社会对美国卷入帕劳政治进程并发挥腐败和不公正作用的批评之声在帕劳宣布成立共和国及其首次总统选举前即已广泛出现。例如，美国当局公然用现金收买当地政治人士和民众支持美国军事特权、反对禁核宪法；美国中央情报局特工甚至逐门逐户地游说帕劳民众投票支持给予美国军事特权的《自由联系协定》；许多证据表明哈鲁奥·雷梅利克（Haruo Remelik）在当选帕劳总统后因接受美国大量贿赂才改变反对《自由联系协定》的立场。萨利在成为帕劳第二任总统后，其接受大量贿赂的证据被新闻界曝光。在国际社会和帕劳民意的压力下，美国政府不得不宣布将对此进行调查②。尽管美国政府的调查含糊其辞，最终以查无实据敷衍了事，但美国政府问责局（United States Government Accountability Office）官员曾对新闻界发表谈话称，该局已经掌握了许多关于帕劳腐败的证据③。从该局官员的讲话中，人们很容易得出结论：美国政府并没有认真地调查贿赂案，其中大有隐情。

1988 年，英国国际电力公司主导的帕劳电厂腐败丑闻被曝光，引起国际舆论的广泛批评和谴责。帕劳国会对此进行了详细调查，证实英国厂商向帕劳有关官员行贿 100 万美元，其中萨利本人独得 20 万美元。除了直接行贿萨利本人，英国电力公司还向时任议长、萨利的兄弟行贿 25 万美元，另向与萨利关系密切的帕劳中间商行贿

①　U. S. Government, *U. S. Government Survey Mission to the Trust Territory of the Pacific Islands: Report to the President* (A. Solomon, Oct. 9) (confidential version), 1963.

②　Anderson, "Widespread Corruption in Palau", *Oakland Tribune*, May 19 1988. Jon Hinck, "The Republic of Palau and the United States: Self – Determination Becomes the Price of Free Association", *California Law Review*, Vol. 78, No. 4, 1990, pp. 915 – 971.

③　Anderson, "Trouble in Palau", *Washington Post*, 15 May 1988.

5万美元①。帕劳民众因此广泛认为《自由联系协定》之所以会签署就是因为像萨利这样的腐败人物担任了谈判代表并被美国收买。在《自由联系协定》谈判期间，萨利不但竭力鼓动帕劳政府和民众接受协定，而且还直接向帕劳政府和议会的有关工作人员施加压力②。帕劳议长桑托斯·奥利康（Santos Olikong）表示许多帕劳民众因是文盲而无法阅读《自由联系协定》及其补充协议文稿，他们只能信赖政府官员代表他们的利益去和美国谈判。但某些政府谈判代表显然不值得人民的信任。萨利就滥用了帕劳政府和民众的信任，这是对国家和帕劳人民的严重犯罪行为③。

帕劳另一位总统候选人罗曼·莫图（Roman Tmetuchl）也指责美国用经济利益与帕劳两位前总统合谋对帕劳施加压力，迫使帕劳放弃禁核宪法④。1986年，一些律师也声称有证据表明美国企图削弱帕劳电厂合同的谈判地位，以此迫使帕劳接受美国军事特权⑤。一些政治观察人士还指出有证据表明美国以提供经济援助为诱饵引诱帕劳领导人签署《自由联系协定》并支持美国的军事特权和征用帕劳人民的土地和财产。例如，美国政府承诺《自由联系协定》签署后美国对帕劳第一年的援助额将达到1.4亿美元，其中包括高达6600万美元的信托基金援助。美国政府还承诺第二年的援助额不会少于3000万美元⑥。美国大使策德（Zeder）更是大开空头支票，声称《自由联系协

---

① U. S. Government Accountability Office, *Issues Associated With Palau's Transmission to Self - government*, GAO/NSIAD - 89 - 182, 1989.

② Jon Hinck, "The Republic of Palau and the United States: Self - Determination Becomes the Price of Free Association", *California Law Review*, Vol. 78, No. 4, 1990, pp. 915 - 971.

③ Jon Hinck, "The Republic of Palau and the United States: Self - Determination Becomes the Price of Free Association", *California Law Review*, Vol. 78, No. 4, 1990, pp. 915 - 971.

④ John Anglim, "Palau: Constitution for Sale", *Bulletin of Concerned Asian Scholars*, Vol. 22, No. 1, 1990, pp. 5 - 20.

⑤ Jon Hinck, "The Republic of Palau and the United States: Self - Determination Becomes the Price of Free Association", *California Law Review*, Vol. 78, No. 4, 1990, pp. 915 - 971.

⑥ Jon Hinck, "The Republic of Palau and the United States: Self - Determination Becomes the Price of Free Association", *California Law Review*, Vol. 78, No. 4, 1990, pp. 915 - 971.

定》签署后美国提供的援助额将是之前的 3 倍，达到 4.2 亿美元。美国无视密克群岛和帕劳人民的自决权，通过使用经济胁迫手段，甚至是腐败手段腐蚀帕劳政府官员来达到签署《自由联系协定》的目的均显示了美国政府对《联合国宪章》和国际法基本原则的无视和亵渎。一些学者因此强调依据《联合国宪章》和《国际条约法公约》，美国对密克群岛地区各国政府和人民的胁迫，对部分政府官员的引诱和腐蚀已经否定了《自由联系协定》的有效性。依据《维也纳国际条约法公约》，腐败条约的受益方应受到指责，美国显然应该对《自由联系协定》的腐败问题负责①。

---

① O. Elias, T., "Problems concerning the Validity of Treaties (Volume 134)", *Collected Courses of the Hague Academy of International Law*, 1971, http：//dx. doi. org/10. 1163/1875 - 8096_ pplrdc_ A9789028603523_ 05.

第四章　美国对帕劳、密克联邦和马绍尔群岛的援助及援助效果

美国和密克联邦、马绍尔群岛签署的《自由联系协定》中的经济条款已于2001年到期。2003年，美国与密克联邦和马绍尔签署《自由联系协定补充协定》将美国对两国的援助延至2023年①。2010年，美国与帕劳签署《自由联系协定评审协定》将美国对帕劳的援助延长15年至2024年。美国对三国的援助主要分为三类：直接经济援助、美国项目和服务、向信托基金提供资金②。《自由联系协定》约定的援助约占美国对三国援助总额的85%，美国联邦政府部门对三国提供的各种部门性援助、服务和信托基金援助约占15%③。

鉴于《自由联系协定》全面终止日期的日益临近，美国政府、军方和学者目前正就《自由联系协定》的续签问题展开激烈的辩论。一些美国政府官员和机构认为美国军方夸大了太平洋自由联系国的战略

---

① U. S. State Department, *The Compact of Free Association Amendments Act*, 2003. Thomas Lum, "The Marshall Islands and Micronesia: Amendments to the Compact of Free Association with the United States", *Current Politics and Economics of South, Southeastern, and Central Asia*, Vol. 24, Issue 2/3, 2015, pp. 231 – 243.

② John Fairlamb, *Compact of Free Association Negotiations: Fulfilling the Promise*, GOVT. OF F. S. M. , 2002, https: //www. fsmgov. org/comp_ per. html.

③ Derek Grossman, Michael S. Chase, Gerard Finin, Wallace Gregson, Jeffrey W. Hornung, Logan Ma, Jordan R. Reimer, Alice Shih, *America's Pacific Island Allies: The Freely Associated States and Chinese Influence*, Santa Monica: Rand Corporation, 2019.

和军事价值。美国政府及各级机构对太平洋自由联系国的经济援助和免费服务过于庞大，令美国背负了沉重的经济负担，美国政府应慎重考虑是否续签《自由联系协定》。鉴于三岛国对护持美国的太平洋军事霸权具有重大的战略价值，美国政府和军方评估认为，三岛国值得美国继续提供经济援助以延续美国在三岛国的"战略拒止""战略否决"和保持军事基地的特权。美国政府和军方因而表现出与三国谈判续签《自由联系协定》的强烈意愿①。美国学者认为《自由联系协定》能否续签完全掌握在美国的手中，这一方面反映了美国和三个自由联系国力量的极其不对称，另一方面也反映了美国在太平洋地区中美激烈的竞争态势中仍处于优势地位②。

除了在该地区拥有强大的军事力量外，美国政府官员和学者普遍强调美国对三岛国的巨额援助是保持美国对三国强大影响的重要因素。美国目前仍是密克联邦、马绍尔群岛和帕劳的最大援助国，其次才是日本、中国和澳大利亚。但美国政府认为美国向三岛国提供的援助比中国援助更有优势，因为中国对三岛国提供的经济援助并不符合"经合国家组织"（Organization for Economic Cooperation and Development）"官方发展援助"的标准。中国提供的贷款在援助中的占比很高，属于商业性质，而不是援助，美国政府因此定义中国对三国的援助属于"其他官方资金流入"③。美国政府官员和学者强调只要美国继续向三岛国提供援助，美国完全可以在该地区继续保持对中国的优势。

---

① Congressional Research Service, *The Freely Associated States and Issues for Congress*, Washington D. C., 2020.

② Matelski, T. R., "America's Micronesia Problem", *The Diplomat*, 19 February 2016, http：//thediplomat. com/2016/02/americas – micronesia – problem/.

③ Aid Data, *China's Global Development Footprint*, 2018, https：//www. aiddata. org/chinaofficial – finance.

第一节　基于《自由联系协定》美国对密克联邦
和马绍尔群岛的援助

相较帕劳而言，密克联邦和马绍尔群岛的地缘战略地位更为重要。为了拉拢两国并换取在两国的"战略拒止""战略否决"和保持各种军事基地等特权，美国基于《自由联系协定》向两国提供了大量的直接经济援助和各种经济、社会发展项目援助。

据美国内政部统计，在1987—2003财年间，美国一共向密克联邦和马绍尔群岛提供了21亿美元的援助①。美国联邦政府各机构还向两国提供了各种资助、服务、技术援助和信贷。据统计，美国在1987—2003财年间共向密克联邦提供了大约15.4亿美元的援助，向马绍尔群岛提供了大约6.61亿美元的援助，并向该国提供了3.09亿美元与核试验相关的援助和赔偿②。

1999年，美国与密克联邦和马绍尔群岛就续签《自由联系协定》进行谈判。2001年，美国国务院《自由联系协定》谈判办公室发表声明，声称美国继续向两国提供援助符合美国的利益。美国国务院认为这些利益包括美国在密克群岛地区的战略拒止权、战略否决权、继续使用瓜加林和其他军事基地的权力以及两国在国际和地区组织中对美国的支持等。在同年举行的美国国会听证会上，美国国防部强调续签协定并继续向两国提供援助符合美国的利益。美国国防部认为，弱化密克联邦、马绍尔群岛和帕劳在冷战后的战略地位是不明智的，不符合美国的长远利益。2003年，美国正式批准了与密克联邦和马绍尔群岛签署的《自由联系协定补充协定》，并分别于2004年6月25日

---

① US Government Accountability Office, *Compacts of Free Association Issues Associated with Implementation in Palau, Micronesia, and the Marshall Islands*, Washington D. C., 2016.

② General Accounting Office, *An Assessment of the Amended Compacts and Related Agreements*, *Testimony before the Senate Committee on Energy and Natural Resources*, 2003.

和 2004 年 5 月 1 日生效。美国与马绍尔群岛签署的《补充协定》规定美国继续保持在马绍尔群岛建立和拥有的核试验基地和各种军事基地的特权，并将瓜加林基地的使用权延长至 2086 年①。

依据补充协定，美国政府承诺 2004—2023 年间再向两国提供 36 亿美元的部门补助、信托基金资金、瓜加林军事基地核试验影响赔偿金和司法培训捐助等援助②。美国联邦政府的一些机构，如美国联邦邮政局、气象局和民航局等也都相应扩大了向密克联邦和马绍尔群岛提供的免费服务内容。例如，自 2010 年以来，美国国际发展署每年向密克联邦和马绍尔群岛提供 50 万美元与气候变化有关的援助，主要用于两国的气候灾难管理、减灾、重建等③。据统计，2004—2023 财年，美国计划向密克联邦提供经济援助 16 亿美元，向该国信托基金提供资金 5.17 亿美元；向马绍尔群岛提供经济援助 7.22 亿美元（不包括核试验相关的赔偿和瓜加林军事基地租金），向该国信托基金提供资金 2.76 亿美元④。将人口出生率和价格波动等因素计算在内，美国在 2004 财年对密克联邦的人均援助达到 687 美元，然后逐年降低至 2023 年的 476 美元。对马绍尔群岛的人均援助额也从 2004 财年的人均 627 美元逐渐降至 2023 财年的 303 美元⑤。

美国基于《自由联系协定》向密克联邦和马绍尔群岛提供的部门补助和信托基金援助等各种援助均由美国内政部海岛事务办公室统筹

① US Government Accountability Office, *Compacts of Free Association Issues Associated with Implementation in Palau, Micronesia, and the Marshall Islands*, Washington D.C., 2016.

② Briana Dema, "Sea Level Rise and the Freely Associated States: Addressing Environmental Migration Under the Compacts of Free Association", *Columbia Journal of Environmental Law*, Vol. 37, No. 1, 2012, pp. 177–204.

③ Department of State, Congressional Budget Justification, Foreign Operations, and Related Programs, Supplementary Tables, Fiscal Year 2020.

④ US Government Accountability Office, *Compacts of Free Association: Trust Funds for Micronesia and the Marshall Islands Are Unlikely to Fully Replace Expiring U.S. Annual Grant Assistance*, Washington D.C., 2019.

⑤ US Government Accountability Office, *Compact of Free Association An Assessment of the Amended Compacts and Related Agreements*, Washington D.C., 2003.

管理和监督。据该办公室统计，美国将在2019—2023财年向密克联邦提供的各类援助调整为21亿美元，将向马绍尔群岛提供的经济援助和信托基金资助总额调整为10亿美元①。美国在《补充协定》及其子协定中承诺向两国的六大部门，教育、医疗、基础设施、环境保护、公营企业和私人企业提供援助。据美国内政部海岛事务办公室统计，美国仅在2016财年基于《自由联系协定》规定向密克联邦和马绍尔群岛提供的部门补助和补充教育资助（U. S. compact sector grants and supplemental education grants）就分别占密克联邦同类开支的1/3，占马绍尔群岛同类开支的1/4②。《自由联系协定补充协定》规定美国在2005—2023财年向密克联邦和马绍尔群岛提供教育援助，援助资金由美国教育部负责申请拨付后，由美国内政部转交两国使用并负责监管③。2005年，美国向密克联邦提供了1220万美元的教育援助，向马绍尔群岛提供了610万美元的教育援助。美国提供的教育援助主要用于两国的早期教育、基础教育、中小学教育、职业培训、成人扫盲和大学预科等。

2005年后，美国平均每年向密克联邦和马绍尔群岛分别提供1000余万和500余万美元的教育援助。部门援助和教育援助约占密克联邦政府开支的1/3④。密克联邦政府非常重视教育，希望教育事业的发展能够为该国今后长期发展奠定基础⑤。密克联邦四个州对美国援助的依

---

① US Government Accountability Office, *Compacts of Free Association Issues Associated with Implementation in Palau, Micronesia, and the Marshall Islands*, Washington D. C., 2016.

② US Government Accountability Office, *Compacts of Free Association*：*Trust Funds for Micronesia and the Marshall Islands Are Unlikely to Fully Replace Expiring U. S. Annual Grant Assistance*, Washington D. C., 2019. p. 2.

③ United States Government Accountability Office, *Compacts of Free Association Micronesia and the Marshall Islands Face Challenges in Planning for Sustainability, Measuring Progress, and Ensuring Accountability*, Washington D. C., 2006.

④ US Government Accountability Office, *Compacts of Free Association*：*Trust Funds for Micronesia and the Marshall Islands Are Unlikely to Fully Replace Expiring U. S. Annual Grant Assistance*, Washington D. C., 2019.

⑤ Gerard A. Finin, "Envisioning the North Pacific Economies Post 2023", *ADB Pacific Economic Monitor*：*Midyear Review*, July 2013.

赖度高于密克联邦政府对美国援助的依赖度。例如，2016 财年《自由联系协定》部门援助和教育援助约占中央政府开支的 8%，占各州政府开支的 50% 甚至更高（见表 4 - 1）。在密克联邦各州中，丘克州面积最大、人均收入最低，美国援助占比也最高。《自由联系协定》部门援助约占丘克州公用事业公司年度费用支出的 10%，约为 62 万美元，其他各州也大致如此。在马绍尔群岛，这两项援助约占政府开支的 1/4。例如，2016 财年美国向马绍尔群岛提供的上述项下援助约占马绍尔群岛政府开支 1.25 亿美元的 25%，美国的其他援助约占该国政府开支总额的 8%。美国提供的部门援助约占马朱罗环礁污水处理公司开支的一多半，每年约为 45 万美元。《自由联系协定》提供的与瓜加林军事基地相关的援助约占马绍尔群岛政府开支的 3%。虽然美国提供的补充教育援助和《自由联系协定》的其他援助将于 2023 年终止，但美国承诺与瓜加林军事基地相关的援助仍将继续。

表 4 - 1　　　　2016 财年密克联邦和各州政府接受的援助表　　单位：百万美元

政府支出总额		《自由联系协定》部门补助和教育补助		美国其他援助		《自由联系协定》部门补助、教育补助和其他美国援助总额	
		金额	与政府支出总额占比	金额	与政府支出总额占比	金额	与政府支出总额占比
联邦政府	103.6	8.1	8%	21.0	20%	29.1	28%
丘克州	37.3	26.6	71%	2.0	5%	28.6	76%
科斯雷州	14.0	6.9	49%	1.7	12%	8.6	61%
波纳佩州	33.0	16.5	50%	3.0	9%	19.5	59%
雅浦州	20.1	10.3	51%	2.5	12%	12.8	63%
总计	208.0	68.4	33%	30.2	15%	98.6	48%

资料来源：*GAO analysis of FSM national government and state fiscal year* 2016 *single audit reports*，GAO - 18 - 415。

依据《自由联系协定》，美国政府须将对密克联邦的经济援助交付密克联邦政府，而后由密克联邦政府拨付各州。由于实行较为松散的联邦制，密克联邦的四个州在编制预算和分配美国援助上拥有较大的自主权。相当一部分美国援助只是经手联邦政府交由各州使用，联邦政府无权截留自用。鉴于密克联邦松散的联邦制国体，并且若干州表现出分离现象，美国政府因而有意和密克联邦各州保持联系并绕过密克联邦政府向各州提供《自由联系协定》条款之外的经济和服务性援助①。密克联邦政府收入来源极为有限，主要是美国依据《自由联系协定》提供的经济和部门援助、其他国家向密克联邦提供的经济援助、外国企业在密克联邦经营性税收，以及《瑙鲁协定》各缔约方向在其成员国海域作业的域外渔业船队收取的渔业费用②。

《瑙鲁协定》的成员国包括密克联邦、基里巴斯、瑙鲁、帕劳、巴布亚新几内亚、马绍尔群岛、所罗门群岛和图瓦卢。这些国家根据专属经济区内金枪鱼存量的数据制定年度禁渔期和开渔期，并将开渔期的捕鱼权出售给最高竞价者。近年来，由于亚洲国家在太平洋岛国地区渔业的快速发展，相关太平洋岛国获得的渔业收入也相应大幅度增加，密克联邦政府的渔业收入也同样显著增加。密克联邦政府对发展渔业的积极性空前高涨，希望在美国停止经济援助后渔业收入的增长能够弥补联邦政府开支的不足。密克联邦在 2010 财年从《瑙鲁协定》中获得的收入不足 1770 万美元，这一收入在 2014 财年猛增至 3180 万美元③。正是渔业收入的大幅度增长，密克联邦政府的财政预

---

① Australian Broadcasting Company, "Chuuk Independence Vote was to be Today but Citizens Now have Another Year", *ABC Company*, 5 March 2019, https：//www. abc. net. au/radio - australia/programs/pacificbeat.

② Agnes David Yeeting, Hans - Peter Weikard, Megan Bailey, Vina Ram - Bidesi & Simon R. Bush, "Stabilising Cooperation through Pragmatic Tolerance：The Case of the Parties to the Nauru Agreement (PNA) Tuna Fishery", *Regional Environmental Change*, Vol. 18, 2018, pp. 885 - 897.

③ Food and Agriculture Organization of the United Nations, *Fishery and Aquaculture Country Profiles：The Federated States of Micronesia*, United Nations, 2018.

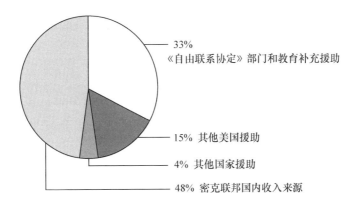

33%
《自由联系协定》部门和教育补充援助

15% 其他美国援助

4% 其他国家援助

48% 密克联邦国内收入来源

图 4 - 1　密克联邦中央政府和各州政府 2016 财年收入来源图

资料来源：GAO analysis of P. L. 108 – 188 and FSM single audit reports. GAO – 18 – 415。

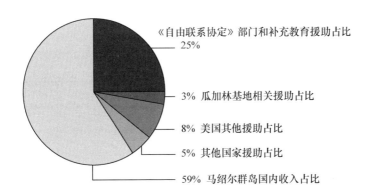

《自由联系协定》部门和补充教育援助占比
25%

3% 瓜加林基地相关援助占比

8% 美国其他援助占比

5% 其他国家援助占比

59% 马绍尔群岛国内收入占比

图 4 - 2　马绍尔群岛政府 2016 财年收入来源图

资料来源：United States Government Accountability Office 2019, *Compacts of Free Association Trust Funds for Micronesia and the Marshall Islands Are Unlikely to Fully Replace Expiring U. S. Annual Grant Assistance*；GAO analysis of P. L. 108 – 188, the Republic of the Marshall Islands (RMI) Military Use and Operating Rights Agreement (MUORA)；and RMI single audit reports. GAO – 18 – 415.

算才能够在 2012—2016 财年始终保持盈余状态。2016 财年，密克联邦政府约有 2400 万的预算盈余，占其国内生产总值的 7%。但在密克联邦政府保持盈余之际，该国的四个州政府却仍然有大约 250 万美元

的赤字。渔业收入分配问题成为部分州要求脱离密克联邦的因素
之一。

除了美国主导的自由联系信托基金外，密克联邦还拥有自己的国
家信托基金①，将在美国于 2023 财年后停止提供资金后，为密克联邦
提供一定的收入来源。密克联邦国家信托基金成立于 1999 年。2004
年 9 月，密克联邦政府将其盈余约 700 万美元从该基金移出，打入
《自由联系协定》信托基金作为联邦政府对该基金的资金拨款，
2007—2012 财年拨款 1100 万美元，2012—2017 财年拨款 7330 万美
元。2015 年，密克联邦修改了国家税收法，规定将税收的 20% 拨付
国家信托基金子账户。密克联邦国会于 2014 财年向国家信托基金投
入 700 万美元，2015 年国会将投入资金增至 3800 万美元。2016 财年
后，国会代表各州每年向国家基金投资 500 万美元。

表 4 - 2　　　　　　　　密克联邦信托基金平衡表　　　　单位：万美元

财年	年初净资产	拨款	投资收入	年末净资产
2011	820		- 20	800
2012	800	180	150	1130
2013	1130	100	130	1360
2014	1360	700	180	2240
2015	2240	3800	40	6090
2016	6090	1520	550	8150
2017	8150	2200	1150	11500

资料来源：US Government Accountability Office, *Compacts of Free Association：Trust Funds for Micronesia and the Marshall Islands Are Unlikely to Fully Replace Expiring U. S. Annual Grant Assistance*, Washington D. C. , 2019.

---

① FSM Government, *The Nation's FSM Trust Fund & Compact Trust Fund Both Grew in FY 2020*, November 2020, https://gov. fm/index. php/component/content/article/35 - pio - articles/news - and - updates/.

密克联邦政府和国会的大幅度拨款和基金投资收入使密克联邦的基金盈余从 2011 财年的 800 万美元增至 2017 财年底的 1.15 亿美元。2017 年，密克联邦政府《2023 行动计划》（FSM National Government Action Plan）建议政府每年从财政盈余中拨付 1000 万美元投入国家基金，密克联邦政府希望借此使该基金在 2023 财年的盈余能够增至 2.5 亿美元。2018 年初，密克联邦官员声称密克联邦政府计划每年再增加 1500 万美元投入信托基金，使其 2023 财年底的盈余增至 2.75 亿美元。尽管密克联邦政府一再追加对国家信托基金的资金投入，美国政府问责局的研究报告认为无论是《自由联系协定》信托基金，还是国家信托基金均无法提供足够的资金满足密克联邦 2023 财年后的开支。

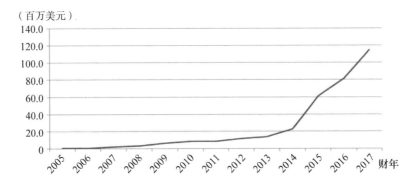

（百万美元）

图 4-3　密克联邦信托基金平衡表

资料来源：US Government Accountability Office，*Compacts of Free Association：Trust Funds for Micronesia and the Marshall Islands Are Unlikely to Fully Replace Expiring U. S. Annual Grant Assistance*，Washington D. C.，2019.

密克联邦政府和各州政府都有自己的企业和公营部门，如公用事业局、港口管理局等。公营部门是密克联邦公民就业的最主要机构，密克联邦公营部门的雇佣人数长期占全国就业率的一半以上[1]。这主

---

① Asian Development Bank，*FSM Program Performance Audit Report on the Public Sector Reform Program in the Federated States of Micronesia*，2003.

要是由于密克群岛地区原有的经济和生活方式遭到殖民者的破坏，代之以美国的经济和生活方式。但美国的经济和生活方式对资源和资本有着较高的要求，远远超过了该地区国家的经济和财政能力，因而只能依赖公营部门就业并依靠美国的资金和物资援助①。这就直接导致了岛国公营部门的就业占比过高，岛国的政府开支主要用于支撑公营部门的运营②。公营和政府机构就业占比过高不仅影响经济发展，而且也是不可持续的经济运营模式。这种情况并非密克联邦独有，而是密克群岛地区乃至整个太平洋岛屿地区的共同情况。由于国内市场狭小、经营不善和冗员充斥，密克联邦公营部门长期无法实现经济自立，而只能由联邦和各州政府财政补助。美国政府在《自由联系协定》中承诺美国向密克联邦公营部门提供捐助。美国联邦政府和某些州政府还不定期地向密克联邦公营部门提供资金和技术援助。密克联邦和马绍尔群岛在医疗和教育领域尤其依赖美国援助。在 2016 财年，美国部门援助和补充教育援助负担了密克联邦 60% 的医疗开支和80% 以上的教育开支。而在 2012—2016 财年期间，《自由联系协定》的部门援助和补充教育援助负担了密克联邦 56%—99% 的医疗开支和82%—100% 的教育开支。密克学院作为密克联邦的政府机构，2012—2016 财年年均开支为 2100 万美元。美国《自由联系协定》的部门援助、补充教育援助和其他援助承担了该院大约 76% 的费用③。在美国的其他援助中，佩尔（Pell）援助是最为重要的援助，主要用于资助优秀学生的学费。如果没有这一援助，密克联邦许多低收入家庭的高中毕业生将无法接受高等教育④。据美国教育部官员称，在

---

① U. S. Comptroller General, *The Challenge of Enhancing Micronesian Self - Sufficiency* (January 25, 1983), Washington, D. C., pp. i - ii.

② Geoff Bertram, "'Sustainable development' in Pacific Micro - economies", *World Development* 14, No. 7 (1986): p. 812.

③ US Government Accountability Office, *Compacts of Free Association: Actions Needed to Prepare for the Transition of Micronesia and the Marshall Islands to Trust Fund Income*, Washington D. C., 2018.

④ College of Micronesia - FSM, *Financial Aid*, May 2020, http://www.comfsm.fm/? q = financial - aid.

2023 年美国终止《自由联系协定》援助后，美国教育部仍将继续提供佩尔教育援助。

马绍尔群岛中央政府负责分配美国按照《自由联系协定》规定提供的各种援助。马绍尔群岛政府的收入来源相较帕劳和密克联邦稍为丰富，主要是美国依据《自由联系协定》提供的经济和部门援助、其他国家向马绍尔群岛提供的经济援助、外国企业在马绍尔群岛的经营性税收、《瑙鲁协定》各缔约方向在其成员国海域作业的域外渔业船队收取的渔业费用，以及船舶在马绍尔群岛的注册费等。马绍尔群岛政府在减少政府开支方面同样没有取得明显进展，但它在收取渔业费和船舶注册费方面的收入却实现了大幅度增长，马绍尔群岛政府因而在减少政府开支方面的意愿明显不足。在 2010 财年，马绍尔群岛从《瑙鲁协定》中获得的收入仅为 200 万美元，至 2019 财年，该国的渔

表 4 - 3　　　　密克联邦 2016 财年医疗和教育开支
与《自由联系协定》部门和补充教育援助表　　单位：百万美元

部门和州		开支总额	《自由联系协定》部门援助和补充教育援助	
			金额	与开支总额占比
医疗	丘克州	10.9	9.5	87
	科斯雷州	3.5	2.1	60
	波纳佩州	8.3	5.8	70
	雅浦州	5.6	3.5	62
教育	丘克州	15.5	14.6	95
	科斯雷州	4.4	3.7	82
	波纳佩州	10.9	9.8	89
	雅浦州	6.1	5.5	90

来源：US Government Accountability Office 2018，*Compacts of Free Association*：*Actions Needed to Prepare for the Transition of Micronesia and the Marshall Islands to Trust Fund Income*，Washington D. C；GAO analysis of FSM national government and state fiscal year 2016 single audit reports. GAO - 18 - 415。

业收入猛增至 2810 万美元①。2014—2016 财年，马绍尔群岛政府始终保持着财政盈余。2016 财年的盈余更是大幅度增长至 800 万美元，约占该国国内生产总值的 4%。马绍尔群岛政府因而用渔业收入的增长来代替美国援助的减少。船舶注册费是马绍尔群岛政府一项较为重要的收入来源，马绍尔政府将船舶注册费的收取和管理交由私营公司"国际注册公司"（International Registries Inc.）负责。马绍尔群岛是世界上第二大船舶登记国，仅次于巴拿马，挂旗船队船舶登记载重高达 2.23 亿吨②。2016 年 10 月，该国液货船载重达 4460 万吨，是全球液货船登记的第一大船旗国。

表 4 - 4　　　　　　　　　　世界主要船籍注册地

船籍注册地	船舶数量	载重吨	总吨位
巴拿马	8052	340135. 153	221976. 101
马绍尔群岛	3244	223262177	137913800
利比里亚	3277	221180339	140460970
香港	2596	176342489	109308158
新加坡	3574	126695482	84489120

资料来源：IHS Markit March 2017.

马绍尔群岛、密克联邦和帕劳的自由联系信托基金由三个相互关联的账户组成③：

A 账户是信托基金的核心账户，内含美国、马绍尔群岛和密克联邦政府提供的原始和追加资金、其他国家提供的资金和基金的投资收入。除了特别指定的基金管理费用外，其他费用不得从该账户

---

① Giff Johnson, *Marshall Islands Fisheries Revenue Expected to Drop 20 Percent*, Radio New Zealand, 24 December 2020, https：//www. rnz. co. nz/international/pacific - news/433528.

② "Top 10 Flag States 2019", *Lloyd List*, 3 December 2019.

③ US Government Accountability Office, *Compacts of Free Association：Trust Funds for Micronesia and the Marshall Islands Are Unlikely to Fully Replace Expiring U. S. Annual Grant Assistance*, Washington D. C. , 2019.

支付。

B 账户是信托基金的支付账户，主要在 2023 财年后使用。2023 财年后三个自由联系国信托基金的收入将分别存于各自基金的 B 账户以便支付 2024 财年的政府费用。此后历年基金的投资收入均将存入 B 账户以便支付下一财年的费用。如果基金没有收入，则没有新增资金注入。

C 账户是信托基金的缓冲账户。2022 财年信托基金收入超过 6% 的部分将存入此账户。自 2023 财年起，如果 A 账户的年度收入在扣除通货膨胀因素后低于上一财年的支出，C 账户资金可用于补足 A 账户资金缺口。2023 财年后，B 账户支付政府费用后的剩余资金将补充 C 账户。考虑到通货膨胀等因素，C 账户的峰值设为 2023 财年美国援助额的 3 倍。如 C 账户没有资金，并且 B 账户也没有上一财年的投资收入，则岛国将没有可支付下一财年政府开支的资金。

在上述三大主要账户外，自由联系协定信托基金还可设立 D 账户用以储存马绍尔群岛和密克联邦政府的财年收入和计划外收入。根据《信托基金协定》规定，D 账户必须是独立账户，不能与信托基金的其他资金混合。迄今为止，只有马绍尔群岛政府设立了 D 账户，并由中国台湾和马绍尔群岛政府依据双方签署的《信托基金协定》管理运行。

马绍尔群岛政府的 D 账户虽然和自由联系信托基金的其他账户一同管理，但《自由联系协定》关于 A、B、C 账户的资金管理条款并不适用于 D 账户。马绍尔群岛政府于 2015 财年和 2016 财年总共向 A 账户拨款 285 万美元，但该账户的支出受中国台湾和马绍尔群岛政府签署的《资金协定》条款的约束。依据该协定，中国台湾提供 1000 万美元帮助马绍尔群岛建立 D 账户。双方协商后可以提取该账户增值与部分资金，但不能动用中国台湾提供的 1000 万美元的核心资金。2017 财年底，D 账户有 1510 万美元，马绍尔群岛政府可使用其中的

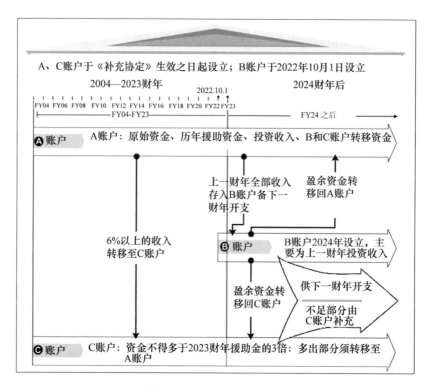

图 4-4　密克联邦和马绍尔群岛信托基金账户结构及规则

510 万美元①。

　　与密克联邦相似，马绍尔群岛中央政府和各地方政府均拥有公营部门。由于相似原因，这些部门在经济上均未能实现自立而必须由中央政府和各地方政府财政支持。美国依照《自由联系协定》规定提供的部门援助经由马绍尔群岛中央政府接收后拨付各部门，美国联邦政府和某些州政府也不定期地向马绍尔群岛公营部门提供资金和技术援助。与帕劳和密克联邦相似，公营部门也是马绍尔群岛公

　　① US Government Accountability Office, *Compacts of Free Association: Actions Needed to Prepare for the Transition of Micronesia and the Marshall Islands to Trust Fund Income*, Washington D.C., 2018.

民就业最主要的机构，马绍尔群岛公营部门 2016 财年就业人口占该国就业人口总数的 48%。马绍尔群岛也同样依赖美国援助支撑医疗和教育开支。在 2012—2016 财年，《自由联系协定》部门援助和补充教育援助负担了马绍尔群岛政府开支和马绍尔群岛奖学金总额的一半①。2012—2016 财年，《自由联系协定》部门援助和补充教育援助平均每年负担马绍尔大约 58% 的教育开支和 29% 的医疗开支。在 2016 财年，《自由联系协定》部门和补充教育援助负担了马绍尔群岛大约 59% 的教育开支和 25% 的医疗费用。如果将与瓜加林军事基地相关的援助也计算在内，则这一数字将增至 66% 和 32%。与密克联邦相似，《自由联系协定》的部门援助、补充教育援助和其他援助也负担了马绍尔群岛学院大约一半的年度费用开支。该学院是马绍尔群岛政府的组成部门，每年开支约为 1190 万美元。2012—2016 财年，《自由联系协定》的部门援助和补充教育援助大约负担了学院年度费用的 8%，佩尔援助负担了学院大约 39% 的费用。佩尔援助还向马绍尔群岛低收入家庭学生提供高等教育资助，是该国学生最重要的助学金来源②。据美国教育部官员称，美国在《自由联系协定》终止后仍将继续向该学院提供佩尔援助。

《自由联系协定》第 211 款第二条规定美国对马绍尔群岛的援助款须有一部分拨付给瓜加林环礁及其附近的埃贝伊岛（Ebeye）社区，用于补助当地民众因美军核试验而造成的各种恶性疾病的治疗费用。美国和马绍尔群岛签署的《军事使用和军事行动权协定》于 2003 年 4 月 30 日签署，并于 2004 年 3 月 23 日生效。该协定最重要的内容就是美国军事特权的延长。依据 1986 年签署的《自由联系协定》，美军

---

① US Government Accountability Office, *Compacts of Free Association: Actions Needed to Prepare for the Transition of Micronesia and the Marshall Islands to Trust Fund Income*, Washington D. C., 2018.

② College of the Marshall Islands, Financial Aid, May 2020, https://cmi.edu/financial - aid/applying - for - aid/.

有权在马绍尔群岛驻军和使用军事基地至 2016 年。美国国防部官员表示协定将美军使用军事基地的特权延续至 2066 年，并可再延长 20年至 2086 年①。美国为此付出 34 亿美元的巨额费用，其中绝大部分资金约 23 亿美元用于支付瓜加林军事基地的租金，另外 11 亿美元用于该岛的发展和补偿。据美国国防部官员称这笔资金不由美国国防费用支付而由美国内政部提供②。

表 4 – 5　马绍尔群岛 2016 财年医疗和教育开支
与《自由联系协定》部门和补充教育援助表　　单位：百万美元

部门	政府开支总额	《自由联系协定》部门和补充教育援助		瓜加林相关援助支出		《自由联系协定》部门和补充教育援助及瓜加林相关援助总开支	
		金额	占比	金额	占比	金额	占比
医疗	29.5	7.4	25%	2.0	7%	9.4	32%
教育	28.9	17.1	59%	2.1	7%	19.2	66%

资料来源：US Government Accountability Office 2018, *Compacts of Free Association：Actions Needed to Prepare for the Transition of Micronesia and the Marshall Islands to Trust Fund Income*, Washington D. C.；GAO analysis of FSM national government and state fiscal year 2016 single audit reports. GAO – 18 – 415。

马绍尔群岛政府为了最大化地争取经济利益还与美国政府约定：如果美国在 2066 年前终止该协定，美国政府必须支付提前终止赔偿金，金额约为美国对马绍尔群岛一年的经济援助额③。美国内政部官员向马绍尔群岛承诺，与瓜加林军事基地相关的援助在 2023 年后不

① US Government Accountability Office, *Compacts of Free Association：Trust Funds for Micronesia and the Marshall Islands Are Unlikely to Fully Replace Expiring U. S. Annual Grant Assistance*, Washington D. C., 2019.

② US Department of State, *U. S. Relations with Marshall Islands：Bilateral Relations Fact Sheet*, Washington D. C., 2018.

③ Derek Grossman, Michael S. Chase, Gerard Finin, Wallace Gregson, Jeffrey W. Hornung, Logan Ma, Jordan R. Reimer, Alice Shih, *America's Pacific Island Allies：The Freely Associated States and Chinese Influence*, Santa Monica：Rand Corporation, 2019.

会停止。这些援助约占马绍尔群岛开支总额的13%。美国在马绍尔群岛的各军事基地，如瓜加林环礁导弹基地和埃贝伊岛军事基地也雇用了相当数量的马绍尔群岛民众。据美国瓜加林环礁导弹基地当局统计，2017年9月该基地共有美国军事人员、文职人员、承包工程人员及其家属1300多人，美军雇佣了1100多名马绍尔民众为美军军事基地及其家庭服务。美军将雇佣当地民众视为美国援助的一部分，并以此作为向马绍尔群岛政府施压继续享有军事特权的工具。

《自由联系协定信托基金协定》允许美国、帕劳、密克联邦和马绍尔群岛在协商一致的基础上增补内容，但内容的任何变动必须得到美国国会的批准后方可生效。美国内政部负责督促和监督各方履行协定，内政部为此专门在夏威夷的檀香山设立《自由联系协定》办公室并配备专家，专门负责跟踪协定的履行情况，美国援助实施情况及效果，提交季度性评估和年度报告等。密克联邦和马绍尔群岛也分别设立《自由联系协定》管理办公室。《补充协定》及其子协定《信托基金协定》规定帕劳、密克联邦和马绍尔群岛三国的"自由联系信托基金"必须由"自由联系信托基金委员会"专门管理。信托基金委员会的责任主要包括监督基金的运营、监管、投资，规划管理基金的分配使用，与美国以外的其他资金提供方和组织订立合作协议等。信托基金委员会的另一重要职责是制定投资政策和方案，以最大限度地使自由联系信托基金增值、保值。信托基金委员会聘有行政经理负责基金会的日常事务，投资顾问和资金经理负责开展业务，独立审计员负责监管基金的日常业务。委员会还负责出版基金年度报告，并在财年结束后半年内，即次年3月向三国政府递交报告。报告内容包括基金的运营和管理、账户收支情况、审计报告、基金对促进两国经济发展和长期财政自立的贡献以及对基金成效的改进建议等。美国总统必须向国会提交关于两国基金运营情况的年度报告并视情况提出调整美国投入资金的建议。

密克联邦和马绍尔群岛的信托基金均设于美国华盛顿特区，美国在信托基金委员会中拥有绝对多数投票权，美国内政部负责海岛事务的助理国务卿或海岛事务办公室主任等担任主席。密克信托基金委员会由五名委员组成：三名来自美国内政部、国务院，两名来自密克联邦政府。马绍尔群岛基金委员会由七名委员组成，四名来自美国内政部、国务院、劳工部等，两名来自马绍尔群岛，一名来自中国台湾。由于在两国基金委员会中任职的美国官员本身公务繁忙导致基金会经常无法按计划召开委员会会议并做出下一步工作部署，美国政府工作人员还把持了基金委员会的行政管理和日常事务，导致与岛国政府和委员沟通困难、不及时，严重影响了委员会的正常运行。国际货币基金组织曾呼吁美国将密克联邦和马绍尔群岛的信托基金按照国际货币基金组织的透明性要求进行改革并定期公布基金的运营情况，但美国对这一要求始终未予理睬①。

《自由联系协定信托基金补充协定》还规定建立密克联邦联合经济管理委员会（Joint Economic Management Committee）和马绍尔群岛金融问责委员会（Financial Accountability Committee）分别对两国的《自由联系协定》信托基金进行监管②。两国委员会均由三名美国政府代表和两名东道国代表组成，委员会主席由美国内政部海岛事务办公室主任担任。委员会的主要职责如下：

（1）审核密克联邦和马绍尔群岛政府提交的预算和发展计划；

（2）批准援助资金的分配方案和运营目标；

（3）制定年度奖励计划以鼓励两国援助项目运营和两国财政状况的改善；

（4）评估援助项目运营状况、存在的问题及项目运营目标；

---

① International Monetary Fund, *RMI: Selected Issues and Statistical Appendix*, *IMF Country Report*, Washington, D. C., 2016.

② US Embassy in FSM, *Joint Economic Management Committee*, JEMCO, Pohnpei, 2020. U. S. Department of the Interior, *Joint Economic Management and Financial Accountability Committee* (*JEMFAC*) *of the U. S. and the Republic of the Marshall Islands*, Washington D. C., 2020.

（5）评审《自由联系协定》各援助项目的运营状况及其审计工作。

依据美国与密克联邦和马绍尔群岛签署的《信托基金协定》，其他国家亦可向两岛国的信托基金提供资金。2005 年 5 月，中国台湾和马绍尔群岛签署协议，并承诺于 2004 年至 2023 年期间向马绍尔群岛信托基金 A 账户提供 4000 万美元的资金①。作为回报，并在得到基金委员会的批准后，中国台湾派遣一人成为马绍尔群岛《自由联系协定》基金委员会委员。由于中国台湾派员成为基金委员会的委员，美国政府依照协定相应地在该委员会增加一名委员以保证美国在该委员会中的绝对多数代表权。据美国官员透露，马绍尔群岛和中国台湾已商定在 2023 年前将后者每年提供的金额增加至 300 万美元，并在 2023 年后再视情提供一些额外资金。

依据《信托基金补充协定财政程序协定》的规定，美国内政部海岛事务办公室负责编撰各自由联系国财政报告以监管各联系国的预算执行和财政运行状况，并要求各国提交预算执行报告以进一步评估美国援助在各自由联系国的运行状况。密克联邦和马绍尔群岛政府必须遵守《财政程序协定》，并依据《单一审计法案》（The Single Audit Act）向美国政府提交年度审计报告。审计报告重点关注受援国财政运营状况及其对美国相关援助法律和规定的遵守情况。为保证美国援助的效果，美国政府要求密克联邦和马绍尔群岛制定美国援助资金使用和经济发展的中短期规划，并逐年评审其执行情况。美国内政部高级官员担任密克联邦和马绍尔群岛信托基金委员会主席就是为了加强美国对两国援助金使用的监管以实现美国的援助目的，为 2024 财年后终止向自由联系国提供经济援助做准备②。2013 年 11 月，密克联

---

① Hidetaka Nishizawa, Mr. Scott Roger, Huan Zhang, *Fiscal Buffers for Natural Disasters in Pacific Island Countries*, International Monetary Fund, 12 July 2019, p. 22.

② U. S. Government Accountability Office, *Compacts of Free Association: Micronesia and the Marshall Islands Continue to Face Challenges Measuring Progress and Ensuring Accountability*, GAO – 13 – 675, Washington, D. C., 2013.

邦制定了 2014—2023 财年在美国援助资金逐年减少的情况下该国财政管理计划。2014 年 9 月，马绍尔群岛也制定了 2015—2023 财年在美国援助资金逐年减少的情况下该国的财政管理计划。两国的计划均承诺按照美国要求各自减少中央政府和各州政府的财政预算，并在美国指导下推进税收改革①。

包括美国在内的一些经济学家和经济机构认为帕劳、密克联邦和马绍尔群岛将《自由联系协定》相当数量的援助资金用于维持政府和公营部门雇员的就业率及工资待遇，而未能将其用于基础设施建设和鼓励公私企业发展，致使三国经济结构严重不合理，未能利用美国的援助促进三国经济发展并实现自立②。美国政府问责局对密克联邦和马绍尔群岛的自由联系信托基金进行了长期跟踪研究，发现两国基金在 2023 财年后根本无法提供足够的收入以供两国政府的年度开支。问责局的研究还发现，两国基金在 2023 财年后的某些年份甚至无法盈利，因而也就没有收入可供两国政府开支，甚至无法使信托基金保值，并有耗尽 C 账户资金的危险③。C 账户本为缓冲账户，但如果基金连续几年均为低收入或负收入，该账户极有可能资金为零，因为信托基金协议规定不允许使用信托基金的核心账户 A 账户为 C 账户注入资金。

尽管密克联邦和马绍尔群岛均已建立自由联系计划委员会来应对美国停止援助后两国经济和社会发展可能出现的挑战，并为 2023 财年后经济和社会发展制定过渡期规划，但美国政府问责局在对密克联

① Government of the Federated States of Micronesia, *FSM-Wide Long-Term Fiscal Framework*, *FY2014 - FY2023*, November 2013. Republic of the Marshall Islands, *Decrement Management Plan*, *FY2015 - FY2023*, Sept. 3, 2014.

② U. S. Government Accountability Office, *Foreign Assistance: U. S. Funds to Two Micronesian Nations Had Little Impact on Economic Development*, GAO/NSIAD - 00 - 216, Washington, D. C, 22 September 2000.

③ Asian Development Bank, *Trust Funds and Fiscal Risks in the North Pacific: Analysis of Trust Fund Rules and Sustainability in the Marshall Islands and the Federated States of Micronesia*, Manila, Philippines, 2015.

邦和马绍尔群岛经济和财政状况进行长期跟踪观察和分析后仍坚持认为密克联邦和马绍尔群岛的自由联系信托基金面临着很大的风险，可能在今后的某些年份根本无法向两国财政提供任何增值，甚至可能无法维持基金的价值。美国政府问责局分析认为美国有关部门在密克联邦和马绍尔群岛建立信托基金时过于乐观地预计其回报率可达到 6% 以上。美国计划将高出 6% 的部分存入另外的账户以备收入水平不足 6% 的年份使用。但即便信托基金能够达到 6% 的回报率，密克联邦的信托基金在 2023 年可产生的收入也只有 5700 万美元，马绍尔群岛信托基金的收入也只有 3300 万美元，两国的信托基金实际产生的收入都不足以弥补美国援助的终止带来的缺口。美国政府问责局甚至悲观地预测《自由联系协定》一旦于 2024 年终止不再续延后，密克联邦自由联系信托基金在 2024—2033 年期间将大概率无法为密克联邦政府财政提供足够的资金。而在 2054—2063 年期间，这一概率则上升为 100%①。美国政府问责局的研究预计密克联邦自由联系协定信托基金在 2023 年后最佳运营结果也只能为该国提供 82% 的政府开支。为了进一步加强对自由联系国的控制，美国与帕劳、密克联邦和马绍尔群岛签署了《项目和服务协定》。该协定承诺美国联邦政府部门向三个自由联系国提供政府服务，如金融、保险、邮政、气象、减灾、民航和电信等②。美国和密克联邦签署的《项目和服务协定》还单独规定美国联邦储蓄保险公司在密克联邦的机构为密克联邦储蓄银行提供储蓄保险服务。据统计，至少 60 个美国政府机构向三岛国提供服务，如联邦紧急管理署、美国邮政局、国家气象局、民航局、环保局、国家海洋和大气署等。美国与密克联邦签署的《项目和服务协

---

① US Government Accountability Office, *Compacts of Free Association: Trust Funds for Micronesia and the Marshall Islands Are Unlikely to Fully Replace Expiring U. S. Annual Grant Assistance*, Washington D. C., 2019, p. 5.

② Arthur John Armstrong and Howard Loomis Hills, "The Negotiations for the Future Political Status of Micronesia（1980 – 1984）", *The American Journal of International Law*, Vol. 78, No. 2, 1984, pp. 484 – 497.

定》将于 2024 年 6 月 24 日到期，与马绍尔群岛签署的《项目和服务协定》将于 2024 年 4 月 30 日到期。为了迫使帕劳、密克联邦和马绍尔群岛与美国续签《自由联系协定》，特别是继续向美国提供"战略拒止"和"战略否决"等军事特权，美国威胁在停止向密克联邦和马绍尔群岛提供《自由联系协定》经济援助的同时也将停止向两国提供各种直接或间接经济援助以及大部分政府服务，包括涉及三国国计民生的民航、邮政、气象等服务①。美国政府停止提供上述服务将严重影响三国的经济和社会稳定及发展，引起密克联邦和马绍尔群岛政府和民众的强烈不满，也引起其他太平洋岛国的警觉。例如，如果美国不再延续《项目和服务协定》，密克联邦和马绍尔群岛政府将不得不自行开展国际民航和邮政等业务，这不仅仅增加了三国政府和民众的经济负担，更重要的是三国可能根本没有相关的技术力量。

在美国的强烈要求和压力下，密克联邦政府曾制定过《长期财政框架计划》（Long – Term Fiscal Framework），旨在于 2023 财年前大幅度减少包括公营部门在内的政府开支，但该计划实施的效果并不理想。为了应对《自由联系协定》终止后美国援助减少可能带来的各种财政和经济挑战，密克联邦政府和各州政府于 2014 年共同发布了《2023 年行动计划》②。该计划的重点是鼓励私营企业的发展和基础设施建设以带动国家经济的快速增长。该计划还强调政府必须采取切实可行的政策措施改善该国的重点经济行业，如旅游业、农业和渔业等行业的运营环境，才能实现国家经济的中长期平稳发展。除了制定经济发展计划外，密克联邦和马绍尔群岛政府还分别成立了计划委员会为 2023 财年后美国停止经济援助和正式使用信托基金收入替代美国援助做准备。2016 年，密克联邦政府建立《自由联系协定》评估和

---

① Congressional Research Service, *The Freely Associated States and Issues for Congress*, 7 October 2020, Washington D. C.

② Government of the Federated States of Micronesia, 2023 Planning Committee, *2023 Action Plan*, Pohnpei, FSM, 2014.

计划委员会（Joint Committee on Compact Review and Planning of the FSM）帮助协调2023财年后从使用美国援助到使用信托基金的过渡①。该委员会负责美国援助停止后财政目标的设定和国家经济发展战略的制定，寻求美国以外其他国家的资金援助，并向密克联邦国会定期递交工作报告。该委员会于2017年5月举行了第一次工作会议。

据马绍尔群岛《自由联系协定》实施办公室称，马绍尔群岛政府也于2016年底成立了《自由联系协定》评审委员会以便为2023财年后过渡做准备②。该委员会的主要职责为评审协定的执行情况，向内阁提交改善协定落实的建议，并设计规划2023财年后过渡的优先事项。2018年1月，马绍尔群岛总统宣布成立《自由联系协定》评审委员会协调委员会，并任命组成人员。协调委员会由马绍尔群岛驻美国大使、马绍尔群岛《自由联系协定》实施办公室主任、联邦政府财政部部长、私人企业代表和法律顾问组成。协调委员会负责协调评审委员会召开的各种会议、行动方案的制定和落实以及提交会议和行动方案的执行情况报告等事项。协调委员会于2017年2月正式运行，定期举行跨部门《自由联系协定》工作小组会议，为事关协定的政策、措施等提供指导和监督，并为美国停止援助后的财政过渡协调各部门的工作。

密克联邦和马绍尔群岛政府成立的专门委员会现已形成月度会议制度，专注密克联邦和马绍尔群岛的经济过渡工作。美国大使和美国政府代表也定期参会。美国代表主要来自农业部、商务部、国防部、教育部、能源部、国土安全部、健康和人力资源部、住房和城市发展部、内政部、国务院、交通部、财政部、退伍军人部、环

---

① FSM Government, *The Joint Committee on Compact Review and Planning（JCRP）of the Federated States of Micronesia*, 2020, https：//jcrp. gov. fm/#：～：text.

② US Government Accountability Office, *Compacts of Free Association：Trust Funds for Micronesia and the Marshall Islands Are Unlikely to Fully Replace Expiring U. S. Annual Grant Assistance*, Washington D. C. , 2019.

境保护署、联邦储蓄保险公司、国家科学基金、管理和预算办公室、和平队、援助署、邮政局、贸易代表办公室等。美国之所以派遣涉及众多部门的代表与会，一方面是由于美国经过对密克联邦和帕劳半个多世纪的统治，政府各机构已经深入渗透密克联邦和马绍尔群岛政治、经济和社会的各个方面。美国政府和军方有意在《自由联系协定》终止后让美国的众多政府部门与两国保持联系，继续控制岛国的相关部门。美国政府和军方因此要求负责自由联系国事务的内政部长必须保证内政部海岛事务办公室主任担任密克联邦和马绍尔群岛基金委员会主席[①]，美国政府和军方希望借此确保美国在《自由联系协定》终止后仍能继续控制太平洋自由联系国。另一方面，美国的太平洋自由联系国在经济和社会发展领域长期依赖美国援助，已经成为美国沉重的经济负担。因此，美国鼓励各政府部门参与联席会议，以便寻求帮助太平洋自由联系国尽快实现经济和财政自立的有效途径，减轻美国的援助负担。

作为基金委员会主席，美国海岛事务办公室主任有责任寻求与委员会其他成员密切合作，制定基金的分配政策和方案、信托基金的开支方案，并为美国停止援助后基金能够有效运营提供可行的方法。除了担任基金委员会主席，美国内政部海岛事务办公室主任或其委托官员还担任密克联邦和马绍尔群岛联合经济管理委员会主席，与其他委员会成员一道依据《信托基金协定》规定制定财政计划。作为美国负责自由联系国事务的海岛事务办公室主任和密克联邦、马绍尔群岛基金委员会主席，美国官员在为太平洋自由联系国制定上述政策和方案时，一个重要的考量便是当美国停止援助后岛国经济和财政可能面临的潜在风险。美国政府问责局认为美国援助的逐步减少将会影响两国

---

① US Government Accountability Office, *Compacts of Free Association: Trust Funds for Micronesia and the Marshall Islands Are Unlikely to Fully Replace Expiring U. S. Annual Grant Assistance*, Washington D. C., 2019.

国内生产总值的增长、财政收入的增加、公共服务水平的保持和改善、民众就业前景和基础设施建设等。如果自由联系国经济在美国停止援助后全面下行，美国将面临巨大的经济和道义责任。为此，美国内政部专门成立工作小组试图以此推动密克联邦和马绍尔群岛的财政改革，促使两国尽早实现经济自立①。该小组成员包括来自美国内政部海岛事务办公室、美国国务院和澳大利亚、新西兰的政府官员。该小组在 2018 年后多次向密克联邦和马绍尔群岛信托基金委员会提交经济和财政改革建议。

作为欠发达国家，密克联邦和马绍尔群岛政府虽然不希望美国继续在两国享有各种军事特权，但他们均希望美国在 2023 年之后能够继续提供经济援助，帮助两国推行经济、财政、税收和公营部门改革以早日实现经济自立。美国一些联邦政府部门出于军事霸权、国家利益和部门利益的考虑已经明确表示在《项目和服务协定》于 2024 财年终止后仍将继续提供某些项目援助和服务②。美国联邦邮政局等部门官员近期表示美国现行法律没有任何条款规定该局向密克联邦和马绍尔群岛提供的部门服务和援助、美国联邦紧急管理署向两国提供的灾难应对资金（Federal Emergency Management Agency，FEMA）、美国联邦储蓄保险公司向密克联邦提供的储蓄保险服务必须与《自由联系协定》同步终止。因此，这些部门仍将继续向两国提供相关援助和服务。

美国国家气象局、交通部、联邦航空管理局和美国国际发展署等部门的官员也表示将继续向密克联邦和马绍尔群岛提供与《自由联系协定》相似的服务。美国国务院官员近期也声称《项目和服务协定》授权美国国家气象局资助在密克联邦和马绍尔群岛建立气象站，在协

---

① FSM Government, *The Joint Committee on Compact Review and Planning*（*JCRP*）*of the Federated States of Micronesia*, 2020, https：//jcrp. gov. fm/#：~：text.

② Congressional Research Service, *The Freely Associated States and Issues for Congress*, October 7, Washington D. C. , 2020.

定终止后，美国气象局仍可继续向两国气象站提供资助和技术服务。美国国际发展署官员也表示在《自由联系协定》到期后，该署将继续向密克联邦和马绍尔群岛提供减灾援助资金和物资，但两国政府须事先向美国政府申请，得到美国政府批准后该署方可提供援助①。美国国际发展署会在密克联邦、马绍尔群岛和帕劳独立后一直向其提供台风、干旱等人道主义援助和灾后重建援助。美国国务院和内政部官员也表示美国提供的电信服务在《自由联系协定》终止后仍将继续向密克联邦和马绍尔群岛提供服务，但两部官员同样要求密克联邦和马绍尔群岛必须与美国签署授权协议。

美国联邦民航管理局官员也表示《项目和服务协定》授权民航管理局向密克联邦和马绍尔群岛提供技术援助，在协定终止后民航局愿意继续向两国提供服务。但与美国其他政府部门不同的是，美国民航局要求密克联邦和马绍尔群岛政府必须与美国签署双边协议。该局声称只有签署双边协议后，该局才有可能要求美国政府拨款以便继续向两国提供民航、航空安全和航空技术等服务。美国民航局空港办公室官员认为密克联邦和马绍尔群岛地理位置非常重要，两国的马朱罗、瓜加林和雅浦机场升级扩建势在必行。这些机场升级扩建后可以为飞越太平洋的国际航班提供紧急降落服务，增加国际跨洋航班的安全系数。美国国防部出于继续控制这一战略军事区的目的也声称如果没有这些紧急备降机场，跨越太平洋的飞机将不得不绕道飞行更长的航线，增加航班的飞行时间和航空公司的运营成本。美国国防部因此表示愿意继续向两国提供技术援助和安全保证。美国国防部甚至要求密克联邦和马绍尔群岛以志愿方式与美国签署协定，允许美国飞机和军

---

① US Government Accountability Office, *Compacts of Free Association: Trust Funds for Micronesia and the Marshall Islands Are Unlikely to Fully Replace Expiring U. S. Annual Grant Assistance*, Washington D.C., 2019.

舰在其领海开展救援和各种军事行动①。

依据美国和密克联邦与马绍尔群岛签署的协定，美国在两国《自由联系协定》终止后将依据相关法律和法规继续向密克联邦和马绍尔群岛政府提供司法培训援助。此外，美国提供的一些援助项目，如美国卫生部医疗和公共卫生、历史文物保护以及机场升级项目援助等仍将依据美国相关法律继续进行。美国农业部在《自由联系协定》终止后将停止在马绍尔群岛受核试验影响地区的农业和种植业项目，但其农机服务援助和贷款项目、马绍尔群岛核污染地区援助项目、森林保护和农村住房项目援助等均将继续进行。美国教育部明确表示 2023 财年后不再向密克联邦和马绍尔群岛提供下列项目援助：中小学教育、成人教育和扫盲、职业和技术教育、职业培训、早期教育等。但美国教育部仍将继续向两国提供佩尔高等教育援助，密克联邦和马绍尔群岛符合规定的公民仍可继续享受美国大学教育资助和赴美工作、学习等援助项目②。

表 4-6　　　　　2004—2086 财年美国计划对密克联邦

和马绍尔群岛的援助　　　　　　　　单位：亿美元

	密克联邦	马绍尔群岛	总额
2004—2023 财年	22.96	12.04	35
2024—2086 财年	未定	30.81	30.81
2004—2086 财年总额	22.96	42.85	65.81

资料来源：Congressional Research Service 2020，*The Freely Associated States and Issues for Congress*，October 7，Washington D. C.

---

① Congressional Research Service，*The Freely Associated States and Issues for Congress*，October 7，Washington D.C.，2020.

② College of the Marshall Islands，*Financial Aid*，May 2020，https：//cmi. edu/financial - aid/applying - for - aid/.

表 4－7　2023 财年后美国联邦政府部门向密克联邦和马绍尔群岛
提供部门和项目援助情况一览表

美国援助机构	援助项目	简介	2023 财年后是否继续援助
受援国：密克联邦			
联邦储蓄保险公司	储蓄保险业务	美国联邦储蓄保险公司为密克联邦银行提供保险	表示无权再为密克联邦银行提供保险服务
受援国：马绍尔群岛			
能源部	辐射医疗项目	美国核试验受害者医治援助	继续援助
能源部	核辐射地区岛屿环境监测	观测核污染岛屿土壤和地下水污染情况	继续援助
能源部	环境监测项目	监测核试验地区环境变化	继续援助
内政部	种植和农业维护项目	2004—2023 财年每年提供 130 万美元用于恢复核污染地区植被	除非美国国会授权并拨款，否则将终止
内政部	部分地区医疗援助	主要资助核污染地区	继续援助
受援国：密克联邦和马绍尔群岛			
内政部	司法培训援助	2004—2023 财年每年提供 30 万美元用于培训两国法官和司法官员	除非美国国会授权并拨款，否则将终止
联邦紧急管理局和国际发展署	救灾事务	联邦紧急管理局提供救灾援助资金，国际发展署提供救灾和灾后重建资金与物资	联邦紧急管理局官员表示无权继续提供援助。国际发展署表示可依据《援外法案》继续提供援助
商务部	经济项目和服务	旅游业和海洋资源开发	继续援助
商务部、国家气象局	气象及其他相关服务	为美国设立在两岛国的气象站提供资金和技术援助	美国商务部表示将继续提供资金、技术和服务援助
民航局	民航经济服务和相关项目	允许两岛国通航美国并提供技术援助	继续援助

续表

美国援助机构	援助项目	简介	2023 财年后是否继续援助
受援国：密克联邦和马绍尔群岛			
交通部、民航局	民航安全和相关服务	提供导航和安全服务	继续援助
劳工部	就业资助	就业辅导和培训	继续援助
卫生和公共服务部	多项目医疗援助	健康、医疗和疾病预防和控制	继续援助
国家科学基金援助	向科学、技术、工程和数学教育提供援助	推进两国科学、技术、海洋、环境科学教育和培训	继续援助
国际发展署	太平洋—美国气候基金	向民间环保组织提供资金，提升其管理和规划能力，应对环境和气候问题	继续援助
国家邮政局	邮政及相关服务	邮递业务	如两国加入万国邮联则继续提供援助，否则需谈判商定双边邮政互利安排
国家邮政局	执法援助	邮政检查人员培训和设备援助	继续援助
国务院、内政部	电信及相关服务	电信业务及相关技术援助	如两国授权将继续提供援助
国务院	反偷渡援助	提高公众反偷渡意识，加强反偷渡执法能力，加强对受害者的保护	继续援助
国务院	清除爆炸物和人道主义援助	清除两国二战期间遗留爆炸物	继续援助
内政部	历史古迹保护援助	历史和文化遗产保护	继续援助
内政部	技术援助	主要用于提供短期、非投资类援助，如教育和培训、经济发展、金融管理、能源、医疗等	继续援助两国地方政府和社区

续表

美国援助机构	援助项目	简介	2023 财年后是否继续援助
受援国：密克联邦和马绍尔群岛			
教育部	佩尔援助项目	向低收入家庭优秀高中毕业生提供继续教育资助	继续援助
教育部	特别教育资助	残疾学生教育、医疗和物资资助	继续援助
教育部	人才资助项目	向低收入、低教育家庭和残疾学生提供资助	继续援助
农业部	农业设施服务援助和贷款	提供资金支持农业基础设施发展，如电力、电信、供水和污水处理等	继续援助
农业部	林业服务项目	林业规划、林业保护、林火预防与消防	继续援助
农业部	自助技术援助	向农村地区低收入家庭自建住房提供援助	继续援助
农业部	单亲家庭住房贷款及其担保	援助农村地区低收入家庭自建安全、卫生住房	继续援助
农业部	住房维修援助和资助	农村地区 62 岁以上极低收入家庭危房修、重建援助	继续援助
交通部	机场改造项目	提升机场的起降能力	继续援助

表 4－8　　2023 财年后美国对密克联邦和马绍尔群岛教育援助表

援助项目及对象		2023 财年后运营情况
教育部补充教育援助 2005—2023 财年向密克联邦提供 1223 万美元，向马绍尔群岛提供 610 万美元教育援助		补充教育援助终止
教育部	小学、中学教育援助	终止
	卡尔·帕金斯职业和技术教育援助	终止
	高等教育援助	继续
	高等教育继续教育项目	继续
	成人教育和识字项目	终止

续表

援助项目及对象		2023 财年后运营情况
卫生和人力服务部	低收入家庭儿童早期教育、健康和营养服务项目援助	终止
劳动部	移民援助、退役老兵项目	终止

表 4-9　　**美国对密克联邦、马绍尔群岛和帕劳的部分援助一览表**　　单位：万美元

受援国	援助名称	内政部 2020 财年	国务院、发展署 2018—2019 财年
马绍尔群岛	《自由联系协定》部门援助	3629.6	
	信托基金	1864.4	
	瓜加林租金	2237.4	
	恩维塔克	161.6	
	防灾和紧急反应		91.9
	其他		27.5
密克联邦	《自由联系协定》部门援助	8079.5	
	信托基金	3381	
	防灾和紧急反应		1218.3
	其他		357.5
帕劳	《自由联系协定》部门援助	200	
	防灾和紧急反应		101.8
	其他		169
总计		19553.5	1966

来源：Department of the Interior, *Budget Justifications*, *Fiscal Year 2021*, *Office of Insular Affairs*；USAID, Foreign Aid Explorer, at https：//explorer. usaid. gov/query.

第二节　基于《自由联系协定》对帕劳的援助

美国和帕劳的关系始于太平洋战争时期，当时美国和日本对包括

帕劳在内的密克群岛进行了惨烈的争夺。美军击败日军后，帕劳地区
一直由美国海军占领和统治。美国操纵联合国安理会于 1947 年将包
括帕劳在内的密克群岛交由美国托管，帕劳随即从受美国海军直接占
领和统治改由美国内政部管理①。相较密克联邦和马绍尔群岛，美国
对帕劳的重视程度稍弱。

　　20 世纪五六十年代亚、非、拉掀起争取民族独立和解放运动的浪
潮，帕劳也出现了要求国家独立和民族自决的呼声。1981 年，帕劳政
府和民众冲破美国阻挠，颁布独立宪法。为了继续控制帕劳，美国迫
使帕劳政府于 1986 年签署《自由联系协定》，并于 1994 年 10 月 1 日
正式生效②。为了换取在帕劳继续享有"战略拒止"和"战略否决"
的特权，美国政府在《自由联系协定》中承诺向帕劳提供经济和财政
援助，并帮助该国尽早实现经济自立③。

表 4 - 10　　　　　2014 年帕劳、密克联邦和马绍尔群岛人口、

国内生产总值和收入表

	帕劳	密克联邦	马绍尔群岛
人口	17708	102166	53753
国内生产总值	2.49 亿美元	3.18 亿美元	1.86 亿美元
人均国内生产总值	14066 美元	3115 美元	3474 美元

　　资料来源：Graduate School USA, Pacific Islands Training Initiative, *Federated Stetes of
Micronesie Fiscal Year 2014 Economic Review*（September 2015）；*Republic of the Marshall Islands
Fiscal Year 2014 Economic Review*（September 2015）；*Republic of Palau Fiscal Year 2014 Economic
Review*（August 2015）. GAO - 18 - 550T。

　　《自由联系协定》及其子协定涉及帕劳的主权、美国援助的类型

---

　　① John Anglim 1990, "Palau：Constitution for sale", *Bulletin of Concerned Asian Scholars*,
Vol. 22, No. 1, pp. 5 - 20.

　　② Jon Hinck, "The Republic of Palau and the United States：Self - Determination Becomes
the Price of Free Association", *California Law Review*, Vol. 78, No. 4, 1990, pp. 915 - 971.

　　③ The Government of the Republic of Palau, *Compacts of Free Association*, 1986.

和金额、帕劳的国家安全和国防事务等。美国政府指定美国国务院负责协调处理美国与帕劳政府间事务，美国内政部海岛事务办公室负责实施、协调和监管美国向帕劳提供的各种援助。1994 年 10 月 1 日生效的《自由联系协定》规定美国在协定签署后的 15 年内每年向帕劳提供直接经济援助。15 年后，即 2010 财年至 2044 财年每财年向帕劳《自由联系协定》信托基金提供 1500 万美元。美国联邦相关机构向帕劳提供气象、邮政、民航、医疗、教育和基础设施等援助。美国于 2018 年向帕劳提供了《自由联系协定》迄今为止最大的一笔援助 1.11 亿美元①。

为了笼络帕劳等密克群岛地区民众和弥补该地区因美国军事基地和军事行动造成的损失，美国同意在《自由联系协定》中设立条款，允许帕劳、密克联邦和马绍尔群岛公民以非移民身份在美国居住、工作和学习，他们还可以依据美国移民法成为合法的永久居民，或美国公民②，并将自己在美国的收入自由汇回三国。美国视赋予三国公民在美国的工作权和自由汇款权为特殊的援助方式，此举既可以减少美国对三国的直接经济援助，又可以直接增加三国公民的经济收入，增强三国民众对美国的好感。

据美国有关部门统计，美国在 1994 财年至 2009 财年共向帕劳提供 8.52 亿美元的各类援助，其中美国依据《自由联系协定》提供的援助占援助总额的 68%，美国联邦各部门提供的各种服务性援助占 31%③。《自由联系协定》的直接援助约为 3.41 亿美元，占援助总额

---

① Derek Grossman, Michael S. Chase, Gerard Finin, Wallace Gregson, Jeffrey W. Hornung, Logan Ma, Jordan R. Reimer, Alice Shih, *America's Pacific Island Allies*: *The Freely Associated states and Chinese Influence*, Santa Monica: Rand Corporation, 2019.

② Department of Homeland Security, "Fact Sheet: Status of Citizens of the Freely Associated States of the Federated States of Micronesia and the Republic of the Marshall Islands," 3 November 2015.

③ United States Government Accountability Office, *Compact of Free Association*: *Proposed U. S. Assistance to Palau for Fiscal Years 2011-2024*, GAO-12-249T, 2011.

的40%；公路援助约为1.49亿美元，占援助总额的17%；信托基金为7000万美元，占援助总额的8%；联邦服务援助约为2500万美元，占援助总额的3%；其他各种联邦项目援助约为2.667亿美元，占援助总额的31%。根据《自由联系协定》，美国在1995财年至2009财年向帕劳提供援助如下：

表4-11　　　　　美国1995—2009财年对帕劳援助表　　　　单位：美元

年份	信托基金	基础设施援助	直接经济援助	总计
1995	6600万	5300万	1.265亿	2.455亿
1996	0	0	2350万	2350万
1997	400万	9600万	2240万	12240万
1998	0	0	2120万	2120万
1999	0	0	1360万	1360万
2000	0	0	1360万	1360万
2001	0	0	1380万	1380万
2002	0	0	1390万	1390万
2003	0	0	1410万	1410万
2004	0	0	1410万	1410万
2005	0	0	1270万	1270万
2006	0	0	1280万	1280万
2007	0	0	1290万	1290万
2008	0	0	1300万	1300万
2009	0	0	1310万	1310万
总计	7000万	1.49亿	3.411亿	5.61亿

资料来源：United States Government Accountability Office, *Compact of Free Association on Proposed U. S. Assistance to Palau for Fiscal Years 2011 – 2024*, 30 November 2011.

2010年9月，美国和帕劳政府签署新的协议，即自由联系协定评估协议。美国政府及联邦政府机构承诺将对帕劳提供的各种援助和服务延长 15 年至 2024 年，并在 2024 财年前向帕劳提供更多的部门性援助并帮助帕劳信托基金施行改革。该协定规定美国在 2011—2024 财年向帕劳提供 2.15 亿美元的经济援助。2024 财年后美国将逐年减少，直至全部停止援助①。新协定签署后，美国国会对继续向帕劳提供巨额援助是否值得存在着较大的争议，因而直至 2018 年才同意提供资金②。据美国资料显示，美国在 2011—2024 财年间实际计划向帕劳提供 4.27 亿美元的经济援助。美国政府对帕劳的援助款项由美国立法机构批准后由财政部门向内政部拨款，并由内政部海岛事务办公室具体实施和监督。鉴于帕劳政府预算不足，美国政府承诺向帕劳政府预算提供直接经济援助，资助帕劳政府的日常运行。美国在新协议中承诺向帕劳提供基础设施建设项目援助，向基础设施维护基金提供资金，帮助帕劳建立财政稳定基金，对《自由联系协定》信托基金的运营进行改革和调整。在资金援助方面，美国的年度援助额将从 2011 年的 2800 万美元减少至 2024 年的 200 万美元。美国要求帕劳政府逐年减少政府开支，争取早日实现经济自立。在美国向帕劳提供经济援助期间，帕劳政府须根据《自由联系协定》在 2013—2023 财年间减少从信托基金提款 8900 万美元。帕劳政府还必须逐年减少对美国援助的依赖，2024 财年后帕劳将全部依靠信托基金和国内税收实现财政自立。

美国和帕劳政府 2010 年签署的新协议的主要内容如下：

（1）美国政府于 2011—2024 财年间向帕劳提供总额为 2.15 亿美元的援助。

---

① United States Government Accountability Office, *Compact of Free Association on Proposed U. S. Assistance to Palau for Fiscal Years 2011 – 2024*, 30 November 2011.

② David Gootnick, *Compact of Free Association：Proposed U. S. Assistance to Palau Through Fiscal Year 2024*, U. S. Government Accountability Office, Washington, D. C., 2012, p. 2; Department of the Interior, *Secretary Zinke Praises President Trump and Congress for Authorizing Palau Compact Agreement in FY 2018 NDAA*, 13 December 2017.

（2）美国政府于 2011—2024 财年间向帕劳政府提供约 1.075 亿美元的直接经济援助用于帕劳政府的日常运营开支。在此期间，美国的直接经济援助将从 2011 年的 1300 万美元逐年降至 2023 年的 200 万美元。

（3）向美国和帕劳约定的基础设施项目提供约 4000 万美元的援助用于修建双方达成协议的基础设施项目。2011—2013 年，美国提供 800 万美元，2014 年提供 600 万美元，2015 年和 2016 年各提供 500 万美元。

（4）向帕劳基础设施维护基金提供约 2800 万美元的援助，用于维护《自由联系协定》援建的公路体系、帕劳国际机场和其他美国援助的重点基础设施项目。在 2011—2024 财年，美国政府每年向基金提供资金 200 万美元，帕劳政府每年向基金提供 60 万美元①。

（5）向帕劳财政稳定基金（fiscal consolidation fund）提供 1000 万美元的财政援助用于帮助帕劳减少债务。美国政府规定美国债权人享有优先权，帕劳政府必须每季度向美国政府汇报基金使用情况。

（6）在 2013—2023 财年间向帕劳信托基金提供 3025 万美元的援助使美国向该基金的援助总额增至 7000 万美元，但帕劳政府必须从该基金减少提款 8900 万美元。2013 财年，帕劳可以从基金提款 500 万美元。在 2014—2023 财年，帕劳政府每财年从基金的提款额可以从 525 万美元逐年增至 1300 万美元。2024—2044 财年，帕劳政府每财年可提款 1500 万美元。但美国政府规定帕劳政府所有提款只能用于该国的教育、医疗、司法和公共安全领域而不能挪作他用。

在新协议中，美国还承诺向帕劳其他政府机构提供部门援助。如

---

① Derek Grossman, Michael S. Chase, Gerard Finin, Wallace Gregson, Jeffrey W. Hornung, Logan Ma, Jordan R. Reimer, Alice Shih, *America's Pacific Island Allies：The Freely Associated States and Chinese Influence*, Santa Monica：Rand Corporation, 2019.

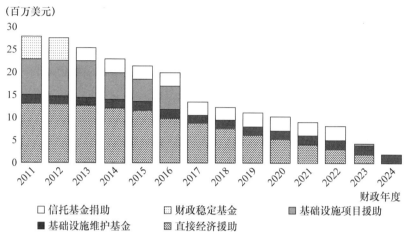

图 4-5 2011—2024 财年美国援助帕劳计划

资料来源：GAO Analysis of the Agreement between the Government of the United States of America and the Government of the Republic of Palau Following the Compact of Free Assception Section 432 Review.

美国承诺于 2011 年向帕劳的卫生、教育、司法和公共安全机构提供 1300 万美元用于帮助这些部门的日常运行①。美国还承诺向帕劳政府提供 4000 万美元的基础设施项目援助用于援建双方政府达成共识的基础设施项目。但截至 2016 年，美国政府实际只提供了 1900 万美元的基础设施项目援助。依据新协定，美国政府向帕劳提供 2800 万美元的基础设施维护基金，用于维护美国资助的主要基础设施项目。美国政府 2011—2024 年每年向该基金提供 200 万美元，帕劳政府每年提供 60 万美元。美国还向帕劳财政稳定基金提供 1000 万美元的援助，用于帮助帕劳政府减少债务。美国政府特别规定此基金资金不得挪作帕劳政府和国会运行开支，并且帕劳政府必须按季度向美国报告此笔援助的确切用途。依据新协定，美国政府承诺 2013—2023 年向

① United States Government Accountability Office, *Compact of Free Association Proposed U. S. Assistance to Palau for Fiscal Years 2011 – 2024*, 30 November 2011.

帕劳信托基金提供 3025 万美元的援助。但帕劳政府必须在此期间逐年减少从信托基金的提款，减少提款的总额约为 8900 万美元。2024—2044 年，帕劳政府可以每年从信托基金支用 1500 万美元。美国规定帕劳政府提款不能用于帕劳总统府和帕劳议会的日常开支，而只能用于教育、医疗、司法和公共安全等部门的开支①。

　　新协议还规定美国和帕劳政府成立联合顾问小组向帕劳政府提供年度建议，协助推进帕劳的经济和金融的运营和管理改革。顾问小组须在美国和帕劳政府的年度经济磋商会议前提交帕劳经济和金融改革报告。美国和帕劳政府的年度经济磋商旨在评估帕劳在经济改革方面的进展，如政府财政管理的改革进展，削减政府和国营部门的就业人数和开支情况，减少政府对国营和公共事业部门的补助，推动税收改革等。和密克联邦和马绍尔群岛相似，政府部门和公营机构是帕劳民众最重要的就业渠道，雇佣人员超过全民就业的一半。美国内政部、国际发展署等负责向帕劳提供援助的部门一再要求帕劳裁减政府和公共部门雇员，推进私有化改革。在与帕劳政府签署的新协议中，美国规定如果美国政府在评估中认为帕劳没有在推进私有化和经济改革领域取得令其满意的进展，美国有权暂停直接援助。2011 年底，帕劳《自由联系协定》信托基金余额仅为 1.47 亿美元。据美国有关机构估算，该基金在 2044 年前的年均收益率必须保持在 5.5% 以上才能保持基金的持久运行②。美国政府问责局 2018 年发表的一份报告认为帕劳信托基金在某些年份可能无法获得资金收益，甚至无法维持基金的自身运行③。国际货币基金组织也认为帕劳需要增加国内财税收入，减

---

　　① Congressional Research Service, *The Freely Associated States and Issues for Congress*, Washington D. C. , 2020.

　　② United States Government Accountability Office, *Compact of Free Association Proposed U. S. Assistance to Palau for Fiscal Years 2011 – 2024*, 30 November 2011.

　　③ U. S. Government Accountability Office, *Compacts of Free Association：Trust Funds for Micronesia and the Marshall Islands Are Unlikely to Fully Replace Expiring U. S. Annual Grant Assistance*, Washington D. C. , 2019.

少开支以保证 2024 年后财政的可持续性①。除非能够找到另外的财政援助，或是采取严厉的财政措施，美国于 2024 年停止经济和财政援助后，帕劳以及密克联邦和马绍尔群岛的经济将受到严重影响。

鉴于信托基金的运营状况不佳，美国政府要求美国有关部门协助帕劳加快改善信托基金的运营。为了进一步拉拢和控制帕劳，美国政府决定继续向帕劳提供邮政、气象、民航等服务。为此，美国国会特别批准在 2011 财年至 2024 财年间向内政部拨款 150 万美元用于补助美国联邦相关部门向帕劳和密克联邦、马绍尔群岛提供的上述服务。鉴于教育援助对维护帕劳民众对美好感的重要性，美国政府和国会还决定继续向帕劳提供补充教育援助，并将美国联邦政府资助美国低收入家庭学生接受高等教育的佩尔教育资助项目提供给包括帕劳在内的自由联系国学生②。

据美国有关方面统计，美国 2011—2024 财年共向帕劳提供了 4.2725 亿美元的援助。其中，美国联邦政府各部门提供的援助为 2.117 亿美元，约占总额的 50%。新协定规定的援助主要包括以下内容：直接经济援助：1.075 亿美元，约占 25%；基础设施项目援助：4000 万美元，约占 9%；信托基金援助：3025 万美元，约占 7%；基础设施维护基金：2800 万美元，约占 7%；财政稳定基金：1000 万美元，约占 2%；总计：4.2725 亿美元。

表 4-12　　　　　　**美国 2011—2024 财年对帕劳援助表**　　　　单位：万美元

年份	信托基金	基础设施维护基金	基础设施项目援助	财政稳定基金	直接经济援助	总计
2011	0	200	800	500	1300	2800

---

①　International Monetary Fund, Republic of Palau, Selected Issues, *IMF Country Report*, No. 14/111, 6 May 2014.

②　Spiros Protopsaltis1 and Sharon Parrott, *Pell Grants, A Key Tool for Expanding College Access and Economic Opportunity*, Center for Budget and Policy Priority, 2017.

续表

年份	信托基金	基础设施维护基金	基础设施项目援助	财政稳定基金	直接经济援助	总计
2012	0	200	800	500	1275	2775
2013	300	200	800	0	1250	2550
2014	300	200	600	0	1200	2300
2015	300	200	500	0	1150	2150
2016	300	200	500	0	1000	2000
2017	300	200	0	0	850	1350
2018	300	200	0	0	725	1225
2019	300	200	0	0	600	1100
2020	300	200	0	0	500	1000
2021	300	200	0	0	400	900
2022	300	200	0	0	300	800
2023	25	200	0	0	200	425
2024	0	200	0	0	0	200
总计	3025	2800	4000	1000	10750	21575

第三节 《自由联系协定》援助的效果简析

早在1963年，美国肯尼迪政府为了进一步控制密克群岛地区即提出新的让美国利益最大化的策略，这就是所谓的以经济援助换取该地区民众对美国效忠的策略[1]。美国外交政策决策者们对这一策略最为得意之处在于美国恰到好处地控制了援助的总量，使密克群岛地区在经济上严重依赖美国的援助，却又不足以支持该地区实现经济自

---

[1] Anthony Solomon, "The Solomon Report: Report by the U. S. Government Survey Mission to the Trust Territory of the Pacific Islands", *U. S. Government Survey Mission to the Trust Territory of the Pacific Islands*, United Nations, New York, 1963.

立。由此可以得出结论：美国在密克群岛地区的战略就是让该地区永远依赖美国而无法自立，从而保证美国对这一重要军事战略区的长久控制。正是基于这样的战略，尽管美国历届政府均表示要提供更多的经济援助和专家帮助该地区政府发展经济，推行经济和金融改革，促进三国早日经济自立，但该地区国家的实际情况却是不仅殖民地经济模式没有丝毫改变，而且经济结构愈发失衡和不合理。究其原因不是该地区的国家和民众缺乏国家治理和经济发展的能力，而是美国刻意的地区政策和不合理的地区经济体系和秩序共同导致这些国家长期经济结构失衡并被世界经济体系边缘化。一些经济学家指出，如果不是美国的刻意政策，密克联邦、马绍尔群岛和帕劳的状况会比目前好得多。他们指出尽管二战前殖民主义和帝国主义给密克群岛地区造成了种种危害，但它们均未能阻碍该地区现代工业，如糖业、渔业、珍珠业、磷业和基础设施的发展①。

　　二战后，由于美国在该地区长期进行大规模核试验并刻意推行"依赖型"经济模式才导致密克联邦、马绍尔群岛和帕劳经济严重依赖美国援助而无法自立。尽管联合国与美国签署的《托管协议》明确规定美国有义务促进密克群岛地区的经济自立，但美国政府和军方却希望该地区依赖美国而无法独立，以便美国能够长期控制这一军事战略区。早在1961年，联合国关于密克群岛地区经济困窘的报告就吸引了全世界的关注②。该报告批评美国政府对其在二战期间在密克群岛地区造成的战争损害基本没有给予赔偿，即便赔偿也只是象征性的，根本不足以弥补当地民众的生产和财产损失。美国托管地政府还极其严苛地限制密克群岛国民会议的权力，压制密克群岛民众的要求

---

① Patsy Mink, "Micronesia: Our Bungled Trust", *Texas International Law Forum*, Vol. 6, No. 2, 1971, pp. 181–207.

② UN Security Council, *Report of the Trusteeship Council to the Security Council on the Trust Territory of the Pacific Islands Covering the Period from 20 July 1961 to 16 July 1962*, 19 July 1962, https://undocs.org/S/5143.

和呼声①。联合国报告还特别强调美国政府为了限制密克群岛的经济发展对密克群岛托管地设立了非常不合理的关税壁垒，严重阻碍了密克群岛地区产品在美国的销售，制约了密克群岛的经济发展。美国托管地政府刻意推动密克群岛地区经济结构的失衡和单一性发展，片面追求椰油的扩大生产并刻意压低其在美国市场的销售价格。与此同时，美国将密克群岛托管地当作美国农产品和食品的倾销市场，摧毁了当地的农业。美国垄断当地的基础设施建设，不仅加重了当地的财政负担而且影响了当地民众的就业。美军在群岛地区长期大规模的核试验和军事演习不仅污染、破坏了当地的生态环境而且严重限制了当地旅游业的发展②。

美国在密克群岛托管地推行的政策和极端自私的行为给密克群岛当时的经济造成了严重的损害，更糟糕的是，这些政策和行为还给当地的经济发展造成了长期的负面影响。一些经济学家批评美国的这些政策和行为实际上踢掉了密克群岛经济发展的梯子，美国的政策和极端自私的行为只对美国自己有利，而完全阻断了发展中国家的经济发展之路③。例如，自由贸易促进经济发展的理论并不能完全解释高收入国家的成功，更不利的是，包括密克群岛地区在内的广大发展中国家还被排除在重点产业的自由贸易条约和实践之外④。美国的这些政策和行为增加了经济不平等，致使密克群岛地区长期未能摆脱贫穷、落后⑤。美国在胁迫三国签署《自由联系协定》时也一再承诺要帮助

---

① Patsy Mink, "Micronesia: Our Bungled Trust", *Texas International Law Forum*, Vol. 6, No. 2, 1971, pp. 181 – 207.

② Martha Smith – Morris, *Domination and Resistance: The United States and the Marshall Islands During the Cold War*, Honolulu: University of Hawaii Press, 2016, p. 75 – 102.

③ Ha – Joon Chang, *Kicking Away the Ladder*, London: Anthem Press, 2002.

④ Sarah Babb, "The Social Consequences of Structural Adjustment: Recent Evidence and Current Debates", *Annual Review of Sociology*, Vol. 31, 2005, pp. 199 – 222.

⑤ Timon Forster, Alexander E. Kentikelenis, Bernhard Reinsberg, Thomas H. Stubb and Lawrence P. King, "*How Structural Adjustment Programs Affect Inequality: A Disaggregated Analysis of IMF Conditionality 1980 – 2014*", *Social Science Research*, Vol. 80, 2019, pp. 83 – 113.

三国发展经济、稳定金融，三国似乎自此可以走上经济自立和繁荣富裕的康庄大道。但三国独立后数十年的发展情况却与岛国政府和民众的愿望以及国际社会的预期相反，三国对美国援助的依赖和经济结构的严重失衡有增无减。因此，一些国际经济学家和学者并不视美国提供的援助为真正的援助，而是将它们视为美国对在三国拥有的军事基地和军事特权的付款①。

美国控制的世界银行和亚洲开发银行在密克联邦和马绍尔群岛独立后均向两国提供了一些经济援助，并与美国一道施压两国遵照美国的旨意进行金融和经济改革。但这两国金融机构的援助和指导的改革并没有为两国的减贫和经济发展发挥作用，也没有引起外国投资对两国的兴趣，相反外国资本进一步减少②。在美国政府的压力下，密克联邦和马绍尔群岛不得不推行金融和国有经济部门的改革，大幅度减少对国有经济部门的补助。例如，两国均基本停止了对国有航空公司的补助③。但经济改革的结果令两国非常失望，私营经济不仅未能取代国有经济快速成长，国有经济也出现了严重下滑。以航空为例。由于三国距离遥远，航空公司对三国岛屿间和国际间联系至关重要，但失去补贴的三国国有航空公司很快在竞争中落败于美国主要航空公司——美联航。三国的国有航空公司因此失去了运营国际航线的能力而只能依赖美国航空公司执飞国际航线，这给三国岛屿间的交通联系带来了严重的问题。例如，一些航线对岛国非常重要，但由于客源和货物不足，美联航缺乏运营的动力。2018 年，美联航关闭了雅浦至帕

---

① John Henderson, "The Politics of Association: A Comparative Analysis of New Zealand and United States Approaches to Free Association with Pacific Island States", *Victoria University of Wellington Law Review*, Vol. 77, 2002, pp. 77 – 86.

② World Bank, *Evaluation of World Bank Assistance to Pacific Member Countries, 1992 – 2002*, Washington D. C., 2005.

③ Maria T. Kerslake, *Maloafua: Structural Adjustment Programmes: The Case of Samoa*, Doctoral Thesis at Massey University, 2007. https://mro. massey. ac. nz/bitstream/handle/10179/1423/02_ whole. pdf.

劳的航线，迫使旅客不得不转道关岛，既不方便也使机票价格十分昂贵①。密克联邦政府不得不重新补贴国有航空公司，用一架中国捐赠的飞机运营这条航线，成本远远高于改革前②。美联航还坚决不予员工足够的劳动保护和医疗保险，导致员工依据《自由联系协定》移民美国后由于缺乏社会保险而处于危险的境地③。但美联航却在美国胁迫的改革中垄断了地区航空业，获得了高昂的垄断价格和巨大的垄断利润。

美国政府问责局多年来一直就美国对三个自由联系国的援助和信托基金进行追踪研究，该局对三国的经济形势和基金运行前景非常悲观。该局分析认为密克联邦信托基金极有可能在 2033 年前的一至数年里没有营收，因而根本无法为该国政府提供资金支持。问责局研究认为马绍尔群岛自由联系信托基金在 2023 年后的一段时间内将能够为该国提供相当于美国 2023 财年提供的年度援助额，但基金能够提供的收入将每十年减少 10%。问责局预计，在 2023 年后第一个十年里，马绍尔群岛信托基金无法为该国财政提供足够资金的概率为 15%。在 2033 年之后，马绍尔信托基金无法盈利并为该国提供资金的可能性随着时间的推移将进一步增大。2054—2063 年，信托基金可能完全丧失盈利能力，无法再为该国提供任何资金。美国政府问责局分析认为密克联邦和马绍尔群岛经济发展形势不佳，两国增加税收的可能性不大，因此无法弥补信托基金的收入不足。两国海外居民的教育水平和工作技能都不高，因而向两国增加汇款的可能性也不大。问责局因此得出结论，两国在《自由联系协定》终止后只有两条途径解决经济困难：要么减少政府开支，要么设法继续获得美国和其他国家的资金援助。

美国政府问责局认为太平洋自由联系国的信托基金必须改变投资方

---

① Joyce McClure, "Yap Faces an Air Service Meltdown", *Pacific Island Times*, 3 January 2018.

② Joyce McClure, "Caroline Islands Air to take over Yap – Palau Route", *Pacific Island Times*, 4 January 2018.

③ Chris Walker, "Will Unionizing Effort Leave Denver's Pacific Islanders High and Dry?", *Westword*, 25 April 2018.

向和运营方式才有可能良性发展。与此同时，自由联系国政府必须削减开支，推动市场化改革，发展经济才有可能减少对美国援助的依赖，实现经济自立。美国政府问责局因而强烈建议两国政府设法与美国政府续签《自由联系协定》。依据《自由联系协定》，美国政府在 2023 年《自由联系协定》终止前将逐年减少对自由联系国的援助，直至停止。在此期间，美国将逐年增加对《自由联系协定》信托基金的资金投入。美国政府计划一旦《自由联系协定》终止并不再续延后，美国将主要以信托基金作为控制太平洋自由联系国金融和财政的主要工具。为了能够既继续控制帕劳、密克联邦和马绍尔群岛又能够减少美国的援助负担，问责局还鼓动三国积极寻求其他前殖民宗主国以及地区大国澳大利亚的援助。作为美国霸权主导下的地区次霸权国，澳大利亚对美国的呼吁做出了非常积极的回应，承诺加大对包括密克联邦和马绍尔群岛在内的北太平洋地区岛国的经济援助①。

2003 年，美国当局在与密克联邦、马绍尔群岛和帕劳谈判续签《自由联系协定》时将三国的经济失败归咎于三国政府的经济政策错误、管理效率低下、缺乏对基金运营和使用的规划与监管等②。但美国政府却从来不认为其施压三国推行的新自由主义的经济政策，如对国有经济部门的改革、产业政策未能因地制宜等均阻碍了三国的经济发展，遏制了三国经济自立的能力③。一些国际经济学家和分析人员还指出，美国的经济援助应该适应当地的经济发展特点，从而切实促进当地的经济增长，帮助岛国实现政治和经济自立。因此，美国一味

---

① Australian Department of Foreign Affairs and Trade, *Australia's Aid Program to the Republic of the Marshall Islands*, Canberra, 2020.

② John Fairlamb, "Compact of Free Association Negotiations: Fulfilling the Promise", 2001, https://www.fsmgov.org/comp_ per.html.

③ Erin Thomas and Shannon Marcoux, *Compacts of Free Association (COFA) Balancing the Scales in Negotiations between the United States and the Federated States of Micronesia (FSM) and the Republic of the Marshall Islands (RMI)*, International Center for Advocates Against Discrimination, Washington D.C., 2020.

要求三国尽早实现经济自立既不合理，也未必出于真心①。美国迫使密克联邦和马绍尔群岛于 2003 年分别建立监管委员会实际上恰好发挥了相反的作用，它们损害了两国的主权，也损害了两国与美国的政治关系②。这两个委员会所发挥的作用更像是美国的监督机构，而不是支持性伙伴关系③。一些新兴国家的成功经验表明因地制宜的经济政策才更有可能促进发展中国家经济的持续增长。

自由联系国公民有权在美国居住、学习和生活是《自由联系协定》的重要组成部分，是使美国和三国形成密切关系的重要原因④。美国政府认识到《自由联系协定》中的移民条款是其重要组成部分，取消该条款也就意味着将来续签协定将十分困难。由于气候、经济发展等等原因，三国民众向美国移民一直呈现不断增长的趋势，其中气候变化越来越成为三国移民美国的重要原因⑤。从 2009 年至 2018 年，三国在美国的移民增长了 68%⑥，其中密克联邦的移民在三国中增长

① Francis Hezel, *Is That the Best You Can Do? A Tale of Two Micronesian Economies*, Pacific Islands Policy, 2006, http://www.micsem.org/pubs/articles/economic/frames/taleoftwofr.htm.

② Robert Underwood, *The Amended U. S. Compact of Free Association with the Federated States of Micronesia and the Marshall Islands: Less Free, More Compact*, U. S. East – West Center, Honolulu, 2003

③ Erin Thomas and Shannon Marcoux, *Compacts of Free Association (COFA) Balancing the Scales in Negotiations between the United States and the Federated States of Micronesia (FSM) and the Republic of the Marshall Islands (RMI)*, International Center for Advocates Against Discrimination, Washington D. C., 2020.

④ Emil Friberg & Leslie Holen, *Migration From Micronesian Nations Has Had Significant Impact on Guam, Hawaii, and the Commonwealth of the Northern Mariana Islands*, GAO, 2001, https://www.gao.gov/products/GAO – 02 – 40.

⑤ Briana Dema, "Sea Level Rise and the Freely Associated States: Addressing Environmental Migration Under Compacts of Free Association", *Columbia Journal of Environmental Law*, Vol. 37, No. 1, 2012, pp. 177 – 192.

⑥ Derek Grossman, Michael S. Chase, Gerard Finin, Wallace Gregson, Jeffrey W. Hornung, Logan Ma, Jordan R. Reimer, Alice Shih, *America's Pacific Island Allies: The Freely Associated States and Chinese Influence*, Santa Monica: Rand Corporation, 2019; Melanie Saltzman, "Marshall Islands: A Third of the Nation Has Left for the U. S.", *PBS*, 16 December 2018.

最快①。由于经济形势不佳，密克联邦民众大量移民美国。调查数据显示每三名密克联邦民众即有一人居住在美国，目前共有 5 万多密克联邦民众常住美国。如此数量众多的民众移民美国说明该国目前经济状况困难，希望通过移民实现脱贫。密克联邦民众早年主要移民关岛和夏威夷，现在则主要移民美国本土。据估计，从 2000 年至 2012 年共有 1200 名密克联邦公民移居美国本土。对于密克民众而言，在美国找工作更便利，生活成本更低，并且可以有更多的受教育机会。因此，密克联邦民众对《自由联系协定》满意的部分便是可以免签移民美国。出于同样的目的，马绍尔群岛民众也将美国作为移民的目的地，每年约有 1000 名马绍尔群岛公民移民美国②。仅 2016 年一年，就有约 1 万名马绍尔群岛公民移民美国③。2001 年，美国人口普查局调查显示仅在堪萨斯州的斯普林代尔（Springdale）就有约 6000 名马绍尔群岛移民并且移民人数还在增长。该地现已是除马绍尔群岛之外最大的马绍尔群岛民众的聚居地④，马绍尔群岛因此在此地设立了领事馆⑤。2017 年，马绍尔群岛民众从美国汇往本土的款项高达 2800 万美元⑥，这说明《自由联系协定》对岛国民众具有重要意义。马绍尔群岛 2011 年人口普查统计，美国向马绍尔群岛的移民也在增加。

---

① Victoria W. Keener John J. Marra Melissa L. Finucane Deanna Spooner Margaret H. Smith，"Climate Change and Pacific Islands：Indicators and Impacts Executive Summary"，*Pacific Islands Regional Climate Assessment*，Honolulu：Island Press，2012. David Gootnick，*Compacts of Free Association：Issues Associated with Implementation in Palau，Micronesia，and the Marshall Islands*，U. S. Government Accountability Office，2016.

② Francis Hezel，*Is That the Best You Can Do? A Tale of Two Micronesian Economies*，Honolulu，Hawaii：East – West Center，2006，p. 31.

③ U. S. Department of State，"U. S. Relations with Marshall Islands"，5 July 2018.

④ Christopher Leonard，"In the Remote Marshall Islands，Residents Dream and Save for Years for a New Life in Arkansas"，*Arkansas Democrat Gazette*，10 January 2005.

⑤ Bret Schulte，"For Pacific Islanders，Hopes and Troubles in Arkansas"，*New York Times*，4 July 2012.

⑥ World Bank，Migration and Remittances Data，November 16. Francis X. Hezel 2012，*Pacific Island Nations：How Viable Are Their Economies?* Hawaii：East – West Center，2017.

在 2006 年至 2011 年间，共有 1434 人移入马绍尔群岛，其中 43% 来自美国，9.6% 来自中国①。据美国人口普查局数据，2016 年三岛国约有 4.1 万名公民在美国 50 个州居住和生活②，2020 年，这一数字增加至 9.4 万人③。三国移民按数量排序大致居住在夏威夷、关岛、华盛顿州、堪萨斯州、俄勒冈州、加州和得克萨斯州④。其中关岛、夏威夷、北马里亚纳联邦、夏威夷和美属萨摩亚等地是三国移民较为集中的地区。三国移民在美国主要从事旅馆、零售、饭馆、护理、肉类加工和机场工作⑤。

《自由联系协定》刚签署时，三国移民享受和其他国家移民一样的公共服务，并和美国公民缴纳一样的税赋。1996 年，美国政府通过《个人能力工作机会协调法案》（The Personal Responsibility Work Opportunity Reconciliation Act）明确改变了三国移民的地位，剥夺了他们享受美国联邦福利的权力，包括医疗保险和其他社会福利，使自由联系国移民无法享受美国的医疗援助。这对在美国生活和居住的低收入移民的健康产生很大的负面影响，也增加了他们的财务负担⑥。

三国移民患高血压、肾病和其他一些慢性病的比率较高，但他们

---

① Secretariat of the Pacific Community, *Republic of the Marshall Islands 2011 Census Report*, Noumea, New Caledonia, 2012.

② U. S. Government Accountability Office, *Improvements Needed to Assess and Address Growing Migration*, GAO - 12 - 64, Washington, D. C. 2011,

③ David Gootnick, *Populations in U. S. Areas Have Grown, with Varying Reported Effects*, Government Accountability Office. Migration Policy Institute 2014, Marshall Islanders: Migration Patterns and Health Care Challenges, 2020.

④ Derek Grossman, Michael S. Chase, Gerard Finin, Wallace Gregson, Jeffrey W. Hornung, Logan Ma, Jordan R. Reimer, Alice Shih, *America's Pacific Island Allies: The Freely Associated States and Chinese Influence*, Santa Monica: Rand Corporation, 2019.

⑤ David Gootnick, *Populations in U. S. Areas Have Grown, with Varying Reported Effects*, Government Accountability Office, 2020. Grassroot Institute of Hawaii, *Policy Brief: Returning Power to Micronesians in Hawaii*, November 27. Migration Policy Institute 2014, *Marshall Islanders: Migration Patterns and Health Care Challenges*, 2016.

⑥ Franco Ciammachilli, "Medicaid Parity for Pacific Migrant Populations in the United States", *Asian American Policy Review*, Vol. 24, 2014, pp. 41 - 46.

却无权享受美国联邦公共福利，包括医疗援助①。2014 年，美国第九巡回法庭甚至判决夏威夷和美国其他处于其司法管辖权下的各州无需向三国移民提供福利。美国法院的判决引起争议，许多人认为这一判决实际上是进一步恶化三国民众长期以来遭受的损害和不公，如美国在三国的军事化、核试验、破坏三国的传统社会和经济结构等②。三国移民在美国可以享受的医疗也极为有限和零散③。美国的核试验破坏了密克群岛民众的健康，他们有权享受美国医疗。为了获得美国公民享受的医疗福利，三国公民不得不加入美军服役，导致三国民众在美军中的服役率甚至高于美国的州。例如，密克联邦 2008 年的入伍比例高于美国的任何一个州。在伊拉克和阿富汗，三国公民士兵死亡率是美国人的五倍④。为了寻找足够的兵源，美军在三国青年人中广泛招兵，一些人甚至不知道美国正与伊拉克和阿富汗开战⑤。尽管美军希望三国青年人参军为美国利益而战，但鲜有法律保护三国退伍老兵的医疗等利益。医疗不公只是一部分，三国移民能否申请联邦学生资助也在美国引起争议。此外，三国移民在享受公共服务、住房、福利和就业等方面也存在着很多障碍，三国移民要想享受福利就只能变成美国公

---

① Dan Diamond, "They Did Not Realize We Are Human Beings", *Politico Magazine*, 26 January 2020; Jacob Appel, Bethany Atkins, Claire Denton – Spalding, Yusuf Dahl, Shekeima Dockery, Conner McDowell, Luna Nguyen, Alexandra Parma, Hong Van Pham, Julia Reed, Josh Roper, Simone Webster, "Hawaii's COFA Islanders: Improving Health Access and Outcomes", *Woodrow Wilson School of Public and International Affairs*, 2017.

② Susank Serrano, "The Human Costs of 'free association': Socio – Cultural Narratives and the Legal Battle for Micronesian Health", *John Marshall Law Review*, Vol 47, No. 4, 2014, pp. 1377 – 1400.

③ David Gootnick, *Populations in U. S. Areas Have Grown, with Varying Reported Effects*, Government Accountability Office, 2020.

④ Hofschneider, *Broken Promises, Shattered Lives: The Case For Justice For Micronesians In Hawaii*, Hawaii Appleseed Center For Law And Economic Justice, 2011. Justin Nobel, "A Micronesian Paradise, for U. S. Military Recruiters", *Time*, 31 December 2009.

⑤ Chad Blair, "The Story of Micronesians Fighting America's Wars", *Honolulu Civil Beat*, 24 October 2017. Tony Azios, "Uncle Sam wants Micronesians for US Military", *The Christian Science Monitor*, 5 May 2010.

民。三国移民在美国还时常成为种族主义的替罪羊，种族主义者总是漠视美国在该地区残酷的殖民史，认为岛国移民抢走了他们的工作和福利。美国政府一直试图减少三国移民，因而一直在收紧移民条款，增加移民难度①。三国移民的教育和医疗成本为21亿美元，其中只有4.09亿美元（不到20％）获得《自由联系协定》基金的支持②。美国内政部一直不太乐意向三国移民提供援助，也很少向美国政府和国会为自由联系国移民争取资金和医疗帮助③。

表4-13 自由联系国移民美国数据表

	帕劳	密克联邦	马绍尔群岛
人口（（人）	17708	53753	102166
人均国内生产总值（美元）	14066	3474	3115
移民占比	9％	23％	68％

资料来源：Franco Ciammachilli, et al., *Medicaid Parity for Pacific Migrant Populations in the United States*, 24 ASIAN AM. POL'Y REV. 41, 46 (2014).

美国对三国的殖民主义经济政策和不断施压的行为是在不断侵蚀三国对美国仅存的信任，迫使三国努力拓展他们的经济合作伙伴和经济援助渠道多元化。三国实际上已经开始寻求与其他国家，如日本、中国等国的经济合作和发展援助。密克联邦、马绍尔群岛和帕劳必须制定适合自身情况的经济发展政策，美国援助只能是对自身经济发展的补充，只有这样三国才能真正走上经济自立和最终政治自主的道路④。

---

① David Gootnick, *Compacts of Free Association：Issues Associated with Implementation in Palau, Micronesia, and the Marshall Islands*, U. S. Government Accountability Office, 2016.

② David Gootnick, *Compacts of Free Association：Improvements Needed to Assess and Address Growing Migration*, U. S. Government Accountability Office, 2011.

③ David Gootnick, *Compacts of Free Association：Issues Associated with Implementation in Palau, Micronesia, and the Marshall Islands*, U. S. Government Accountability Office, 2016.

④ Francis Hezel, "Is That the Best You Can Do? A Tale of Two Micronesian Economies", *Pacific Islands Policy*, 2006, http://www. micsem. org/pubs/articles/economic/frames/taleoftwofr. htm.

第五章 21 世纪以来美国同自由联系国关系的再强化

第一节 利益趋同与太平洋岛国加速"北向"方略

冷战结束后，美国的全球霸权如日中天，霸权野心极度膨胀。美国政府和军方在极度膨胀的霸权野心中发动了一场又一场的侵略战争，为"帝国霸权过度扩张"埋下了祸根。这些"帝国霸权过度扩张"的战争不仅给被侵略国的人民生命和财产造成了难以估量的损失，而且也导致构成美国霸权基础的"硬力量"和"软力量"严重受损。美国政府和军方护持全球霸权的能力日显捉襟见肘，力有不逮。在美英等国在全球各地大打霸权侵略战争而无视太平洋岛国的生存危机和民生塞困之际，包括美国在该地区三个自由联系国在内的太平洋岛国政府和民众却不得不因应变化的全球和地区形势，加速将关注的焦点转至应对环境危机、发展经济、改善民生等领域。

三个自由联系国和大多数太平洋岛国目前正面临着海平面上升而被淹没的"灭顶之灾"。三个自由联系国的国土大多由环礁岛屿组成，地势低注，有些地方甚至只高于海平面半米，地理环境十分脆弱，气候灾害常对三国民众的生命和财产安全造成重大威胁。由于气候变暖、海平面上升，三国和其他太平洋岛国正饱受台风、珊瑚白化、渔业资源减少、土地盐化等环境灾害①。包括三个自由联系国在内的太平洋岛国政府和民众因此对气候变化、海平面上升和海啸等气候与海洋灾害治理和预防极为关注，并纷纷根据 2016 年签署的《巴黎气候协定》制定了减少温室气体排放计划②。在 2019 年 8 月举行的太平洋岛国论坛首脑会议上，各岛国领导人异常团结地"用一个声音说话"，强调"气候变暖、海平面上升"是太平洋岛国人民共同的首要关切，谴责西方大国因"一己私利"而放任，甚至加剧全球气候变化③。岛国领导人发表联合声明批评美国和其他西方国家巨大的碳排放对岛国的土地、空气和海洋造成了难以挽回的危害并谴责以美国为首的西方国家在气候变化领域的极端自私态度对岛国民众的健康、生活水平和人权造成了巨大的损害。岛国领导人对太平洋岛国的未来表示"严重关切"，呼吁国际社会采取紧急行动，积极应对全球气候变化问题。部分岛国政府和非政府组织正考虑要采取联合行动把造成全球气候变暖的"罪魁祸首"——西方大型石油公司、煤矿公司和工业化发达国家告上法庭，要求它们为全球气候变暖以及由此引发的自然灾害承担责任，并向蒙受巨大损失的太平洋岛国提供赔偿④。太平洋岛国在全球气候变化这一事关国家和民族生存的重大问题上显示出空前的团结，在国际政治舞台上用"一个声音说话"，显示了 14 个太平洋岛国

---

① Coral Davenport, "The Marshall Islands Are Disappearing", *New York Times*, 1 December 2015; Rob Taylor, "Pacific Islands Take Steps to Counter Rising Sea Levels", *Dow Jones*, 30 November 2015.

② Alister Doyle, "Marshall Islands, Suriname, Norway Upgraded Climate Plans before COP 26", *Climate Home News*, 10 February 2020.

③ Melissa Clarke, "Pacific Islands Forum: How Enele Sopoaga and Scott Morrison lost when Australia scuttled Tuvalu's Hopes", Australian Broadcasting Company, 18 August 2019, https://www.abc.net.au/news/2019 - 08 - 18/pacific - islands - forum - 2019 - climate - change - focus/11417422.

④ Lisa Cox, "Vanuatu Says it may Sue Fossil Fuel Companies and other Countries over Climate Change", *Guardian*, 22 November 2018, https://www.theguardian.com/world/2018/nov/22/vanuatu - says - it - may - sue - fossil - fuel - companies - and - other - countries - over - climate - change.

在国际政治，特别是全球气候治理中越来越具有重要的话语分量①。

在经济发展方面，三个自由联系国和其他太平洋岛国联手推动"蓝色太平洋"发展规划，希望美国、澳大利亚和新西兰等西方国家能够积极参与，并向各岛国提供急需的资金和技术援助②。但西方国家对该计划态度暧昧，既缺乏积极参与的态度，更缺乏资金、技术和基础设施的实际投入。太平洋岛国政府领导人和经济精英因此希望"蓝色太平洋"发展规划与亚洲，特别是中国的"一带一路"全面对接，引入亚洲和中国的资金、市场和技术以全面推动太平洋岛国的经济发展和民生改善。为此，太平洋岛国竞相加速实施"北向"方略，以加快与亚洲新兴经济体的互利合作。太平洋岛国地区在历史上与亚洲联系密切，一直与亚洲地区保持着持续的人员和贸易往来。冷战结束后，亚洲国家在经济上迅速崛起，对太平洋岛国地区产生了强大的辐射力。出于经济利益考虑，太平洋岛国在21世纪纷纷加速实施"北向"发展策略，希望能够把握机遇，搭上亚洲经济发展的快车。因此，与太平洋地区的前殖民宗主国在本地区"排斥亚洲"的政策相反，太平洋岛国则希望有更多的新兴国家和地区能够增加对太平洋岛国的关注，特别是增加对太平洋岛国的投资与援助。当然，太平洋岛国的"北向"方略也蕴含着政治考量。由于太平洋岛国在近代史上都是西方国家的殖民地。独立后，太平洋岛国在政治、经济和外交上仍然不得不依赖西方发达国家，这严重损害了太平洋岛国的国家独立和民族自决。正如前文剖析所示，三个自由联系国深受美国托管统治和

---

① Balaji Chandramohan, "The Pacific Islands Forum at 50: The Evolving Geopolitics in the South Pacific were on Full Display at the 50th PIF", *Diplomat*, 19 August 2019, https://thediplomat.com/2019/08/the－pacific－islands－forum－at－50/.

② Pacific Islands Forum, *The Blue Pacific: Pacific Countries Demonstrate Innovation in Sustainably Developing, Managing, and Conserving their Part of the Pacific Ocean*, February 2020, https://www.forumsec.org/the－blue－pacific－pacific－countries－demonstrate－innovation－in－sustainably－developing－managing－and－conserving－their－part－of－the－pacific－ocean/.

对美国援助过度依赖之害。三个自由联系国和其他太平洋岛国因而希望更多的新兴国家和地区能够加强与太平洋岛国地区的经济和贸易往来，帮助各岛国减少对西方发达国家的过度依赖①。

三个自由联系国和其他太平洋岛国在挣脱殖民主义的枷锁后，一直渴望获得国际社会的尊重，走上繁荣富强的发展之路。但是，由于既有政治、经济体系的桎梏，包括三个自由联系国在内的太平洋岛国鲜有实现国家富强、人民富裕的成功案例。相反，无论在国际政治领域，还是世界经济体系中，太平洋岛国均被极度边缘化。世纪之交，新兴国家特别是亚洲国家的群体性崛起，对南太平洋地区的政治经济体系、发展路径和发展模式产生了强大冲击，"北望"方略成为岛国政府和有识之士的共识。与亚洲国家"互联互通""借鉴亚洲发展经验和发展模式"为主要内容的"北望"方略成为岛国政府和有识之士的共识，也成为太平洋岛国社会经济发展规划中日益重要的考量②。"北望"方略的产生既有岛国渴望独立自主、发展自身经济的内生动因，也有其与域内外西方大国施压与反施压博弈的外生动因。

太平洋岛国渴望独立自主、平等合作是"北望"方略及其与包括中国在内的亚洲新兴国家互利合作迅猛发展的最重要的内生动因。各太平洋岛国均有着漫长的被帝国主义列强殖民和奴役的历史，因此对国家的独立自主和国际社会的平等相待充满渴望。中国在政治上主张国家不分大小，都是国际社会的平等成员；经济上坚持互利、共赢，不附加任何政治条件，因而赢得了包括自由联系国在内的各岛国政府和民众的尊重和友谊，也收获了丰硕的成果。笔者在太平洋岛国做学术田野时，发现当地政界、学界、工商界，乃至普通民众高度赞赏中

---

① Special Broadcasting Service, "Solomon Islands Switch Diplomatic Ties from Taiwan to China", SBS news, 16 September 2019, https://www.sbs.com.au/news/solomon–islands–switch–diplomatic–ties–from–taiwan–to–china.

② Asian Development Bank and Asian Development Bank Institute, *Pacific Opportunities*, Manila: Asian Development Bank Asian Development Bank Institute, 2015, p. 8.

国对岛国的平等相待和从无"霸凌"的言行。即便是在与中国并无外交关系的美国自由联系国帕劳，包括前副总统在内的政治人士和普通民众均对中国表示好感，并希望两国能够加强互利合作，早日实现外交关系的突破。与此相反，西方政客总以居高临下的态度说教"普世价值""民主""良政"，而对太平洋岛国的国计民生和社会发展鲜有实质性"贡献"，引起包括三个自由联系国在内的岛国政府和民众的极大不满和抵触①。

各太平洋岛国渴望发展经济、改善民生、提高就业率是岛国"北望"方略及其与包括中国在内的亚洲新兴国家互利合作迅猛发展的重要内生动因。澳大利亚洛伊研究所有关研究报告称美国、澳大利亚、新西兰在过去的十年间向太平洋岛国提供了110多亿美元的"捐助"（西方发达国家对发展中国家提供援助的术语），其中澳大利亚占了1/3，是太平洋岛国的第一大"捐助"国②。但该报告分析指出，西方的"捐助"多为政治性的"无偿援助"，主要用于在岛国地区推行民主、良政等意识形态和价值观，对当地的经济发展、民生改善并无实际作用。而中国等新兴经济体的"捐助"主要用于帮助岛国地区发展经济和基础设施建设。如中国援建了许多通往偏远乡村的初级公路和农业种植技术培训站等，这些"接地气"的"援助"项目不仅对促进当地的经济发展、便利民众的生活发挥了重要作用，而且拉近了中国与太平洋岛国人民的距离，助推了两地互利合作关系的发展。

在"北向"方略的引导下，包括三个自由联系国在内的太平洋岛国与亚洲国家的经贸合作自21世纪以来呈现出日益加速之势。为了更好地实施"北向"战略，太平洋岛国政府领导人纷纷出访亚洲

---

①　于镭、赵少峰：《"21世纪海上丝绸之路"开启中国同太平洋岛国关系新时代》，《当代世界》2019年第2期。

②　Lowy Institute, "Chinese Aid in the Pacific Interactive Map", *Lowy Institute for International Policy*, 2016, https：//chineseaidmap. lowyinstitute. org/.

国家和地区，特别是亚洲重要的经济体，如中国、日本、新加坡、韩国等。太平洋岛国领导人所到之处受到了亚洲国家的热情接待，这不仅仅是因为太平洋岛国资源丰富，双方经贸合作的前景广阔，而且也是由于亚洲热情待客的传统文化。这令太平洋岛国领导人感到格外高兴，让他们深刻感受到他们在西方国家很少感受到的尊重。亚洲对太平洋岛国的投资与经贸合作需求给予了积极的回应。21 世纪以来，亚洲国家对太平洋岛国的投资和经贸合作出现了史无前例的增长，每年有数十亿美元的亚洲投资进入太平洋岛国。①国际货币基金组织与世界银行的经济统计数据表明太平洋岛国的经济已经比任何时期都显示出更强的活力，这也是亚洲国家带给太平洋岛国的"世纪之喜"②。亚洲的重要经济体，如日本、韩国、马来西亚、新加坡和我国的台湾地区都在 21 世纪加大了对太平洋岛国的投资和经济合作。例如，菲律宾在巴布亚新几内亚建立了大型鱼类加工企业，对当地丰富的渔业资源进行综合开发利用。此举不仅带动了当地的就业，而且也为当地的产业升级和产业的多元化做出了有益的尝试。

第二节 霸权竞争臆想下美国强化太平洋岛国 地区的霸权和军事优势

21 世纪以来，亚洲国家同太平洋岛国互利合作关系的不断深化、强化及其在岛国地区存在和影响的迅速扩大和增强引起美英等国的不安和猜忌。美国政府和军方认为太平洋岛国特别是自由联系三国不仅海洋资源丰富而且地处太平洋贸易航线，具有极为重要的经济和军事价值；14 个太平洋岛国在联合国等国际组织中是不容忽视的票库，具

---

① Asian Development Bank, *Pacific Opportunities*：*Leveraging Asia's Growth*, ADB：Manila, 2015.

② World Bank, *Long - term Economic Opportunities and Challenges for Pacific Island Countries*, World Bank：Washington, 2017.

有重要的外交和政治价值①。太平洋自由联系国是"第二岛链"的一部分，也是美国海军战争学者眼中遏制亚洲新兴国家的"海上长城"，美国在战时可随时以之阻断其与外部世界的贸易和交往②。鉴于太平洋岛国政府和民众因历史记忆和现实利益普遍对美、澳、英等国心怀不满，新兴国家完全可以巧加利用从而在该地区实现对美国的"软平衡"。军事力量并不是增强国际影响力的唯一方式，新兴国家通过经贸互利合作同样实现了在该地区的外交政策目标。新兴国家还通过加入诸如太平洋岛国论坛、太平洋岛国发展论坛等地区合作机制进一步增强了在太平洋岛国地区的存在和政治影响力。

美国印太司令部司令菲利浦·戴维森（Phillip Davidson）认为美国国力相对下降，未来可能无法维持在西太平洋地区的霸权③。美国海军战争学院埃里克森（Andrew Erickson）认为美国在第一岛链的军事基地正面临严峻挑战，这更加凸显了美国在三国的军事基地的重要性④。因此，美国必须保持对三国的控制，决不允许他国进入三国，或使用三国的军事基地。埃里克森也认为美国与自由联系国的特殊关系正面临着中国的挑战：如果美国与三国的《自由联系协定》不续签，其他国家就会介入该地区并填补美国留下的力量"真空"，并对美国在关岛和瓜加林环礁的导弹和其他军事基地构成巨大的军事威胁，美国及其军事盟国的海上交通线也将处于其他国家的直接军事威胁之下。

美国政府鉴于自身经济实力的下降，希望减少，甚至是终止对自

---

① Thomas Lum, *The Freely Associated States and Issues for Congress*, Congressional Research Service, 7 October 2020.

② Yu Lei, "China – Pacific Islands Countries Strategic Partnership: China's Strategy to Reshape the Regional Order", *East Asia*, 2021, DOI: 10. 1007/s12140 – 021 – 09372 – z.

③ Tom Corben, "The US – Australia Alliance and Deterrence in the Pacific Islands Region", *The Diplomat*, 21 April 2020.

④ Charles Edel, "Small dots, large strategic areas: US interests in the South Pacific", *The Interpreter*, 3 April 2018, https://www.lowyinstitute.org/the – interpreter.

由联系三国的经济援助。但美国政府也深刻认识到一旦美国终止对三国的经济援助，三国经济将立即陷入困境，从而加速三国对美英等国的离心力。美国政府和军方原计划在《自由联系协定》于2024年终止后不论是否续签都将停止对三国的经济援助。但考虑到美国停止援助后中国极有可能趁机加强与三国的经贸合作与援助，削弱三国与美国及其盟国以及与中国台湾地区的关系，美国政府和军方不得不改变初衷，一再表示美国将继续向三国提供经济援助。美国研究人员和地区形势观察人士指出，虽然三国目前均无意削弱他们与美国的特殊关系，但这种关系取决于美国在该地区的经济存在和影响力强弱的变化。在霸权野心和经济实力越来越不相匹配的情形下，美国政府和军方愈加强调自由联系国的地缘军事重要性，强调美国必须全面强化与密克联邦、马绍尔群岛和帕劳的"传统关系"，加强对三国及其他战略要地的掌控。美国政府和军方认为如果美国不增加对三国的援助，不加强对三国的军事控制，三国就会寻求其他国家的援助，最终导致美国丧失对该地区的主导权和霸权①。

有鉴于此，美国政府和军方官员以及相当数量的地区研究人员强调，美国及其盟国必须在大国竞争和权力转移的语境下重新认识太平洋岛国的战略价值，加强对包括自由联系国在内的太平洋岛国的经济援助和政治、军事控制。美、澳、英等国政府和军方人士强调太平洋岛国在新的地缘战略形势下仍对美英等国具有重要的经济、政治、军事和战略意义。

第一，太平洋岛屿地区具有极其重要的军事和战略价值，是超级大国美国和地区强国澳大利亚一直竭力加以掌控的军事战略区，这是美英等国重新高度重视该地区的首要因素。太平洋岛屿地区位于太平洋中部地带，扼守亚洲与南北美洲的海上交通要道，是太平洋战争美

---

① Grant Wyeth, "Why the Compacts of Free Association Matter to Washington", *The Diplomat*, 9 June 2020.

日殊死搏杀的战略要地。西方海洋霸权的倡导者、《海权论》的作者马汉认为这里是世界强国争夺霸权而进行"世界大战的主战场"，美国总统西奥多·罗斯福强调这一地区是美国"至关重要的战略区"①。太平洋岛屿地区水深流急、岛屿密布，战略潜艇布防于此既易于隐蔽，又便于进攻，对太平洋地区大国具有极其重要的军事和战略价值。美国和澳大利亚部分媒体强调二战期间日本将太平洋岛国帕劳殖民地建为军事基地后，东向威胁关岛，西向威慑菲律宾，一举剪断美国本土与亚洲交通联系，致使太平洋战争伊始，美军菲律宾基地在日军前后夹击下瞬间崩溃，数万美军不战而降。因此，美国一直试图在该地区拥有"军事拒止权"以独霸南太地区，决不容许太平洋岛国与任何非西方国家建立军事和安全合作②。

　　第二，太平洋岛屿地区丰富的自然资源，特别是新发现的储量丰富的战略矿产资源是美澳等西方国家更加重视该地区的主要因素。太平洋岛屿地区 14 个独立岛国的陆地面积仅为 50 多万平方千米，却拥有 3000 多万平方千米的海洋专属经济区。辽阔的海疆蕴藏了丰富的动植物资源和无尽的石油、天然气、钴、镁等矿物资源。据澳大利亚有关机构报道，该地区近来又探明了储量极为丰富并极具战略价值的稀有金属和非金属资源③。这些宝贵的资源既可用于航空、航天等高科技领域，又可用于尖端军事领域。掌握了这些资源不仅可为己方获得丰厚的经济和军事利益，更可制约潜在竞争对手的战略性发展。

　　第三，太平洋岛屿地区 14 个岛国加强团结，"用一个声音说话"，日益成为国际社会一支重要的政治力量，是以美国为首的西方国家竭力设法控制的联合国"票库"之一。二战前，太平洋岛国均为美国、

---

　　①　Walter Lafeber, "American Imperialism: Altruism or Aggression", Gerald N. Grob and George Athan Billias（eds.）, *Interpretations of American History*, New York: The Free Press, 1967, p. 202.

　　②　于镭、隋心：《澳美同盟的缘起、建构与稳固》，中国社会科学出版社 2020 年版。

　　③　于镭、赵少峰：《"21 世纪海上丝绸之路"开启中国同太平洋岛国关系新时代》，《当代世界》2019 年第 2 期。

英国、澳大利亚、新西兰、日本等帝国主义列强的殖民地。独立后，岛国在经济上一直依赖前殖民宗主国，因而在国际社会并不能真正为自身利益发声。冷战后，岛国政府及民众在政治上的独立自主意识空前高涨，在联合国等国际组织中"用一个声音说话"，成为一支独立的政治力量。为此，各岛国奉行"不要将所有鸡蛋放在一个篮子里"的策略，努力与包括中国、印度、东盟和巴西在内的世界新兴经济体发展全方位的合作关系。西方前殖民宗主国并不甘心在该地区影响力的下降，竭力试图在政治、经济和意识形态上恢复对南太岛国的控制，并使其成为在联合国和其他国际组织中可以利用的政治工具和"票库"。

在政治领域，美英等国利用其主导的地区霸权体系和区域性组织加强政治议题设置，在岛国地区加紧推行以"民主""良政""人权"为主的西方意识形态和价值观。为此，美国前总统特朗普于 2019 年 5 月在白宫会见密克联邦、马绍尔群岛和帕劳总统，这是有史以来美国总统首次集体会见岛国领导人。特朗普宣称美国决意在包括太平洋岛国在内的印太地区推行民主、法治、良政，将向包括太平洋岛国在内的印太地区国家提供高达 4 亿美元的"意识形态"援助，以便在该地区推行"透明的政治制度"，推进地区民主，保护人权①。除特朗普外，美国国务卿、国防部长等高官也史无前例地多次会见自由联系国领导人。前国务卿蓬佩奥于 2019 年 8 月访问密克联邦，成为到访该国的首位美国国务卿。一个月后，蓬佩奥在联合国大会期间再次与岛国领导人举行会议。在与岛国领导人的连续会见中，蓬佩奥始终强调"意识形态"和"价值观外交"，鼓吹美国与岛国共享意识形态和价值观，劝说岛国更加紧密地靠向美国。

2018 年 4 月，美国内政部长银科（Ryan Zinke）率领由美国白宫、国

---

① Ben Kesling, "Leaders of Three Strategic Pacific Islands Plan Joint Visit to U. S. ", *The Washington Journal*, 15 May 2019.

务院、国防部、海岸警备队和美国国际发展署高官组成的高规格代表团出席由西方前殖民宗主国主导的太平洋地区组织——太平洋岛国论坛。银科在论坛领导人会议上强调太平洋岛国地区事关美国的"印太战略"和国家安全战略利益，美国必须在该地区维护美国主导的地区秩序。美国国务院也强调要加强对岛国新闻界的培训和报道训练，并向岛国新闻界免费提供美国新闻机构编发的国际新闻和信息①。美国政府还决定加大对岛国地区各种非政府组织的资金支持，旨在于岛国政府体系之外，培养亲美国和西方力量，以便在必要时对岛国政府和非西方力量形成强大的"民意"和"舆论"压力。

在经济领域，美国采取"三管齐下"的策略，承诺向包括太平洋岛国在内的印太地区提供1.13亿美元的基础设施建设资金；改组美国海外私人投资公司为国际发展金融公司，将其海外投资能力增至600亿美元，并将基础设施作为海外投资的重点；与澳大利亚、日本达成三方框架协议，共同在5年内向印太地区提供2000亿美元的基础设施建设资金。美国"三管齐下"的策略旨在通过加大对"印太"地区国家，特别是太平洋岛国基础设施建设的支持力度，逐渐取代中国在该地区基础建设方面的影响，最终主导该地区的基础设施建设。美国《国防授权法案》在阐述美国应如何推进印太战略时明确强调介入太平洋岛国地区的基础设施发展是增加美国在该地区存在和影响的关键，美国必须牢牢掌握该地区的机场、港口和电信等重要基础设施②。2018年12月，美国政府宣布加入太平洋地区基础设施集团（PRIF），承诺每年向太平洋岛屿地区提供3.5亿美元的经济和基础设施援助。太平洋地区基础设施集团的成员还包括澳大利亚、新西兰、日本、欧盟、欧洲投资银行、亚洲开发银行（ADB）和世界银行。该

---

① Derek Grossman, "America Is Betting Big on the Second Island Chain", *The Diplomat*, 5 September 2020.

② Ely Ratner et al., "Rising to the China Challenge: Renewing American Competitiveness in the Indo - Pacific", Center for a New America, December 2019.

机构旨在加强西方国家在太平洋岛国地区基础设施领域的存在和影响，并被广泛视为美国及其军事盟友在太平洋地区抗衡中国影响力的重要工具。基础设施是美国在太平洋岛国地区的援助重点之一，美国因其经济力量相对下降，不得不联手其他前殖民宗主国共同推动该地区的重大基础设施项目建设。

在华为和太平洋岛国宣布联合在该地区铺设长达 5457 千米，连接 14 个沿海城市的海底光缆计划后，美国驻澳大利亚公使卡鲁索（James Caruso）在接受澳大利亚广播公司采访时毫不讳言地透露美国、澳大利亚和日本将通力合作试图将华为排挤出太平洋岛屿地区的电信和互联网络。为此，美国国务院于 2019 年 8 月举行太平洋岛国电信工作会议，强调要尽快参与并主导太平洋岛国地区的电信网络建设及其他基础设施建设，应对"异质国家"对美国地区霸权的挑战。美国、日本和澳大利亚因此联合投入巨额资金修建从美国大陆至新加坡的太平洋海底电缆主干线，密克群岛地区是该电缆网线的支线，旨在加强美国夏威夷地区与密克联邦、马绍尔群岛和帕劳等岛国之间的电信联系①。2018 年 11 月，美国、澳大利亚、日本和新西兰宣布共同出资 17 亿美元支持巴布亚新几内亚的电力设施建设，使该国 70% 的人口在 2030 年之前能够用上电。美澳官员毫不讳言该项目旨在遏制中国同巴布亚新几内亚的基础设施合作。除了加强参与太平洋岛国地区的基础设施建设外，美国还大幅度增加对太平洋岛国的各种援助。2019 年 8 月，美国政府代表在第 50 届岛国论坛会议上宣布向岛国提供 3650 万美元的经济援助。一个月后，蓬佩奥宣布再向太平洋岛国提供 6500 万美元的新增援助。美国援助署计划 2020 年再向岛国提供 6300 万美元的援助，这一金额约为美国前几年援助额的 2 倍。随着援助金额的增加，美国援助署计划向太平

---

① Abhijnan Rej, "Australia, Japan, US Trilateral Partnership to Fund Undersea Cable for Palau", *The Diplomat*, 31 October 2020.

洋岛国地区增派工作人员，并在斐济、巴布亚新几内亚、密克、马绍尔群岛和帕劳设立常驻机构①。

在军事和安全领域，美国携手澳大利亚进一步强化其在太平洋岛国地区的军事优势，并在太平洋岛国新扩建各种海空军基地以加强在太平洋岛屿地区的军事霸权。在此背景下，美国国会于2020年快速通过《国防授权法案》，表现出对中国在太平洋岛国地区，特别是在自由联系国日益增长的经济存在和政治影响的高度重视。美国国会在《国防授权法案》报告中强调美国及其盟国在太平洋岛屿地区加强合作是在岛国地区推行"印太战略"的关键。《国防授权法案》明确要求美国军方增加与自由联系国等太平洋岛国的军事合作，并大幅度增加军事援助②。特朗普随即签署金额高达7380亿美元的《国防授权法案》预算，决定向斐济、马绍尔群岛、密克联邦、帕劳、巴布亚新几内亚、所罗门群岛、汤加和瓦努阿图八个太平洋岛国提供额外资金支持。美国参议院军事委员会也强调将上述八个太平洋岛国纳入"印太海事安全倡议"将有助于在岛国地区推进"印太战略"。美国政府和军方随后又依据《国防授权法案》制定《太平洋威慑计划》（Pacific Deterrence Initiative），要求各部门，特别是国防部向太平洋岛国地区投入更多的军力、人力和财力。《华尔街日报》毫不掩饰地宣称美军"重返"太平洋岛屿地区并大幅度增加在该地区的军事力量就是为了强化对该地区的军事控制，遏制中国迅速增长的地区存在和影响。美国副总统彭斯在美军出资扩建位于巴布亚新几内亚的马努斯军事基地后高调强调该基地旨在护持美国主导的地区霸权体系和秩序，维护以美国为首的西方国家在太平洋地区的既得利益。据《华尔街日报》报道，美国军方计划在密克联邦兴建海军设施，扩建机场跑道以停泊、

---

①　U. S. Department of State，*U. S. Engagement in the Pacific Islands*，3 October 2019.

②　Susanne Rust，"U. S. Says Leaking Nuclear Waste Dome Is Safe；Marshall Islands Leaders Don't Believe It"，*Los Angeles Times*，1 July 2020；Susanne Rust，"How the U. S. Betrayed the Marshall Islands，Kindling the Next Nuclear Disaster"，*Los Angeles Times*，10 November 2019.

起降大型舰机，并将在密克联邦举行常态化军事演习①。美国政府和军方还迫切希望在《自由联系协定》到期后能够续延协定以便进一步加强对三国的军事控制。

带着此目的，美国前国防部长埃斯帕于 2020 年 9 月访问帕劳，成为首位访问帕劳的美国国防部长。埃斯帕诬指中国正在该地区发挥"恶意影响""破坏太平洋地区的稳定"，宣布美国将在帕劳修扩建军事基地②，并增加在帕劳的驻军和军事力量③。埃斯帕在帕劳的讲话充分表明自由联系国在第二岛链中所发挥的地缘战略作用和军事价值：美国军方对于中国日益增长的力量心存忌惮，因而竭力保持美国在第二岛链地区的排他性特权，以护持太平洋地区的霸权。埃斯帕因此在访问期间强烈要求与帕劳政府续签《自由联系协定》以获取美军继续拥有该地区的军事排他权。埃斯帕毫不讳言续签协定就是为了阻止帕劳加入中国的"一带一路"倡议，阻止帕劳外交转向，保护台独势力的"国际空间"，遏制中国的崛起。埃斯帕还督促落实美军在帕劳部署先进的海基 X 波段雷达系统的计划，该雷达系统能够远程识别和跟踪敌方空中和地面、海面武器，特别是对各种导弹和飞行器的探测、预警、反导和拦截，对保持美军在这一地区的军事优势有着极为重要的价值。

埃斯帕还探讨在帕劳部署陆基中程导弹的可行性，这是美国在该地区推行"印太战略"的重要组成部分。美国于 2019 年 8 月退出《美苏消除两国中程和中短程导弹条约》，其目的之一就是为了在日本、澳大利亚和帕劳部署中程导弹。美国著名军事智库兰德公司曾于

① Ben Kesling, "U. S. Military Refocuses on Pacific to Counter Chinese Ambitions", *Wall Street Journal*, 3 April 2019.

② AFP, "Palau Invites US Military to Build Bases as China Seeks Regional Clout", *The Defense Post*, 4 September 2020, https://www.thedefensepost.com/2020/09/04/.

③ Bernadette Carreon and Ben Doherty, "Pacific Nation of Palau Invites US to Build a Military Base to Counter China", *The Guardian*, 4 September 2020. https://www.theguardian.com/world/2020/sep/04/.

2019年发布报告，强调帕劳、密克联邦和马绍尔群岛是在太平洋地区促进印太战略的关键：三国在太平洋的地理位置如同一条投放军事力量的高速公路，直插北太平洋和亚洲地区的心脏。帕劳地处菲律宾的后方，扼守从第一岛链通向第二岛链的交通要道。美军在帕劳修建了军港、机场、军事基地，并装备了大量先进的侦察设施。美国海军陆战队在帕劳众多小岛屿上构建了军事防线，拥有先进的防空和精确打击力量，可以对军事对手发动精准打击。美军之所以大量修建小型军事设施，主要是由于其远离美军大型基地，不会成为中国导弹打击的重点目标，因而在战时具有较强的生存力。正是由于帕劳具有极其重要的军事价值，美国才重点加强对帕劳的援助和拉拢。为了加强对帕劳的军事控制，共同遏制中国，美国还考虑适度放松"军事排他权"，允许澳大利亚军队、日本自卫队等的军队使用帕劳军事基地①。

除了在太平洋岛屿地区大肆修扩建军事基地外，美国太平洋舰队大幅度增加了对马绍尔群岛等岛国的军事访问以加强对各岛国的威慑和控制。美国积极利用"太平洋四方防务协调集团"（PQDCG）机制，加强对太平洋岛国的军事和安全掌控。除美国外，该机制成员国还包括法国、澳大利亚和新西兰等西方国家。美国还联合澳大利亚等国加强与太平洋岛国军事和警察部门的合作，借向其提供援助，帮助训练军队和警察队伍之机加紧在军事和安全领域对岛国的掌控。2018年，美国政府批准设立"外国军事基金"（FMF），向巴布亚新几内亚、斐济和汤加等太平洋岛国提供军事援助，加强军事合作并对之施加影响。美国国防部鼓动斐济、汤加等国加入美方主导的"全球和平行动倡议"（GPOI）并向其提供军事装备，举行联合军事演习。美国海军和海岸警卫队还在岛国地区联合推动实施"大洋洲海上安全倡议"（OMSI），借与太平洋岛国加强海上安全和执法合作为名，加强

---

①　Grant Newsham, "Palau makes US a Military offer it Shouldn't Refuse Palau's Request to the US is Simple", *Asia Times*, 2 November 2020, https：//asiatimes.com/2020/11.

在该地区的军事力量和影响。为了保障《国防授权法案》和《太平洋威慑计划》的实施效果，美国还回应太平洋岛国要求，通过《蓝色太平洋法案》（Blue Pacific Act），宣称将向太平洋岛国提供资金，帮助岛国应对气候变化、海平面上升等非传统安全挑战。但由于美国对太平洋岛国的非传统安全援助大多通过位于夏威夷的印太司令部来落实，因而这些资金极有可能如以往一样最终流入美国军方关注的军事和安全领域①。

第三节　美国强化对太平洋自由联系国的全面控制

美国军方从第二次世界大战太平洋霸权惨烈争夺战的历史经验强调太平洋自由联系国对美国军事霸权的重大意义：日本军国主义在挑战美国的太平洋霸权和殖民利益前首先是军事占领密克联邦、马绍尔群岛和帕劳所在的密克群岛地区。美国政府和军方因此形成共识，即太平洋已经成为美国及其军事同盟国护持美国霸权的主战场，而护持美国的太平洋霸权和利益必须全面控制密克群岛地区。美国太平洋司令部前总司令克罗（William J. Crowe）曾在冷战巅峰的 20 世纪 80 年代指出美国的霸权和国防要求美国必须控制这一地区②。2018 年，美国《国防授权法案》总结认为《自由联系协定》的安全和国防条款构成了美国国家安全和霸权利益的重要基础，因为这些条款杜绝了美国的竞争对手进入这一战略区的可能性并保证美国在本地区的力量投放。美国《外交学人》发表文章声称"太平洋遏制计划"（Pacific Deterrence Initiative）是 2021 年《国防授权法案》的重要组成部分，将为今后数十年内护持美国的霸权奠定了基础。"太平洋遏制计划"

---

① Steven McGann, "How the US can Build Cooperation in the Pacific 2020", *The Strategist*, 27 October 2020.

② Stewart Firth, "American Strategic Considerations Drive Compact Negotiations in Micronesia", *Development Policy*, 6 August 2020, https：//devpolicy.org/.

强调美国必须加强对自由联系国的控制，并将之与美国关岛军事基地一道作为美国在太平洋地区军事霸权的基础①。

进入 21 世纪以来，随着太平洋岛国经贸互利合作的快速增强，美国政府和军方一方面在"印太"地区推行"印太战略"，意图在印太地区加强美国的军事霸权，在地缘战略上全面遏制中国的发展；另一方面美国表现出着重加强对密克联邦、马绍尔群岛和帕劳三个自由联系国全面控制的强烈冲动。在美国不断强化对华战略竞争的背景下，美国政府和军方正加快重塑印太地区的战略布局。虽然美国的印太战略针对整个印太地区，但其重点却是自由联系三国所在的密克群岛地区，因为该地区辽阔的海域对维持美国霸权具有重要作用。如果失去对三国的控制，这一辽阔海域将成为美国全球霸权的战略软肋②。因此，太平洋岛国正成为美国政府和军方落实"印太战略"、强化对华遏制战略的关键区域。美国重点强化对密克群岛地区自由联系国的全方位控制主要表现在以下几个方面：

第一，加快迫使三国续签《自由联系协定》的谈判进程，进一步强化在自由联系三国的"军事拒止权"和"军事否决权"。尽管自由联系三国已经获得独立三十多年，但美国对其军事、政治和经济控制的实质并没有改变。为了获得美国允许其独立，三国被迫签署《自由联系协定》，承认美军在三国享有建立军事基地和"军事拒止权""军事否决权"等特权。"军事拒止权"是指美国有权拒绝任何第三国武装力量在未经美国邀请、批准和监控的情况下进入自由联系国领土或使用其境内设施等。"军事否决权"是指美国有权否决自由联系国政府有碍美国军事特权的任何政策和决定。尽管帕劳宪法禁止核武

---

① Benjamin Rimland and Patrick Buchan, "Getting the Pacific Deterrence Initiative Right", *The Diplomat*, 2 May 2020.

② Philip Davidson, "Advance Policy Question for Admiral Philip Davidson, USN Expected Nominee for Commander, U. S. Pacific Command", questionnaire from the U. S. Senate Armed Services Committee, 17 April 2018, p. 18.

器和核动力舰机进入其领土，但美国还是迫使其"违宪"允许美军核武器进入帕劳领土。由此可见美国政府和军方对军事控制自由联系国和在三国拥有"军事拒止权"和"军事否决权"的坚定决心。美国助理国防部长巴林格曾蛮横地表示美国绝不轻易放弃对帕劳和马绍尔群岛的军事控制权。他声称该地区军事战略地位重要，可以阻止任何外国军事势力进入西太平洋地区；可以控制太平洋地区交通航线；可以部署美国的核力量并威胁整个亚太地区；可以保持美国的战略纵深，即使菲律宾和东亚地区的军事基地无法保留，美国也可以撤至帕劳和马绍尔群岛。美国前太平洋舰队总司令哈里斯认为帕劳是亚洲地区出入太平洋的交通要道，是美国控制整个西太平洋地区的战略堡垒。美国国防部也强调帕劳等国是美国国家安全不可分割的一部分，是美国在太平洋地区军事存在的关键。如果美国不能控制帕劳，美国将失去在亚太地区的军事存在。美军目前在帕劳的军事行动具有战略意义，因而特别注意保密，既不允许对外公布，也不允许包括帕劳国民在内的外国公民参与。

正是由于太平洋自由联系国对美国太平洋霸权的战略重要性，美国前总统特朗普破例于 2019 年 5 月在白宫会见三个自由联系国的总统，声称美国将继续承担对自由联系国的"责任"，加强在三国的军事力量①。特朗普还首次在国家安全委员会中任命专门负责大洋洲事务的安全委员。为加强对岛国的控制，美国还决定向帕劳、密克联邦和所罗门群岛派驻国防、安全和警察顾问②。美国《国防授权法案》在阐述应如何推进印太战略时明确强调《自由联系协定》是美国进入太平洋战略地区不可替代的方式③。美国国务卿蓬佩奥在 2019 年访问

---

① Embassy of the Federated States of Micronesia in Washington, D. C. , "President David W. Panuelo Meets Donald J. Trump", 23 May 2019.

② U. S. Department of State, *U. S. Engagement in the Pacific Islands: UN General Assembly Update*, 3 October 2019.

③ John S. McCain, *National Defense Authorization Act*, FY (P. L. 115 – 232, Section 1254), 2019.

南太平洋时宣布美国将就延续《自由联系协定》事宜与三国进行谈判[1]。美国政府和军方认为美国续签《自由联系协定》有着深远的时代背景，即太平洋地区的战略竞争正在美国和新兴大国中国之间展开[2]。美国认为这场战略竞争关系到美国在太平洋地区，乃至全球的霸权。蓬佩奥宣称美国续签《自由联系协定》就是为了防止其他国家"乘机介入"太平洋地区，挑战美国霸权[3]。美国与三国的正式谈判随即于 2020 年 5 月 30 日举行[4]，美国驻马绍尔群岛大使斯图尔特（Karen B. Stewart）和内政部助理部长，负责海岛和国际事务的多梅内克（Douglas W. Domenech）被任命为首席谈判代表[5]。

第二，加强对三国的政治控制，使之继续成为美国在联合国等国际机构中的忠实追随者。在美、澳、英国及其他前殖民宗主国的威逼利诱下，密克联邦被迫拒绝签署《联合国地雷公约》和《南太无核区公约》以保证美国的核动力舰船可以自由穿越其领海。密克联邦因此在国际社会受到大多数联合国成员国，特别是太平洋岛国的批评。冷战后，美国政府加强了对太平洋岛国的政治监控。美国国会要求美国国务院定期递交自由联系三国在联合国等国际机构投票支持美国的报告，以便全面评估三国对美国的政治忠诚度，并依此协调美国政府各部门如何利用经济援助对三国施加压力。美国国务院依照国会要求向国会提交了三国在联合国大会上对美国提案和政治立场的支持数

---

① "Pompeo Tells FSM: US Ready to Start Compact Negotiations", *Marianas Variety*, 7 August 2019.

② Tsukasa Hadano, "Beijing Courts Micronesia in Push for Rival Base to Guam", *Nikkei Asian Review*, 14 December 2019; Edward Wong, "Military Competition in Pacific Endures as Biggest Flash Point between U. S. and China", *New York Times*, 14 November 2018.

③ U. S. Embassy in the Federated States of Micronesia, "Secretary of State Michael Pompeo Makes First Historic Visit to FSM", 27 August 2019.

④ "Second Round of Compact Negotiations Conclude", *Pacific News Center Guam*, 15 July 2020.

⑤ U. S. Department of State, "Selection of U. S. Negotiators for the Compacts of Free Association", 22 April 2020.

据。根据该数据统计，自由联系三国在军控、人权和中东等重大问题
上给予美国相当坚定的支持。美国国务院因此认为密克联邦、马绍尔
群岛和帕劳是美国在联合国等国际组织中最为坚定的支持者之一，三
国在联合国大会投票支持美国提案的次数甚至超过美国的传统盟国英
国和法国①。美国国会、国务院官员等政府部门因此强调三国是美国
在国际组织中最为忠诚的盟友，是美国在国际机构的战略性政治
资产。

表 5 - 1　　　　1991—2000 年密克联邦、马绍尔群岛在联合国
大会重要问题上支持美国立场的数据统计

密克联邦	1991	1992	1993	1994	1995	1996	1997	1998	1999	2000
支持	4	8	10	10	8	7	9	6	7	9
反对	1	2	1	0	2	1	0	0	0	0
弃权	3	2	2	5	5	3	3	3	2	1
缺席	4	4	0	0	0	1	1	1	4	1
马绍尔群岛	1991	1992	1993	1994	1995	1996	1997	1998	1999	2000
支持	8	12	10	10	8	8	9	5	5	8
反对	1	2	1	1	3	1	2	0	2	1
弃权	2	2	2	4	3	3	1	2	2	2
缺席	1	0	0	0	1	0	1	3	4	0

资料来源：Department of State Voting Practices in the United Nations, 1991 – 2000。

第三，加强美国在金融领域对自由联系国的控制，事关国计民生
的重大经济发展项目实质上由美国官员决定。为了控制密克联邦、马
绍尔群岛和帕劳的金融和重大经济发展项目，美国主导建立了三国

①　U. S. Department of State, "Voting Practices of the United Nations, 2019", 21 May
2020, U. S. Department of State, "Voting Practices of the United Nations. The five countries with the
highest voting coincidence with the United States are, in descending order: Israel, Micronesia,
Australia, Canada, and the Marshall Islands", 2020.

《自由联系协定》信托基金及其管理委员会，实质性地控制了三国的信托基金。信托基金管理委员会由美国政府代表和自由联系国政府代表组成，美国政府代表人数在委员会中占绝对优势，信托基金管理委员会主席由美国内政部助理部长或海岛事务办公室主任担任。美国政府还明确规定信托基金及其年度收入的使用、管理和独立审计等必须得到美国的审核和批准，这实际上控制了自由联系三国的金融和关乎三国国计民生的重大经济项目的投资和建设。据美国内政部资料，美国在冷战后向三国的信托基金提供了数十亿美元的资金，牢固地控制了三国的金融和经济命脉。但据美国政府研究报告披露，密克联邦、马绍尔群岛和帕劳三个自由联系国的信托基金在可预见的未来根本没有自立的能力。因此，一旦美国终止援助，自由联系国的信托基金根本无法为三国足额提供政府运营和发展的资金，并且差额还将随着时间的推移而迅速增加。

第四，加大对自由联系国的经济援助，使其在经济和社会发展等领域严重依赖美国援助并使其在可预见的将来无法实现经济自立。出于长期控制自由联系三国的目的，美国自对密克群岛托管以来一直故意推行殖民地经济模式致使密克联邦、马绍尔群岛和帕劳三国在独立后长期无法实现经济自立，而只能依赖美国的援助。为了换取在三个自由联系国的军事特权，美国长期以来向三国提供了巨额的经济援助。据美国内政部统计，美国自 21 世纪以来共向三国提供了 30 多亿美元的各类援助。仅在 2018 财年，美国就向帕劳提供了迄今为止最大的一笔援助，约 1.11 亿美元。为了进一步拉拢和控制自由联系三国，美国政府还向三国提供邮政、气象、民航、金融等服务。美国国会特别批准在 2011 财年至 2024 财年间向内政部拨款 150 万美元用于补助美国联邦机构向三国提供的服务性援助。鉴于教育援助对于维护自由联系国民众对美国好感的重要性，美国长期向三国提供教育援助，资助三国学生在本国或美国接受高等教育。蓬佩奥曾于 2019 年 8 月访问南太地区，承诺美国将续签《自由联系协定》并继续向三国提供教育援助。美国一些研究人员建议为了和他国竞争太平洋岛国地区的"民心",美国必须考虑加强对岛国的基础设施建设援助,理解岛国对气候变化的关注,帮助岛国实现可持续性发展①。美国政府还承诺继续向三国提供各种政府项目和服务,如联邦存款保险服务、联邦应急管理服务和美国邮政服务等②。值得注意的是,一些美国研究人员和专家还强烈建议美国政府尽早对核试验所造成的生命和财产损失、生态污染等予以赔偿③。美国一些政府机构也认为美国应尽早解决核赔偿等问题,否则将会对美国与三国延长《自由联系协定》的谈判构成阻碍。

第五,加强对自由联系国政治、文化和社会影响,密切同自由联系国社会精英和民众的关系,巩固美国同自由联系国特殊关系的社会基础。密克联邦、马绍尔群岛和帕劳在获准独立后不仅将英语定为官方语言,美元定为法定货币,而且其政治、经济、法律和教育等体系均照搬美国。三国的政府官员、政党领袖和社会中上层人士多在美国、澳大利亚和新西兰接受高等教育,深受西方政治思想、意识形态和价值观的影响。例如,帕劳现任总统惠普斯不仅出生于美国,毕业于美国加州大学,而且长期在美国经商。美国常年向三国派遣和平队,在三国从事教育和医疗等工作,在普通民众中享有一定的声誉。美国还向三国大量派遣非政府组织,意图主导三

---

① Senate Energy and Natural Resources Committee, "Hearing on U. S. Interests in the Freely Associated States", 23 July 2019. Derek Grossman, Michael S. Chase, Gerard Finin, Wallace Gregson, Jeffrey Hornung, Logan Ma, Jordan R. Reimer, Alice Shih, "America's Pacific Island Allies", ENR Reviews U. S. Interests in the Freely Associated States, Senate Committee on Energy and Natural Resources, 23 July 2019.

② U. S. Government Accountability Office, "Compacts of Free Association: Trust Funds for Micronesia and the Marshall Islands Are Unlikely to Fully Replace Expiring U. S. Annual Grant Assistance, Appendix 1: Status of U. S. Grants and Programs in the FSM and RMI after 2023", 23 July 2019.

③ "Nuclear – Affected Atolls in Marshalls See Promise in US Talks", *Radio New Zealand*, 31 July 2020.

国的舆论，左右三国的民意。美国还给予三国民众免签赴美工作、学习和无限期居住的权力。据美国统计，三国约有数万多公民目前在美国居住、学习和工作。三国公民还有权在美军服役。与美国长期而密切的关系致使三国社会各界的政治理念、意识形态和价值观深受美国影响。

第四节　美国强化对自由联系国控制的评估

21 世纪头十年结束之际，美国前总统奥巴马面对亚洲国家的整体崛起，对美国的全球霸权体系做出重大调整，先后提出"亚太转向"（Pivot to Asia）和"亚太再平衡"战略（Rebalance to Asia），承诺至 2020 年将把 60% 的美军力量移至太平洋地区①。虽然美国此后对太平洋岛国的重视程度不断提高，但美国对该地区的重视很大程度上仍局限于军事领域，强调美军应大幅度加强在该地区的军事基地、军事力量投放，忽视岛国政府和民众对促进社会经济发展、加强环境保护和提高民众生活水平的呼声。一些国际观察人士指出，仅从"亚太转向"和"亚太再平衡"的字面即可看出美国关注的仅仅是太平洋地区的军事霸权，而没有深刻认识到太平洋地区更需要的是和平、稳定和持久的经济繁荣。因此，美国一再强调在岛国地区的战争根本背离了当地民众的根本利益，因而无法得到岛国政府和民众的支持。但美国政府及其研究机构的专家、学者却从不正视美国及其他前殖民宗主国在该地区的殖民历史、经济剥削和掠夺、核试验和生化武器试验对当地民众的身心健康和生态环境的破坏，一味指责岛国政府和民众深化、强化同亚洲国家的互利合作是缺乏战略思维和战略"短视"的表

---

① Remy Davison and Shamsul Khan, "ANZUS and the Rise of China", In D. Baldino, A. Carr, & A. J. Langlois（eds.）, *Australian Foreign Policy: Controversies and Debates*, Canberra: Oxford University Press Australia and New Zealand, 2014, pp. 135 – 154.

现。这充分反映了美国及其他前殖民宗主国根深蒂固的"霸权思维"模式和真正的战略"短视"。岛国领导人和民众并不愚蠢，他们深知美国的军事霸权并不会解决当地民众深刻关注的环境保护、经济发展和民众就业等问题，而只会将岛国拖入有百害而无一利的大国竞争的陷阱。

在气候变化、海平面上升等事关岛国生死存亡的重大问题上，美国政府，特别是特朗普政府在气候变化问题上逆世界潮流而动，不仅对岛国的"灭顶之灾"无动于衷，而且率先退出《巴黎气候协定》。美国政府的倒行逆施自然而然地引起岛国政府和民众的强烈不满，严重削弱了美国的"道义"力量。一些美国官员和研究人员仍然认识到，美国在太平洋岛国地区"软力量"的快速消失与美国长期忽视太平洋岛国民众利益的因素。例如，美国长期拒不赔偿核试验对马绍尔群岛民众的生命和环境生态损害；拒不承担《巴黎气候协定》减排义务和责任；拒绝帮助岛国发展经济和基础设施建设等。一些岛国政府和民众强调，虽然美国政府和军方一再表示要全面加强与岛国的关系，但他们实际上只关注美国在该地区的军事霸权，而对岛国政府和民众关心的经济发展、就业、环保等问题漠不关心。如特朗普虽然在白宫会见三个自由联系国领导人，但他只强调美国军事基地对美国军事霸权的重要性，却根本不愿意实质性探讨全球气候变化、升温和海平面上升对岛国地区的重大危害以及岛国政府和民众关注的经济发展和民生等问题。

岛国政府和民众认为，如果美国和其他前殖民宗主国真心关心岛国人民和利益，他们应当首先落实《巴黎气候协定》，遏制全球升温和海平面上升，帮助岛国避免"灭顶之灾"；其次是认真落实核试验和生化武器试验赔偿，让岛国地区深受核危害的民众能够得到医治；再次是就残酷的殖民压迫和掠夺向太平洋岛国地区民众道歉并予以赔偿；最后，真诚地向太平洋岛国提供不附加任何政治和经济条件的援助，帮助岛国改善经济和就业状况。在前殖民宗主国根本不会落实上述各项要求的情形下，岛国纷纷加强与其他国家的互利合作不仅展现出岛国领导人所拥有的政治智慧和战略胸怀，而且也为岛国亟须解决的重大问题提供了切实可行的解决方案。澳大利亚国立大学乔安妮·华莱士教授对太平洋岛国地区的战略态势进行了长期的追踪观察，她认为太平洋岛国地区的战略态势已经发生了重大变化，新兴国家同太平洋岛国在经济、贸易、投资等领域的迅速发展与澳大利亚、新西兰在该地区影响的急剧减弱以及美国在冷战后对本地区的战略漠视形成了鲜明的反差①。在后冷战时期，美国深陷反恐战争，四处挑起战火，严重忽视了对太平洋岛国地区的关注。美国政府和军方虽然再次认识到太平洋岛国的战略重要性，但不论是奥巴马的"亚太转向""亚太再平衡"，抑或特朗普的"印太战略"，其思维定式仍是将重心放在维持军事霸权之上②。

在此背景下，一些美国研究人员认为，美国对岛国的关注不应局限于军事领域，一味在岛国地区穷兵黩武而对岛国民众关心的经济发展、生活水准的提高、气候变化等漠不关心。美国对岛国地区的经济援助和参与通常经由印太司令部来完成，顾名思义，印太司令部更为关注的是战争和美国的军事霸权，而不是岛国地区的经济发展和民众生活水平的提高。另一些美国研究人员指出，美澳等国在岛国地区一味强调战争，似乎战争的重要性远大于促进地区的经济繁荣和民生。太平洋岛国政府和民众讥讽美国搞军备竞赛有钱，搞建设没钱。美国及其军事盟国只关注军事霸权，每年可以在军费上豪掷上万亿美元，却无钱向岛国提供经济和基础设施援助。这无异于向岛国和世界各国表明美国只想发动战争而无意从事发展和建设③。岛国政府和民众因

①　Charles Edel, "Small Dots, Large Strategic Areas: US Interests in the South Pacific", *The Interpreter*, 3 April 2018, https://www.lowyinstitute.org/the-interpreter/.

②　Tom Corben, "The US-Australia Alliance and Deterrence in the Pacific Islands Region", *The Diplomat*, 21 April 2020.

③　Philip Citowicki, "China's Reach Tests the Pacific's Fragile Island Democracies", *Foreign Policy*, 7 January 2020.

此反诘究竟谁在制造地区紧张局势？谁在威胁地区和平？战争和地区霸权究竟有利于谁？

美国的《国防授权法案》和《太平洋威慑计划》的主旨均是在太平洋岛国地区建立更强大的军事力量。但岛国政府和民众更需要环境保护、经济的可持续发展和脱离"赤贫"的生活状态。岛国政府和民众因而对美澳等国不顾岛国民众的福祉而一味地将岛国拖上美国的战车极为失望①。美国研究人员认为美国和岛国地区民众在地区繁荣、发展与认知上的分歧正在撕裂美国和岛国的传统"同盟"，撕裂美国的第二岛链霸权，这对于美澳等国无异于巨大的战略失败②。一些美国官员和官方研究人员总是自以为是地认为岛国更愿意与美国及其他前殖民宗主国保持密切关系，因为他们是共享民主、自由等价值观的盟国。但著名的国际关系学者沃尔特（Walt）通过长期的追踪研究，在自己的学术著作中指出，同盟并不是共同的意识形态和价值观的结果，而是共同利益的结果。如果美国与岛国的利益大相径庭，那么岛国也就会与美国渐行渐远，甚至分道扬镳。

一些美国研究人员还指出，正是由于美国对太平洋岛国，特别是密克联邦、马绍尔群岛和帕劳的再度重视主要是军事利益驱动，因此美国政府内部各部门对自由联系国的重视程度并不一致。三国在独立后仍由美国内政部负责协调美国援助和管理，由国务院负责协调三国的政治和外交事务，由国防部负责美国在三国和太平洋地区的安全和军事利益。美国国会鉴于国内财政日益紧张曾坚定地反对向自由联系国提供援助，特别是反对在2024年《自由联系协定》终止后继续向自由联系三国提供各类援助。这一方面说明相当数量的美国政界人士缺乏对自由联系国对美国太平洋霸权重要性的认同，不了解长期援助

① Steven McGann, "How the US can Build Cooperation in the Pacific", *The Stategist*, 27 October 2020, https://www.aspistrategist.org.au/.

② Angus Grigg, "Why China and the US are Fighting over Tiny Pacific Islands", *Financial Review*, 5 August 2019.

自由联系国的真实动机和缘由；另一方面也说明美国民粹主义和仇外种族主义势力的增长。正是由于美国部分国会议员对上述问题缺乏理解导致美国国会长期拖延和阻挠向自由联系国提供援助拨款，直至《国防授权法案》通过后，美国国会才最终同意向帕劳等国提供资金援助①。

　　美国内政部和国务院虽然在推动国会批准向自由联系国提供援助中发挥了一定的作用，但美国国防部却在其中发挥了至关重要的作用，因为国防部最为理解自由联系国对维持美国太平洋霸权的重要性。美国内政部出于减轻美国经济负担的考量也建议美国政府在 2023 年后停止对密克联邦和马绍尔群岛的经济援助。但美国国防部在 2019 年中举行的国会听证会上力主继续向自由联系国提供援助，并详细说明美国停止援助后该地区将会出现的外交、军事和战略风险。为了阻止美国国会和其他政府部门终止向自由联系国提供经济和其他援助，美国国防部还特意委托兰德公司向国会提交研究报告，强调太平洋地区正处于地缘战略活跃期和力量转移期，减少对自由联系国的援助将严重侵蚀美国太平洋霸权的基础②。美国国务院出于地缘政治博弈的目的也在听证会上陈述停止援助对美国的政治和外交风险，支持国防部的意见继续向自由联系国提供经济援助。

　　尽管美国政府，特别是军方坚持继续向自由联系国和其他太平洋岛国提供经济援助以保持其在岛国地区的军事霸权，但他们根本无法理解太平洋岛国政府和民众渴望的是国家的独立和自主的经济发展，这是太平洋岛国追求同新兴国家加强合作，摆脱美国及其他前殖民宗主国控制的根本原因。鉴于太平洋岛国长期被奴役和被殖民的悲惨历

　　① David Gootnick, *Compact of Free Association：Proposed U. S. Assistance to Palau for Fiscal Years 2016 to 2024*, 2016.

　　② Grossman, D., Chase, M. S., Finin, G., Gregson, W., Hornung, J. W., Ma, L., Reimer, J. R., and A. Shih, *America's Pacific Allies：The Freely Associated States and Chinese Influence*, RAND Corporation, 2019, https：//www. rand. org/pubs/research _ reports/ RR2973. html.

史，独立后在世界政治、经济体系中长期被剥削和被边缘化的不幸境遇，太平洋岛国政府和民众更寄希望于"北向方略"，这是美国及其他西方殖民宗主国"重返岛国"战略难以实现的最重要原因。

以美国为首的前殖民宗主国一味以经贸合作与援助为诱饵，强迫太平洋岛国接受西方的政治理念，并将"民主""人权""良政"等政治条件强行与经贸合作捆绑，只能导致岛国在心理上和双边关系上与美国和其他前殖民宗主国渐行渐远。相当多的太平洋岛国领导人认为岛国与新兴国家加强经贸合作有利于岛国的经济发展，也有利于岛国的政治利益，是岛国借之应对一些西方国家和本地区大国施压的战略性工具。作为世界政治体系中的小国、弱国，太平洋岛国地区领导人对政治平等更为敏感，对域内外大国以经济援助和经贸合作为施压手段的做法十分反感。

澳大利亚国立大学来自美国的学者威廉·托一直认为"阻止任何有潜力挑战美国霸权——特别是在太平洋地区霸权——的新兴大国的崛起"是美国维护其全球霸权体系的重要战略目标[1]。尽管处于相对衰落中，美国并不会心甘情愿地将亚太地区的主导权交给新兴国家。美国以往对日本的经历说明，美国既不会将主导权交给自己的亲密同盟日本，也不会交给其他新兴大国。早在20世纪90年代初，日本的国民生产总值达到创纪录的3万亿美元，而美国则为5万亿美元。美国认为日本对美国的区域霸权构成了严重的挑战，里根总统在下台前曾责问日本政府将美国的经济根基蚀空究竟意欲何为？许多学者指出，正是出于遏制日本的目的，美国迫使日本缔结了《广场协议》，日本从此陷入长达近三十年的经济低迷。在美国实施"重返亚太战略"和"印太战略"后，日本、澳大利亚和美国在亚太地区的其他

---

① Tow, W. & Loke, B., "Rules of Engagement: America's Asia – Pacific Security Policy under an Obama Administration", *Australian Journal of International Affairs*, Vol. 63, No. 4, 2009, pp. 442 –457.

盟友也表现出积极配合美国遏制中国的企图。当然美国的亚太盟友积极配合美国也并不全是出于对美国的忠心，而是夹带了自己的私欲。例如，日本希望用自己对美国的"忠心"来获得美国的市场，并冀图美国支持其早日成为联合国安理会常任理事国。澳大利亚则希望用自己对美国的"忠心"来换取美国的政治和军事支持，继续维持自己在亚太地区"副警长"的地位，并护持其远远超出自身体量的既得利益①。

冷战结束后，太平洋岛国对美国的军事和战略价值大幅度下降，太平洋岛国因而在美国的全球体系中始终处于边缘化地位。美国亦将维护美国和西方国家在这一地区的利益和价值观的任务交给了澳大利亚。这一方面是由于澳大利亚是美国的军事盟国，另一方面是由于澳大利亚对美国一向"忠诚"，澳大利亚也因此被美国小布什政府"钦封"为亚太地区的"副警长"②。西方一些国际关系分析人士和学者批评美国在后冷战时期过于忽视太平洋岛国地区从而致使美国在该地区的霸权削弱③。但是，美国真的在后冷战时期对太平洋地区过于忽视吗？作为全球超级大国，美国政府公布了维护其全球霸权必须掌控的全球 16 处要冲，太平洋岛国的确不在其中。但这并不意味着美国就真的对太平洋岛国地区完全不予重视。事实上，美国对这一地区国家的援助远远超过其他任何时候。不仅如此，美国在本地区的最密切的军事盟国澳大利亚是太平洋岛国最大的援助国。澳大利亚一直以美国在亚太地区的"副警长"自居，声称要在太平洋地区捍卫美国的利益和价值观。直至今日，美国和澳大利亚在本地区仍建有大型军事

①　Yu Lei, "China – Australia Strategic Partnership in the Context of China's Grand Peripheral Diplomacy", *Cambridge Review of International Affairs*, Vol. 29, No. 2, 2016, pp. 740 – 760.

②　David Fickling 2004, "Australia seen as America's deputy Sheriff", *The Guardian*, 10 September, https://www.theguardian.com/world/2004/sep/10/indonesia.australa.

③　Simon Denyer, "As U. S. Retreats in Asia – Pacific, China Fills the Void with an Ambitious Global Plan", *Washington Post*, 12 May 2017, https://www.washingtonpost.com/world/asia_pacific/.

基地。

随着美国霸权的相对衰退，美国不得不重新调整对太平洋岛国地区的政策，加大在该地区的政治、经济和军事投入。美国助理国务卿坎贝尔对美国的地区政策调整做了说明，强调这是因为太平洋岛国在国际和地区事务中发挥着重要的作用。而太平洋岛国从自身的利益考量，根本无意与前殖民宗主国联合起来共同维护美国在太平洋地区的霸权。相反，与新兴国家加强经贸合作对于岛国维护自己的政治、经济利益，对抗西方国家和地区传统大国的经济掠夺和政治施压利多于弊。太平洋岛国因而对美国、澳大利亚、新西兰和日本发出的联合维护美国太平洋地区霸权的呼吁根本没有兴趣，更无意卷入其中[①]。太平洋岛国的领导人更希望新兴大国在太平洋地区的政治与经济中发挥建设性作用，因为这更符合岛国自身和岛国地区的利益。毕竟数百年来殖民太平洋岛国并损害太平洋岛国民众利益的是前殖民宗主国，而不是新兴国家。

一些西方政治人士顽固护持西方前殖民宗主国在太平洋岛国地区的既得利益，但这些人士其实并不了解太平洋岛国的国情以及当地的民情。他们研究太平洋岛国的视角就是前殖民宗主国的既得利益，而太平洋岛国自身的状况和民众的发展愿望并不是他们关切的重点，也从来就没有进入过他们关注的视野。因此，他们的研究结果必然是护持西方在该地区的殖民利益，而对太平洋岛国人民的利益和福祉根本不予考虑。他们真正担心的是一旦太平洋岛国获得真正的政治独立和经济自立，前殖民宗主国的利益必须受到"威胁"[②]。太平洋岛国希望与新兴国家加强经济交流与合作既是双方平等互利合作的结果，更

---

① Jonathan Pearlman, "Australia, NZ to sign security pact with South Pacific Nations", *Strait Times*, 7 July 2018, https：//www. straitstimes. com/asia/australianz/.

② Ben Bohane, "South Pacific Nation Shrugs Off Worries on China's Influence", *New York Times*, 13 June 2018, https：//www. nytimes. com/2018/06/13/world/asia/vanuatu - china - wharf. html.

是太平洋岛国与西方长期不平等交流的结果。20 世纪 90 年代以来，以美国为首的西方大国及其主导的国际金融机构一直向岛国领导人施加压力，要求他们实施以新自由主义经济理念，通常被称为"华盛顿共识"为基础的，并且符合西方价值观的全面的经济和政治改革，以根本性的方式改变太平洋岛国社会。太平洋岛国的领导人对此感到非常不满，认为这样的改革不符合岛国的国情，因此也不会产生希望的结果。但是，在西方大国的压力下，太平洋岛国领导人除了遵照西方大国的意图办事外，鲜少别的选择。一些西方学者也承认太平洋岛国政府别无选择，只能接受这样的政策，因为西方国家和国际金融机构施加的压力实在太大，太平洋岛国根本就无力抗拒。

由于太平洋岛国曾在政治、经济上长期遭受西方主要大国的不公正对待，它们因此希望借助与新兴国家加强互利合作来平衡西方大国在本地区和本国的政治与经济影响。另一方面，包括太平洋岛国在内的广大的发展中国家对于当前的国际政治和经济体系与秩序抱有诸多不满，但是仅凭小国、弱国的力量很难对此有所改变。而中国、印度以及其他一些新兴发展中国家的崛起令它们看到了变革现有国际秩序和体系的希望。这在很大程度上说明了为什么这些发展中的小国、弱国纷纷拥抱新兴国家投资和经贸合作的到来。当一些前殖民宗主国给新兴国家扣上"新殖民主义""新剥削主义"的"帽子"时，包括太平洋岛国在内的国际社会中的小国、弱国往往发出自己的声音，在捍卫自己国家的发展权和自主"选择国际合作伙伴"权力的同时，也有力地驳斥了前殖民宗主国在内的西方一些大国对新兴国家与岛国发展经贸合作的"抹黑"和"妖魔化"。

第六章　美国通过澳、日、新等盟国强化对自由联系国和其他岛国的控制

第一节　地区霸权国澳大利亚强化对自由联系国和其他岛国的控制

　　虽然许多太平洋岛国经过长期抗争和斗争摆脱了美、澳、英等国的统治而获得独立，但美、澳、英等国并不甘心在太平洋岛国地区殖民利益的损失，他们联手在该地区构筑起以美国为首的多边军事同盟体系，竭力对包括自由联系国在内的太平洋岛国威逼利诱以护持美国在该地区的霸权体系和秩序，最大限度地保持他们在该地区的既得利益和特权。但是，随着美国综合国力的相对下降和太平洋地区地缘政治形势的演变，美国护持太平洋地区军事霸权和既得利益日益呈现力有不逮之势。对此，澳英等国忧心忡忡。美国太平洋霸权的丧失亦即意味着澳英等国在太平洋岛国地区特权地位和既得利益的丧失。位于悉尼的澳大利亚美国研究中心忧心忡忡地警告美国军事力量已经无法满足其军事霸权野心，并且这一差距还在不断扩大。该中心建议美国不要单打独斗，而应依靠其于冷战期间在太平洋地区构建的庞大的军事同盟网——"轮辐体系（Hub - Spoke System）"，亦即"旧金山体系（San Francisco System）"来维护美国的

太平洋霸权①。

由于自由联系三国有着极为重要的地缘战略和军事价值，因此太平洋地区霸权国美国和太平洋岛国地区霸权国澳大利亚以及其他前殖民宗主国鉴于中国与太平洋岛国经贸合作关系日益拓展，已经视中国为太平洋霸权的最大挑战者，竭力加强在密克群岛地区的军事力量，意图巩固"第二岛链"，遏制中国在太平洋地区的发展（"第二岛链"是美国及其军事盟国围堵中国的军事战略术语，而不是中国的战略防御术语）。进入21世纪，特别是中国的崛起轨迹确定后，美国政府和军方越来越强调美国在三个自由联系国的"战略拒止权"至关重要，宣扬这将有助于遏制太平洋地区的"不确定性"。美国前总统奥巴马因此重新调整美国的全球军事部署，宣布欲将60%的军事力量移至西太地区，不仅大幅度增加在该地区的战斗船只和导弹潜艇的数量而且增加在该地区的航空母舰和先进战机的数量②。美国、澳大利亚等国强调一旦"丢失"自由联系三国，其他新兴国家就会趁机填补"真空"。在此背景下，美澳等国不仅进一步加强了对三国的政治、经济、文化和意识形态的控制，而且还在该地区不断新扩建联合军事基地，企图在"软、硬"两个方面巩固美国为"警长"、澳大利亚为"副警长"的地区霸权体系和秩序。特朗普政府还推出"印太海事安全倡议"，鼓动美国的印太军事盟国与美国一道加强对该地区重要海上交通要道的控制力。美国印太司令部司令菲利普·戴维森上将强调美国必须"与我们强大的盟国澳大利亚和法国结成伙伴关系在太平洋岛屿地区应对挑战"。

美国军事研究人员也强调必须敦促澳大利亚、新西兰、日本和中

---

① Yu，Lei，"China – Australia Strategic Partnership in the Context of China's Grand Peripheral Diplomacy"，*Cambridge Review of International Affairs*，Vol. 29，No. 2，2016，pp. 740 – 760.

② Remy Davison and Shamsul Khan，"ANZUS and the rise of China"，In D. Baldino，A. Carr，& A. J. Langlois（eds.），*Australian Foreign Policy：Controversies and Debates*，2014，pp. 135 – 154，Oxford University Press Australia and New Zealand.

国台湾等军事盟友加强在该地区的存在和影响，以更加有效地联合前殖民宗主国和中国台湾的力量共同遏制太平洋岛国同中国的互利合作。2017 年 12 月，美国发布首份国家安全战略（U. S. National Security Strategy）报告，明确将中国定为"战略竞争者"，呼吁所有前殖民宗主国与美国一道共同维护美国在太平洋地区的军事霸权和军事力量优势。美国政府和军方重点呼吁地区大国、美国在亚太地区的"副警长"澳大利亚增加对密克联邦、马绍尔群岛和帕劳的援助，协助美国加强对三国的掌控①。《美国国家安全战略报告》（U. S. National Security Strategy）也强烈要求美国全面掌控自由联系国及其所在的密克群岛地区，建议美国政府和军方与澳大利亚等国一道全面控制三国。美国军方强调自由联系三国是美国向亚洲投放军事力量，遏制新兴国家力量向太平洋地区发展的至关重要的战略区。美国和以英国为首的前殖民宗主国因而不断联合推出太平洋岛屿地区强化战略，加大向三国提供经济援助，增加向三国政府派遣顾问，在三国增派驻军并修建新的军事基地，从而最大限度地加强对三国的政治、经济和军事控制。为了切实掌控这一地区，美国联合所有前殖民宗主国全力加强在这一地区的力量，特别是军事力量。迄今为止，美国是三国最大的援助国②，其次是日本和澳大利亚③。台湾当局出于"拓展国际生存空间"的目的也是三国重要的援助者④。

---

① The White House, *National Security Strategy for the United States of America*, Washington, D. C., December 2017, p. 47.

② Derek Grossman, Michael S. Chase, Gerard Finin, Wallace Gregson, Jeffrey Hornung, Logan Ma, Jordan R. Reimer, Alice Shih, "America's Pacific Island Allies", ENR Reviews U. S. Interests in the Freely Associated States, Senate Committee on Energy and Natural Resources, 23 July 2019.

③ AidData, "China's Global Development Footprint," 2021, https：//www. aiddata. org/china‐official‐finance.

④ U. S. Government Accountability Office, *Compacts of Free Association：Trust Funds for Micronesia and the Marshall Islands Are Unlikely to Fully Replace Expiring U. S. Annual Grant Assistance*, *Testimony Before the Senate Committee on Energy and Natural Resources*, 23 July 2019; Derek Grossman, Michael S. Chase, Gerard Finin, Wallace Gregson, Jeffrey Hornung, Logan Ma, Jordan R. Reimer, Alice Shih, "America's Pacific Island Allies", ENR Reviews U. S. Interests in the Freely Associated States, Senate Committee on Energy and Natural Resources, July 23 2019.

　　澳大利亚是太平洋岛屿地区的传统殖民大国，也是美国最为密切的军事盟友，一向奉美澳同盟为国家安全和外交政策的"基石"，被美国"钦封"为亚太地区的"副警长"和军事"南锚"，协助美国护持印太地区，特别是太平洋岛屿地区的霸权体系和既得利益，引起太平洋岛国的强烈反对和抵制①。21 世纪以来，护持太平洋岛屿地区霸权便成为美国与澳大利亚年度"2 + 2"对话的重要议题。1951 年《澳新美同盟条约》缔结后，澳大利亚政府又向美国提议设立三国外长会议来定期协调三国的政治和安全合作，并磋商三国在亚太地区面临的"共同危险"和应采取的共同措施和行动。美国政府不得不接受了澳大利亚的建议，外长会议自此便成为澳新美三国间年度化、制度化的外交政策沟通和磋商机制②。以此为契机，澳大利亚在以后的岁月里不断在"外长会议"会中设置新议题，增加新合作，最终将这一机制拓展为由三国外长和防长共同参加的年度对话机制。这种与美国的核心决策层常态化、机制化的外交政策与军事战略磋商机制即便是在美国的众多西方盟国中也是极其罕见的。

　　澳大利亚不仅是太平洋岛屿地区的传统大国，也是太平洋岛国最主要的贸易大国和援助国，同时还是太平洋岛屿地区组织太平洋岛国论坛（The Pacific Islands Forum）、太平洋岛国论坛渔业署（The Forum Fisheries Agency）和太平洋地区环境秘书处（The Secretariat of the Pacific Regional Environment Program）等地区组织的主导者。由于澳大利亚是旧时的殖民者，现时太平洋岛屿地区的霸主，太平洋岛国与澳大利亚之间长期存在着类似殖民帝国和殖民地之间霸凌与反霸凌、政治控制与反控制、经济剥削与反剥削的博弈。尽管太平洋岛国和国际社会强烈谴责美、澳、英等国以"家长"身份蛮横对待太平洋岛国，

---

　　① William Tow，"Deputy Sheriff or Independent Ally? Evolving Australian – American Ties in an Ambiguous World Order"，*The Pacific Review*，Vol. 17，Issue 2，2010，pp. 271 – 290.

　　② Michael Green，*By more than Providence*，New York：Columbia University Press，2017.

但极具讽刺意味的是，美、澳、英等国却都自我感觉良好，自诩为尊重岛国的楷模。不论是已经赢得独立的太平洋岛国还是尚未独立的岛屿地区同美、澳等殖民宗主国之间龃龉不断均充分表明太平洋岛屿地区如同随时可能爆发的政治火山①。

作为美国的军事"南锚"，澳大利亚在太平洋岛国地区与美国有着趋同的霸权和殖民利益。澳大利亚联邦自1901年成立以来一直追求三大战略目标：经济利益、国家安全和地区霸权。太平洋岛国地理位置靠近澳大利亚，并且临近澳大利亚的国际贸易航线，对澳大利亚具有重要的安全价值。澳大利亚因此自联邦成立之日起便对太平洋岛国地区表现出强烈的霸权欲望。在一战后的巴黎和会上，时任澳大利亚总理休斯与美国总统威尔逊发生激烈的争论。休斯坚决不允许将德国在太平洋上的殖民地岛屿交由国联托管，而强烈要求美国、英国等西方列强将这些殖民地交由澳大利亚管理。澳大利亚的霸权主义要求因而不可避免地与另一个新兴帝国主义强国日本产生了冲突，双方代表完全撕下了外交的面纱，在和会上发生了激烈的争吵。尽管美国坚决不允许澳大利亚将德国的殖民地变为自己的殖民地，澳大利亚还是成功地将德国的殖民地岛屿变成了自己的托管地，澳大利亚一时间俨然成为太平洋地区的新兴殖民强国。在英国的支持下，澳大利亚在太平洋群岛地区推行自己的"门罗主义"，构建澳大利亚主导的地区霸权体系②。

二战后，澳大利亚如愿以偿地与美国正式结盟，并成为美国在亚太地区构筑的"轮辐安全体系"的"南锚"和维护西方在太平洋地区利益和价值观的"副警长"。在美国的支持下，澳大利亚顽固地在

---

① Greg Colton, "Safeguarding Australia's Security Interests through Close Pacific Ties", Lowy Institute, Australia, April 2018.

② Russell Parkin and Lee, David, *Great White Fleet to Coral Sea: Naval Strategy and the Development of Australia – United States Relations, 1900 – 1945*, Canberra: National Library of Australia, 2008.

南太地区推行"白人至上"的殖民主义统治，镇压太平洋岛国人民的民族独立和解放运动，致使大多数岛国迟至20世纪的70年代后期才陆续获得独立。在各岛国独立后，澳大利亚仍将自己视为太平洋岛国的宗主国和保护者①。澳大利亚始终对岛国，特别是一些重点国家在政治、经济和军事上加以控制。以巴布亚新几内亚（简称巴新）为例，澳大利亚在其独立前后，始终以殖民宗主国自居，试图牢牢掌控其内政和外交。澳大利亚与巴布亚新几内亚在近代史上有着错综复杂的恩怨情仇，两国关系一直呈现出既相互批评，又纠缠不清的态势。

第一次世界大战前，英国面临着新兴帝国主义强国德国、日本和美国在欧洲和亚洲的强烈挑战，无暇顾及太平洋群岛地区，因而于1906年将巴布亚殖民地的管辖权交给其自治领澳大利亚。在一战后的巴黎和会上，英国又将德国的殖民地几内亚交给澳大利亚以奖励其在一战中追随自己对德作战。在第二次世界大战期间，日本和澳大利亚为了争夺巴布亚新几内亚而爆发了激烈的战争，给无辜的巴布亚新几内亚人民带来了沉重的灾难。巴新人民自被侵略之日起，便不断抗争欧洲的殖民统治。1975年，巴新终于摆脱了澳大利亚的殖民统治，赢得了民族独立。

由于澳大利亚一直控制着巴新的经济和国防，对巴新的内政外交指手画脚，并在"民主""人权"等问题上不断地攻击巴新政府，巴新政府和民众在独立后一直与澳大利亚进行着剥削与反剥削，控制与反控制的博弈，双方关系不时因"新仇旧恨"而紧张。为了控制和收买巴新，使其听命自己，澳大利亚自巴新独立后一直向其提供巨额援助，是巴新最大的援助国。据澳大利亚外交外贸部统计，澳大利亚在过去的四十年中一共向巴新提供了150多亿澳元的经济援助。最近几

---

① Joanne Wallis, "Hollow hegemon: Australia's declining influence in the Pacific", *East Asia Forum*, 21 September 2016, http://www.eastasiaforum.org/2016/09/21/.

年，澳大利亚对巴新的年度援助额仍保持在 5 亿澳元左右①。巴新的
自然资源，如金矿、铜矿等均掌握在澳大利亚企业手中，约有一万多
澳大利亚人常年在巴新工作②。澳大利亚是巴新最大的贸易伙伴，
2017 年双边贸易额约为 60 亿澳元。为了加强对巴新的意识形态控制，
澳大利亚开设了专门针对巴新民众的广播节目，并向巴新提供奖学
金，鼓励巴新学生赴澳留学。

在冷战时期，澳大利亚和美国很好地利用了太平洋岛国对苏联扩
张的恐惧，紧紧地将太平洋岛国控制在自己的军事保护体系中。在后
冷战时期，太平洋地区已经不存在任何安全威胁，更重要的是，太平
洋岛国并不认为新兴国家是它们的安全威胁，因此太平洋岛国对西方
国家的安全警告不再唯命是从。相反，太平洋岛国政府和民众都认为
发展经济、改善民生才是国家面临的最重要的任务。鉴此，太平洋岛
国纷纷制定"北向方略"与亚洲国家加强经贸合作，希望借助亚洲国
家的成功经验和资金迅速实现自己国家的发展。正是在这样的背景
下，太平洋岛国与亚洲各国建立了更为紧密的经贸合作关系。由于太
平洋岛国与亚洲国家有着相似的历史经历和文化背景，双方的合作从
一开始便呈现出亲密和发展迅速的特点。特别是中国对太平洋岛国的
经贸关系更是表现出后来居上的特点，太平洋岛国政府和民众在发展
援助上也表现出更愿意与中国——而不是与西方传统捐助国——接近
的意愿。一些西方观察家和学者敏锐地注意到了这一点，其中的一些
人便开始了严密的跟踪研究；而另一些人则出于种种目的不断宣扬
"中国威胁论"，强调中国的地区力量和影响力正在迅速上升，而澳大

---

① Department of Foreign Affairs and Trade, *Overview of Australia's aid program to Papua New Guinea*, 2018, https: //dfat. gov. au/geo/papua – new – guinea/development – assistance/Pages/papua – new – guinea. aspx.

② Jenny Hayward – Jones, "Australia – Papua New Guinea Relations: Maintaining the Friendship", Lowy Institute, 15 October 2018, https: //www. lowyinstitute. org/the – interpreter/.

利亚和其他西方国家的影响力却在不断下降①。

　　与太平洋岛国政府和民众的愿望相反，该地区的传统大国和前殖民宗主国，如美国、澳大利亚和新西兰并不希望新兴大国进入本地区，并发挥建设性作用。这一方面是由于它们担心新兴大国会在该地区与它们形成强烈的政治、经济和影响力竞争，另一方面它们也不希望太平洋岛国能够实现完全的经济独立②。因为一旦岛国完全实现独立，西方前殖民宗主国在岛国地区的政治和经济影响力就会大打折扣。因此，美国和该地区的"副警长"澳大利亚都对中国等新兴国家在该地区的所有经贸活动予以高度关注，甚至摆出一副时时欲和中国一决高下的态势。作为本地区的传统大国，特别是被美国授予维护该地区秩序和西方利益的"副警长"的澳大利亚对中国在该地区的经济合作与贸易活动异常关注。其实，澳大利亚不仅对中国在该地区的活动予以高度关注，对其他新兴国家，例如印度和印尼在该地区的经贸活动也同样予以异乎寻常的关注，时刻警惕着新兴大国与太平洋岛国的合作可能会对澳大利亚的既得利益——特别是其主导的地区霸权——构成挑战。因此，亚太地区的安全形势虽然在冷战后有了极大的改善，但是澳大利亚却从自己的地区霸权的视角出发，认为亚太地区的安全形势严峻。有鉴于此，澳大利亚不仅没有弱化澳美同盟，反而一再呼吁美国"留在亚太地区"，强化双方的军事同盟③。由于追随美国深度卷入伊拉克和阿富汗战争，澳大利亚不得不暂时放松对太平洋岛国的控制。随着亚洲新兴国家的崛起，美国不得不将关注的焦点转向亚太地区。澳大利亚积极支持美国的"重返亚太"和"印太战略"，并将遏制重点指向中国。

---

　　①　Greg Sheridan, "Top defence threat now lies in the South Pacific from China", 22 September 2018, https：//www. theaustralian. com. au/national – affairs/defence/.

　　②　Greg Colton, "Safeguarding Australia's security interests through closer Pacific ties", Lowy Institute, 4 April 2018, https：//www. lowyinstitute. org/publications/.

　　③　Defense Department, *Defense White Paper*, 2016, http：//www. defence. gov. au/WhitePaper/.

　　澳大利亚《2016 年国防白皮书》不仅再次将美国定位为最重要的战略伙伴，澳美同盟是亚太地区安全的最为重要的保障，而且承诺对美国的军事义务，保证追随美国的亚太安全防卫政策。鉴于其特殊的地理位置，澳大利亚宣称必须形成"印度洋—太平洋"的"两洋"地缘概念，配合美国在两洋地区的军事安全布置。澳大利亚政府还宣称不能容许周边国家，特别是太平洋群岛地区出现对澳大利亚安全构成威胁和不利于美国主导的地区安全体系的力量。为了巩固地区霸权，澳大利亚政府一方面大幅度增加国防预算，将其提升至国民生产总值的 2%①，并宣布 2016—2026 年，将国防总预算进一步调高至 4470 亿澳元，大规模购买新式武器装备，增强澳军战斗力②。另一方面澳大利亚一再声称必须加强澳美军事同盟，阻止任何外部强国在太平洋地区建立可持续作战的能力。澳大利亚和美国因而密切关注非西方国家与太平洋岛国的关系发展，强调必须确保太平洋群岛地区国家的政治稳定和对澳大利亚的"友好"，确保它们不会将自己的领土与领海提供给除西方国家以外的任何力量用作军事基地和准军事基地。美国和澳大利亚一些政治和军方人士还特别强调要防范中国在太平洋岛国地区建立军事基地，并一再渲染中国与太平洋岛国合作共建的卫星地面跟踪站是中国海军和太空军事基地，因而联手向岛国施压，迫使岛国关闭中国卫星观测站。

　　鉴于岛国与新兴大国经贸关系的不断强化，澳大利亚政府强调必须加强对太平洋岛国的控制，防止太平洋岛国在外部大国的经济利诱下失控。为此，澳大利亚政府一方面要求澳大利亚国际援助署和澳大利亚军方密切配合，一文一武共同推进对太平洋岛国的掌控；另一方

---

　　① Defense Department, *Defense White Paper*, 2016, http：//www. defence. gov. au/WhitePaper/.

　　② Paul Karp, "France to Build Australia's New Submarine Fleet as ＄50bn Contract Awarded", *Guardian*, 26 April 2016, https：//www. theguardian. com/australia – news/2016/apr/26/.

面澳大利亚政府决定增加对太平洋岛国的援助，特别是加强对岛国各级官员和司法系统官员的培训，以便从意识形态和政治价值观上进一步塑造岛国的文官和司法体系。与此同时，澳大利亚军方则借加强与太平洋岛国军队和警察部门的合作帮助岛国训练军队和警察之机加紧从军事安全上对岛国的掌控①。以巴布亚新几内亚为例，澳大利亚军方实施了《澳大利亚与巴新防务合作计划》，派遣澳大利亚军官至巴新军队担任指挥官，并接收巴新军官至澳大利亚军事院校学习和培训。此外，澳大利亚军队还制订计划，与巴新军队开展年度联合训练。此举既增进了两军的关系，又帮助澳军掌握巴新的地形和气候，为今后的军事行动做准备。与军方合作相似，澳大利亚警方定期派遣警察赴巴新担任指挥官，并培训巴新警察部队，培养巴新警察队伍对澳大利亚的好感和向心力②。

　　在加强对岛国的军事和警力控制外，澳大利亚政府非常重视争取岛国民众的好感和支持。太平洋群岛地区是澳大利亚的近邻，也是澳大利亚最为关注的利益攸关地区，澳大利亚长期以来一直是太平洋岛国最大的援助国。作为发达国家，澳大利亚曾向联合国做出承诺，每年向最不发达国家提供援助③。但是，澳大利亚政府并没有履行这一承诺。近年来，由于经济形势和财政压力的原因，澳大利亚政府已经削减了100多亿澳元对发展中国家的援助预算④。澳大利亚深感非洲和南美的发展中国家"鞭长莫及"，因而没有向它们提供援助的兴趣。但对于太平洋岛国地区，澳大利亚政府不仅没有减少援助，反而一再

---

① Stewart Firth，"Security in Papua New Guinea：The Military and Diplomatic Dimensions"，*Security Challenges*，Vol. 10，No. 2，2014，pp. 97 – 113.

② David Connery and Karl Claxton，*Shared Interests*，*Enduring Cooperation*：*The Future of Australia – PNG Police Engagement*，Australia Strategic Policy Institute，October 2014.

③ Joe McKenzie，"Australia should fund foreign aid"，*ABC News*，12 September 2013，http：//www. abc. net. au/news/2013 – 09 – 12/.

④ Peter Jennings，"Vanuatu：China Gains from Our Neglect of the Pacific"，*Australian*，14 April 2018，https：//www. theaustralian. com. au/news/inquirer/.

表示还要增加援助，以便从这一地区获利①。

在对岛国的援助中，澳大利亚政府最热衷于向岛国地区各种非政府组织提供资金支持，以便在岛国政府体系之外，培养亲澳力量，以备必要时对岛国政府和非西方力量形成强大的民意和舆论压力。在与岛国的长期交往中，澳大利亚政府认识到派遣医疗队是赢得岛国民众好感的低成本、高效率的方式，因而要求其国际援助署与军方合作共同向岛国派遣了医疗队，深入岛国的偏远地区义诊。澳大利亚政府还刻意将医疗队的活动拍成电影在岛国各地播放，以增加岛国民众对澳大利亚的好感度。澳大利亚政府加强对太平洋岛国的政治、经济和军事控制的背后也有着深刻的经济利益考量。太平洋岛国区域自然资源丰富，沿海蕴藏着大量的渔业和石油、天然气资源。岛国的内陆和深海地区则拥有丰富的金属和非金属矿产资源。澳大利亚资本和企业控制着岛国大部分自然资源，为澳大利亚带来了丰厚的经济利益。澳大利亚因此认为培养在情感上亲近西方，且在政治上顺从西方的岛国政府最符合澳大利亚的政治、安全和经济利益。

在此背景下，中国企业一进入太平洋岛国就引起了西方发达国家和国际资本市场的高度关注，这一方面是由于中国企业蕴藏着巨大的竞争力，一旦充分释放将对包括跨国公司在内的西方企业产生强有力的冲击；另一方面也是由于中国资本充裕，令太平洋岛国的前殖民宗主国根本无法竞争。西方发达国家企业和资本早已对太平洋岛国利润较为丰厚的领域实施了有效的瓜分和垄断，他们并不希望中国企业和资本的介入，因为这将引发市场新的洗牌和竞争，从而对发达国家既得的高额垄断利益造成极其不利的影响。这是中国企业在岛国投资，特别是在资源和基础设施领域的投资引起了西方发达国家的高度关注，并且在相当长的时间里成为挑动西方国家神经的重要因素。

---

① "Australia's Foreign Aid Spending: How much and Where?", *Guardian*, 22 August 2013, https://www.theguardian.com/global-development/datablog/.

　　研究中国和中国企业在太平洋岛国地区的政治和经济存在及其影响力已经成为太平洋岛屿地区研究的重要内容。许多西方学者注意到随着中国企业的迅速进入，中国在太平洋岛国的影响力也在同步增长。在太平洋岛国地区，人们经常看到商人们围在一起用英语、汉语夹杂着手势谈生意。在西方学者看来，一国语言在某一地区的流行和盛行往往是该国地缘政治、经济和战略影响力显著上升的标志。西方对中国在太平洋岛屿地区政治和经济影响力的增强表现出截然不同的观点。

　　一派对中国进行了较多的批评和指责，认为中国与太平洋岛国关系的加强不利于传统区域大国，特别是前殖民宗主国在本地区利益的巩固与强化，西方国家应对中国在岛国地区日益增长的经济、政治存在和影响保持警醒①。另一派则认为太平洋岛国从与中国的接触中获益颇多，因为中国不仅提供了有别于西方国家的援助方式，而且与西方国家不同，中国对太平洋岛国的援助一般不设政治前提，从而便利了太平洋岛国的借贷和经济发展。这些学者因此得出结论：太平洋岛国与中国经贸合作关系的加强为太平洋岛国的经济增长和发展提供了新的机遇。更有一些学者认为中国与太平洋岛国合作的增强也带动了西方国家，特别是前殖民宗主国对该地区的重视，并不得不增加对该地区的援助和经贸合作。这些因素在一定程度上拉动了太平洋地区岛国的经济发展和基础设施建设，为太平洋岛国地区的经济和社会发展做出了有益的贡献②。

　　中国自21世纪以来在大洋洲投资的大幅度增加实际上并不仅仅局限于太平洋岛国。以太平洋群岛地区的霸主澳大利亚为例，进入21

---

　　①　Hugh White，"America or China？Australia is Fooling Itself that it doesn't have to Choose"，Lowy Institute，27 November 2017，https：//www. theguardian. com/australia‒news/2017/nov/27/.

　　②　Yang Jian，"China in the South Pacific：Hegemon on the Horizon？"*Pacific Review*，Vol. 22，Issue 2，2009，pp. 139‒158.

世纪后，中国与澳大利亚的经贸合作关系不断强化，双方的经济依存度日益上升。21 世纪第一个十年结束之际，中国跃升为澳大利亚第一大贸易伙伴，澳大利亚对中国的经济依存度迅速上升，甚至远远超越了其对美国和日本的经济依存。2007 年初，中国与澳大利亚达成了具有历史意义的天然气订货合同，中国购买了价值 250 亿美元的液化天然气①。中国的大型企业还纷纷与澳大利亚矿业公司和农场进行并购和合资洽谈，并相当成功。澳大利亚前总理陆克文曾多次表示澳大利亚经济在过去的二十多年里之所以未重现衰退就是由于中国经济增长和需求的强力拉动。因此，澳大利亚政府有必要认真考虑其与中国的关系，因为无论是澳大利亚经济的持久繁荣，还是大洋洲地区的经济发展都需要中国的资金、技术和成功经验。

但是，作为美国在亚太地区的"副警长"，澳大利亚一向被美国赋予维护美国为首的西方国家在太平洋岛国地区的利益和价值观的重任。可以说，美国与澳大利亚在护持全球和亚太地区体系上作了责任划分。美国负责维护全球层面的霸权体系，而澳大利亚则负责维护美国在亚太地区的霸权体系与秩序。澳大利亚和美国曾多次对中国在太平洋岛国地区日益增长的经贸合作和影响力表示担忧，澳大利亚政府更是强硬地声称澳大利亚有多种选择和方式来应对中国在岛国地区日益增长的政治、经济存在和影响力②。

国与国之间存在不同观点、看法甚至一些纷争，是国际关系中的正常现象，不应成为影响国家间正常关系的借口，更不应成为政治人物操控国内政治的工具。中澳两国相互而非中国单方面影响力的增强是两国经贸、政治、人文等各方面交流数十年来不断加强的客观结果，符合基欧汉和约瑟夫·奈等著名国际关系学者对全球化客观结果

---

① Tony Wright, "How Australia blew its Future Gas Supplies", *Sydney Morning Herald*, 29 September 2017, https：//www.smh.com.au/opinion/.

② Greg Sheridan, "Top Defence Threat Now Lies in the South Pacific from China", *Australian*, 22 September 2018, https：//www.theaustralian.com.au/national – affairs/defence/.

观察和总结的规律。若将其归因于中国有意识地单方面增强对澳大利亚影响有违客观事实，借机指责中国"输出意识形态"和"干涉内政"则不仅有违事实，而且直接损害两国关系。

此外，稍微了解中国外交政策的人都不会相信中国刻意"输出意识形态"或"干涉别国内政"。一国意识形态的形成有其深刻的历史、文化和社会发展背景，外部主观意志和武力很难强加。即便强加，也难收获希望的结果。西方国家对世界上不少国家强加意识形态和政治制度但并未获得如意的结果，就是明证。德国和日本若非因为战败而被强行"改造"，也不会有今日的结局。国际关系的实践也反复证明，干涉别国内政不仅难以实现一国想要追求的政策目标，而且极易产生相反作用，伤害被干涉国政府和民众的情感，甚至引起被干涉国的强烈不满和敌意。21 世纪初，西方国家对阿富汗和伊拉克武装干涉的结果，就是典型的例证。另外，中国在近代史上深受列强"干涉"之苦，这直接催生新中国的和平共处五项原则，尤其是"不干涉别国内政"的外交准则。"己所不欲，勿施于人"是中国奉行"不干涉别国内政"形成的重要思想来源。中国欢迎其他国家借鉴中国的发展经验，但同时也一再强调任何借鉴都需因地制宜，需要像中国一样"走自己的路"，不要照搬照抄别国的经验。中国的外交理论与实践都表明，澳大利亚一些人所谓中国对澳推行"意识形态输出"或"干涉澳大利亚内政"之说，都是无稽之谈，根本不符合中国的外交政策和逻辑。

澳大利亚关注太平洋岛国的政治、经济稳定和安全，因为岛国的政治、经济和安全危机，如政治和经济难民、人道主义灾难等危机可能发生溢出效应从而危及澳大利亚的稳定和安全。自 21 世纪第一个十年结束后，澳大利亚政府在其发布的国家安全战略中不断强调要关注新的安全危机，这就是"域外大国"企图通过经济、政治和军事压力影响太平洋岛国，动摇澳大利亚在太平洋岛国地区的霸权地位和既得利益①。澳大利亚政府和军方强调太平洋岛屿地区是澳大利亚的"势力范围",在不容许"异质国家胁迫太平洋岛国"的幌子下竭力协助美国阻止新兴国家在太平洋岛屿地区政治、经济存在和影响的增强②。

2016年,澳大利亚前总理特恩布尔宣布在太平洋岛屿地区实施"强化战略"(step up),意图通过全面深化、强化与太平洋岛国的关系,进一步加强对太平洋岛国的控制③。澳大利亚前外长毕晓普(Julie Bishop)强调为了巩固澳大利亚的地区霸权(存在和影响),澳大利亚必须与太平洋岛国构建更加紧密的伙伴关系以促进地区经济发展,缓和与太平洋岛国的矛盾,确保澳大利亚的国家安全和地区霸权④。澳大利亚《2016年国防白皮书》和《2017年外交白皮书》均再次强调护持美国地区霸权体系和秩序,护持澳大利亚地区霸权、安全和既得利益的战略目标。这些都充分说明澳大利亚对护持美国地区霸权体系的重视和固执。

莫里森政府一再"忠告"美国政府不要在印太战略上"三心二意",而应抓紧时间,从速落实印太战略。澳大利亚政府和军方一再重申澳美同盟是澳大利亚外交与国防政策的基石,澳大利亚将一如既往地成为美军在亚太地区的"前进基地"和美国在该地区的安全"南锚"⑤。2018年,莫里森政府宣布与日本构建"准军事同盟",并拨付特别款项与美军一道在巴布亚新几内亚的马努斯岛构建大型军事

① Department of the Prime Minister and Cabinet, Government of Australia, *Strong and Secure: A Strategy for Australia's National Security*, Canberra, Australia, 2013.

② Jenny Hayward – Jones, "The Pacific Islands Play the Field", *The Diplomat*, January 2017, p. 2.

③ Malcolm Turnbull, "Helping Our Neighbours", Department of the Prime Minister and Cabinet, Australia, 8 September 2016.

④ Julie Bishop, "Australia in the Pacific", speech delivered in Fiji, Department of Foreign Affairs and Trade, Australia, 12 August 2017.

⑤ Erik Paul, *Australia as US Client State: The Geopolitics of De – democratization and Insecurity*, New York: Palgrave Mcmillan, 2017.

基地，莫里森政府的一系列举动深刻表明其欲配合美国在印太地区遏制中国发展的强烈欲望。从印太战略的建构中，我们不难发现美国在其中发挥了重要的主导作用，澳大利亚则起到了积极引导和推动的作用，这主要表现在以下三个方面：

一是美澳两国在澳大利亚构建的军事基地的规模越来越大，战略指向越来越明确，并且作战目标愈发具有兼顾太平洋和印度洋的特性。近年来，澳美两军在面向印度洋的西澳地区修建了能够驻泊美军大型核动力航母的海军基地；在北部临近太平洋和印度洋交汇处的达尔文修建了专门用于在两洋地区进行大范围战略侦察的"全球鹰"基地和可供数万名美国海军陆战队驻守的大型军事要塞；在东部毗邻太平洋群岛天然屏障地区修建了美军战略核潜艇基地。这些大型军事设施显然旨在增强美军在两大洋地区的战略打击和军事攻防能力，具有明显的军事战略意图。

二是美、澳、日在太平洋区域的联合军事演习越来越机制化，演习次数日趋频繁，规模不断实现新的突破，冷战时期都很少出现的逾万人的大型联合军演在今日的两洋地区却是频频出现。2015 年 7 月，美澳两国在太平洋海域举行了大规模联合军事演习。双方出动 2 万名士兵，100 架战机和包括航母在内的数十艘舰艇参加演练①。2016 年 4 月，美、澳、日派出一万多名士兵在北太平洋区域举行大型联合军演。美国出动了太平洋舰队的主力，日本派出包括潜艇在内的强大的武装力量参加演练。2017 年 7 月，美澳两军在太平洋区域举行了有史以来规模最大的联合军事演习，双方共出动 3.3 万名士兵参演。美军太平洋司令部司令哈里·哈里斯毫不避讳地声称这场演习史无前例的庞大规模就是要向潜在的敌人"传递一种信息"②。澳军指挥官则

---

① *Australian*, "US seeks deeper military ties", 28 March 2012, http：//www.theaustralian. com. au/national－affairs/defence/.

② Cronk, Terri Moon, "Exercise Talisman Saber 17 Commences in Australia", US Department of Defense, June 2017, https：//www. defense. gov/News/Article/Article/1233218/.

表示，澳军参加军演就是要向美国表明澳大利亚对美国的忠诚，以及与美国在本地区开展联合军事行动的决心①。这一系列的联合军事演习表明美、澳、日已在亚太地区形成军事"合流"的态势。

三是美、澳、日、印在太平洋和印度洋区域的联动趋势加速，呈现出"军事合流"的态势。2016 年 6 月，美、日、印三国在印度洋区域举行第四次大规模的联合军演。据澳大利亚有关媒体报道，澳大利亚政府和军方希望加入三国在印度洋地区的联合军演②。2016 年 9 月，美澳两军在两洋交汇处的达尔文海域举行大规模联合军事演习，明确表示演习的目的旨在为印度洋—太平洋区域发生大规模的战争预做准备。印度虽未正式参加此次军演，却派出了军事观察员。2018 年，美、日、印首次把以往在印度洋地区举行的联合军事演习"搬"到太平洋中部地带，旨在向中国发出"意义深刻的信号"。由于担心中国采取反制措施，印度暂时拒绝了澳大利亚参加军演的要求。

以上三个方面表明"印太战略"是美国、澳大利亚和日本三国政府和军方基于西方霸权主义理论和美国霸权主义全球体系与权力架构的实践精心擘画和积极推动的结果。三国在中国快速崛起的语境下对以军事实力维系美国治下的霸权体系与秩序，以及由此而衍生的既得利益表现出高度的战略默契。

2019 年底，澳大利亚政府宣布对其全球经济援助计划进行全面评估和调整，决定从全球收缩力量，将澳大利亚的援助重点重新集中在太平洋岛国地区。澳大利亚政府官员和研究人员认为澳大利亚在冷战后也存在着"帝国过度扩张"的现象，以为冷战后美国将独霸天下，也是澳大利亚从亚太地区"副警长"晋升为美国的全球性"副警长"的良机。澳大利亚政府和军方因此头脑极度膨胀，竭力追随美国企图

---

① Lindsay Murdoch, "South China Sea: Australia Involved in Balikatan war Games Amid Warnings", *Sydney Morning Herald*, 5 April 2016, http://www.smh.com.au/world/.

② Prashanth Parameswaran, "US, Japan, and India Kick off 2016 Malabar Exercise", *Diplomat*, 17 June 2016, https://thediplomat.com/2016/06/.

将自己的影响拓展至东亚、南亚、中亚、中东和非洲等地区①。

　　一些澳大利亚地区观察人士和研究人员批评澳大利亚的过度野心导致澳大利亚在中亚和中东地区浪费了大量的资金和军事力量。澳大利亚研究人员认为新兴国家在冷战后的接连崛起并不断加强同太平洋岛国的互利合作迫使澳大利亚政府和军方认识到澳大利亚不是美国，不可能成为梦想中的全球性大国。澳大利亚政府和军方因而不得不清醒头脑，重新认识自己，将关注的重心重新转回其传统"后院"的太平洋岛国地区。莫里森政府推出"太平洋强化"（Pacific Step – Up）计划，宣布将澳大利亚对外援助总额的80%用于太平洋岛国②。虽然澳大利亚现在已经将经济援助和基础设施建设列为"太平洋强化"政策的重点之一，但澳大利亚的冷战思维使其念念不忘地区军事霸权。澳大利亚每年都在印太地区和美国开展各种联合军事演习，耗费大量本应用于经济发展、环境保护和提高民众生活水准的资金。

　　澳大利亚一直力图对太平洋岛国施加政治、经济和外交影响。近年来，随着中国在太平洋岛国地区经济存在和政治影响的不断扩大，澳大利亚政府和军方竭力推行太平洋"强化"战略，这主要表现在以下几个方面。

　　第一，为加强对太平洋岛国的金融和经济控制，澳大利亚效法美国在一些太平洋岛国主导建立信托基金以增强对太平洋岛国国计民生的控制。以瑙鲁为例，澳大利亚主导的瑙鲁基金始建于2015年，现已经成为该国最重要的金融机构，对该国的国计民生发挥着不可替代的作用。澳大利亚对瑙鲁的直接殖民史可以追溯至第一次世界大战。澳大利亚自1914年占领瑙鲁后一直在瑙鲁大肆掠夺性开采当地磷矿资源。至1968年瑙鲁独立时，磷业资源储存量几近枯竭，自然生态

---

　　① "Australia's Foreign Aid Spending: How Much and Where?", *Guardian*, 22 August 2013, https://www.theguardian.com/global – development/datablog/2013/aug/22/.

　　② Australian Department of Foreign Affairs and Trade, *Stepping – up Australia's Engagement with Our Pacific Family*, 16 September 2019.

环境更是遭到严重的破坏，被联合国列为不适合人类居住地区。瑙鲁遂于 20 世纪末向国际法院起诉澳大利亚，要求澳大利亚对瑙鲁自然资源和生态环境破坏予以赔偿。迫于国际社会压力，澳大利亚同意赔偿 1.07 亿澳元①。但精于算计的澳大利亚并不愿付钱了事，而是精心策划用赔偿金建立由其主导的瑙鲁信托基金，以控制瑙鲁的金融和有关国计民生的重大项目。为此，澳大利亚于 2015 年拉拢新西兰、中国台湾以及美日主导的亚洲开发银行建立瑙鲁基金并由澳大利亚主导的顾问委员会负责管理。澳大利亚计划将赔偿金的一半，约 5700 万澳元直接注入信托基金，另 5000 万澳元分 20 年逐年拨付瑙鲁基金，平均每年约拨付 250 万澳元。南太平洋地区另一大国新西兰也每年向基金投入 280 万美元②。截至 2018 财年，瑙鲁基金已经到账 5600 万美元。通过建立国家信托基金，澳大利亚成功地控制了一些太平洋岛国的金融和关乎国计民生的重大项目，加强了对太平洋岛国的控制。

第二，为加强对太平洋岛国的军事和外交控制，澳大利亚正考虑效法美国将包括瑙鲁在内的一些岛国变成自己的自由联系国以获得排他性军事和安全特权。一些太平洋岛国，如瑙鲁、图瓦卢等，自其独立后，国防事务一直由澳大利亚负责。据悉，澳大利亚有关部门正策划与瑙鲁、基里巴斯和图瓦卢等国建立自由联系国关系，以获得类似美国在太平洋自由联系国密克联邦、帕劳和马绍尔群岛的"军事否决权"和"军事拒止权"等。澳大利亚外交部和国防部声称中国在太平洋岛国地区的政治影响和经济力量增长迅速，在某些方面已经超过或与美国持平。另外，中国的和平共处、不干涉别国内政的外交政策深受岛国欢迎，迫使西方国家不得不在岛国面前保持克制，甚至被迫

① Jol Admin, *Nauru*: *Pleasant Island to Pacific Solution*, State Library of Queensland, 22 January 2013.

② Asian Development Bank, *Analysis on the Nauru intergenerational Trust Fund*, Pacific Economic Management（Phase 2）, Manila, 2013.

牺牲既得霸权利益。与上述三岛国建立自由联系国关系后澳大利亚可以获得军事特权，加强对三国的控制，防止其外交转向；将中国力量和影响阻止在三国之外，降低中国在三国建立军事基地的可能；帮助美国强化第二岛链，遏制中国走向太平洋。为此，澳大利亚与瑙鲁等国签署了安全备忘录，宣称要共同加强海洋边防安全，打击地区犯罪等。一些澳大利亚防务专家分析认为这只是表象，背后实质是遏制中国，阻止中国在澳大利亚的"前院"东南亚地区和"后院"太平洋岛国地区力量和影响的迅速增强。

澳大利亚《2016年国防白皮书》声称确保太平洋岛屿地区安全是澳大利亚战略国防利益的重要内容，宣称"澳大利亚将与岛国一起加强应对国内、跨国和地区安全挑战的能力，特别是限制任何域外大国在太平洋岛屿地区影响的增强，阻止其危害澳大利亚的地区利益"[①]。澳大利亚《2017年外交白皮书》则声称"太平洋岛国对于保卫澳大利亚北部海域安全、澳大利亚本土安全和澳大利亚经济专属区安全至关重要"[②]。为此，澳大利亚和美国宣布共同在巴布亚新几内亚建立马努斯海军基地。澳大利亚政府拨款3000万美元用于马努斯军事基地的修建扩建，并派遣数十艘舰艇长驻该基地。太平洋岛屿地区安全观察人士普遍认为马努斯基地的真实目的是遏制中国在该地区日益增长的影响和存在[③]。澳大利亚军方也积极加强与太平洋岛国的军事和安全合作，试图以此加强对岛国军事和安全力量的控制和影响。澳大利亚国防部长雷诺兹透露澳大利亚正在筹建"太平洋支援部队"（The Pacific Support Force）以加强与太平洋岛国的军事联系，必要时

---

① Australian Department of Defence, *2016 Defence White Paper*, Canberra: Commonwealth of Australia, 2016.

② Australian Government, *2017 Foreign Policy White Paper*, Canberra: Department of Foreign Affairs and Trade, 2017.

③ Natalie Whiting, "Joint Australian – U. S. Naval Base on Manus Island a 'Significant Pushback' against China's Pacific Ambitions", *Australian Broadcasting Corporation*, 18 November 2018.

控制该地区可能出现的特殊情况。2014 年，澳大利亚发布"太平洋巡逻艇计划"（Pacific Patrol Boat Program），宣布向相关太平洋岛国提供价值 20 亿美元的巡逻艇以加强澳大利亚在岛国的军事和安全控制力。澳大利亚政府和军方还臆测中国可能在斐济、瓦努阿图等国建立军事基地①，因而决定在斐济建立警察和军事人员训练中心以加强对岛国的监督和控制②。澳大利亚还大幅度增加军费，加强澳军在太平洋岛国地区的军事投放力量以加强对岛国的威慑。

第三，为加强对太平洋岛国的政治、外交影响和经济控制，澳大利亚不断加大对太平洋岛国的经济援助和控制致使部分岛国严重依赖澳大利亚的援助而难以自立。出于控制岛国的考量，澳大利亚自 21 世纪以来一直是太平洋岛屿地区最大的捐助国。据澳大利亚洛伊研究所统计，澳大利亚 2006—2016 年间共向太平洋岛国提供了 70 多亿美元的援助，这一金额是其后四大捐助国的总和，占澳大利亚对外援助额的一半，占岛国受援总额的 1/3③。截至 2020 年，澳大利亚向太平洋岛国提供的援助更是快速增长至 96.3 亿美元④。由于经济形势不佳，澳大利亚政府近年来削减了 100 多亿美元的对外援助。但对于太平洋岛国，澳大利亚政府不仅没有减少援助，反而一再增加援助，以对抗中国在该地区日益增长的政治、经济存在和影响，加强对"后院"的掌控。以瑙鲁为例，自其独立后，澳大利亚一直设法成为瑙鲁最主要的商品供应国和投资目的地，而仅对瑙鲁提供有限的经济援助。但进入 21 世纪后，随着新兴国家的崛起，澳大利亚开始向瑙鲁等岛国提供大量经济援助并不断加大援助的力度，连续多年成为瑙鲁

① David Wroe, "China Eyes Vanuatu Military Base in Plan with Global Ramifications", *Sydney Morning Herald*, 9 April 2018.
② Christopher Mudaliar, "Australia Outbids China to Fund Fiji Military Base", *The Interpreter*, 4 October 2018.
③ Philippa Brant, "Chinese Aid in the Pacific", *Lowy Institute for International Policy*, February 2015.
④ Australian Lowy Institute, *Pacific Aid Map*, March 2018.

最大的援助国。近一两年，澳大利亚出于联合美国在南太地区遏制中国的目的，不断削减对世界其他地区的援助以最大程度地将援助转移至包括瑙鲁在内的南太平洋岛国。在此背景下，澳大利亚对瑙鲁的年度援助额已由 21 世纪初的 2000 余万美元迅速增加至 2019—2020 财年的 2860 万美元，并计划将 2021—2022 财年的援助额再增至 3220 万美元。澳大利亚每年向瑙鲁提供的援助总额相当于该国国内生产总值的 1/3，澳大利亚的资金援助相当于该国财政预算的 30%。除了向瑙鲁提供各种援助外，澳大利亚还向瑙鲁支付难民营补偿金。2001 年，澳大利亚开始向瑙鲁提供经济援助。作为回报，瑙鲁同意在其境内建立澳大利亚海外难民营。据澳大利亚有关部门资料，澳大利亚于 2015—2016 财年向瑙鲁支付难民营补偿金 1.15 亿美元，约占瑙鲁当年财政收入的 28%①。其他间接费用，如难民营建筑和维修、管理、服务等收入相当于瑙鲁财政收入的 15%—20%。此外，瑙鲁还每年向难民营收取签证费 2100 万美元和边防费用 820 万美元②。瑙鲁经济现已严重依赖澳大利亚援助及难民营补偿金。通过使瑙鲁等国在经济上深度依赖澳大利亚援助，澳大利亚政府和军方成功地加强了对这些岛国的内政、外交和军事的控制权。

第四，澳大利亚不断加强对太平洋岛国重要基础设施和自然资源的控制，旨在令太平洋岛国在今后相当长的时期内无法摆脱依赖澳大利亚的局面。例如，澳大利亚除了向瑙鲁等岛国提供财政、医疗和教育援助外，近一两年来还特别注重对这些岛国重大基础设施的援助以有效控制该国的机场和港口。2018 年，澳大利亚特别拨款 20 亿美元用于设立南太地区基础设施资助基金。澳大利亚政府计划动用基金投资 1750 万美元用于扩建瑙鲁机场，动用 2000 万美元用于瑙鲁港口扩建，机场和港口扩建后均由澳大利亚负责管理③。瑙鲁磷业资源虽近

---

①　Cait Storr, "What's next for Nauru?" *The Interpreter*, 28 April 2017.

②　Michael Bochenek, "Australia: Appalling Abuse, Neglect of Refugees on Nauru", *Human Rights Watch*, 2 August 2016, https://www.hrw.org/news/2016/08/02/.

③　Asian Development Bank, "Construction Begins for Nauru's First International Port", 21 October 2019, https://www.adb.org/news/.

枯竭，但其海底已勘探出储量丰富的镍、钴、镁高品质富矿资源。据澳大利亚矿业巨头称，这些矿业资源如同中东石油一样丰富。瑙鲁前总统瓦卡预计这些丰富的矿产资源将像磷业资源一样为瑙鲁带来巨额财富。澳大利亚矿业巨头嘉能可（GLENCORE）等公司在澳大利亚政府支持下已基本控制了这些海底矿业资源，预计2025年开始商业开采。除瑙鲁外，澳大利亚政府和企业正加紧政策协调和配合以进一步强化对太平洋岛国自然资源和基础设施的进入和控制。为此，澳大利亚政府宣布成立总计30亿澳元的"太平洋基金"以主导太平洋岛国的基础设施建设，加大澳大利亚在该地区的外交影响力①。

澳大利亚政府还宣布实施太平洋基础设施资助计划（Australian Infrastructure Financing Facility for the Pacific），提供14亿美元用于太平洋地区的基础设施建设。澳大利亚还修建了3000多英里长的珊瑚海电缆工程，用以将巴布亚新几内亚和所罗门群岛的海底电缆接入澳大利亚电信网。澳大利亚一方面加快介入岛国的电信网络构建，另一方面竭力遏制中国企业在该地区的基础设施建设。例如，所罗门群岛曾于2016年与华为公司签署协议，铺设连接该国与澳大利亚的海底互联网电缆以提升该国互联网和电信设施水平。但澳大利亚政府威胁所罗门群岛政府如果委托华为主导光缆建设，澳大利亚决不允许该光缆接入澳大利亚电信网②。为了阻止华为修建该光缆并在太平洋岛屿地区拓展业务，澳大利亚政府拨款1.4亿美元修建本国与所罗门群岛之间长达4000千米的海底光缆。2019年6月，澳大利亚总理莫里森访问所罗门群岛，强调"太平洋岛屿地区是澳大利亚的战略中心和前沿"，承诺将对该国的基础设施投资1.75亿美元。澳大利亚政府还专门拨款14亿美元设立基础设施基金，用于支持太平洋岛国的基础设

---

① Australian Department of Foreign Affairs and Trade, *Pacific Regional—Australian Infrastructure Financing Facility for the Pacific*, 1 July 2019.

② Colin Packham, "Ousting Huawei, Australia Finishes Laying Undersea Internet Cable for Pacific Allies", *Reuters*, 28 August 2019.

施建设，并与美国、日本共同设立专门用于支持能源基础设施的基金。但是，美国、澳大利亚和日本的电信技术并不比中国先进，更糟糕的是其技术成本和人工成本均远远高于中国电信企业，因此所罗门群岛等国坚持其国内各岛屿间仍由中国企业铺设海底电缆，这引起澳大利亚等国的强烈不满。

第五，澳大利亚政府和军方近年来竭力加强与太平洋岛国的政治、经济和社会文化关系以加强岛国社会精英和民众对澳大利亚地区霸权和主导地位的认同，对澳大利亚及西方意识形态和价值观的接受。澳大利亚曾对诸如瑙鲁在内的一些太平洋岛国进行了半个多世纪的殖民统治，这些岛国在独立后仍然在政治、经济和文化领域与澳大利亚保持着极为密切的关系。例如，瑙鲁等国虽然有自己的民族语言，但仍将英语定为官方语言，澳元定为官方货币，政治、经济、法律和教育等体系均模仿澳大利亚。澳大利亚政府和军方还向这些岛国政府部门，如财政部、外交部、警察总局、教育部等派遣顾问并拥有相当的权力，澳大利亚因此对这些岛国的内外政策有着相当强大的影响力，以至于南太平洋地区一些岛国认为瑙鲁等国是澳大利亚的"仆从国"。澳大利亚军方还向巴布亚新几内亚等岛国军队派遣军事顾问，负责协调澳大利亚军事援助以及联合训练等事务[1]。澳大利亚政府宣布增加对太平洋岛国的援助，特别是增强对岛国各级官员和司法系统官员的培训，以便从意识形态和政治价值观上进一步塑造岛国的文官和司法体系，加强对岛国政府官员的意识形态控制。澳大利亚政府还加大对岛国地区各种非政府组织的资金支持，旨在岛国政府体系之外，培养亲西方力量，以便在必要时对岛国政府和非西方力量形成强大的民意和舆论压力。

为强化太平洋岛国民众的向心力，澳大利亚政府推出太平洋妇女

---

① 于镭、隋心：《澳美同盟语境下澳大利亚地区霸权的建构》，中国社会科学出版社2021年版。

发展计划（Pacific Women Shaping Pacific Development Program），旨在帮助岛国妇女提高文化水平、职业技能和就业率①。澳大利亚政府设立太平洋奖学金为岛国学生提供赴澳大利亚留学的机会，设立政府"义工项目"，鼓励澳大利亚技术人员赴岛国帮助澳大利亚政府发展合作项目的实施。新科伦坡计划是澳大利亚政府近年来最为重视的援助项目之一，自2014年至2020年，澳大利亚政府专门资助75名新科伦坡计划学生访问帕劳，研究当地的海洋生态和环境保护。澳大利亚也是一些岛国——如瑙鲁最大的经济和贸易伙伴、民众出国旅行和留学——的首选目的地。据澳大利亚移民局统计，太平洋岛国均有相当数量的人口在澳大利亚工作、学习或居住。值得注意的是，尽管澳大利亚等国竭力试图加强在密克联邦、马绍尔群岛和帕劳的存在和影响，但由于对澳大利亚等国长期操纵岛国地区事务，特别是通过操纵太平洋岛国论坛，挑唆岛国之间的矛盾，密克联邦、马绍尔群岛和帕劳等岛国对此表示强烈不满，与澳大利亚等国的矛盾也因此公开化。在澳大利亚等西方大国的操纵下，库克群岛前总理普纳（Henry Puna）成为太平洋岛国论坛新一任秘书长。普纳出任秘书长违反了由太平洋岛屿地区三个主要群岛——波利尼西亚、美拉尼西亚和密克联邦——轮流担任论坛领导人的协议。密克联邦政府随即发布声明，对秘书长的任命程序表示"极度失望"。帕劳政府则明确表示退出由澳大利亚操纵的太平洋岛国论坛，密克联邦、瑙鲁、基里巴斯和马绍尔群岛也启动立法程序，准备跟随帕劳一起退出这一地区组织。

澳大利亚在太平洋岛屿地区异常活跃，但限于美国的�

制，澳大利亚在三国的影响相当有限。澳大利亚在北太平洋岛屿地区唯一的大使馆位于密克联邦，它不仅负责澳大利亚与密克联邦的事务，而且负责自由联系三国的所有事务，同时兼管关岛和北马里亚纳群岛的领事

---

① Australian Department of Foreign Affairs and Trade, *Pacific Women Shaping Pacific Development: Six Year Evaluation Report and Management Response*, Canberra, 2020.

事务。随着美国在太平洋岛屿地区存在和影响的相对下降，澳大利亚也在千方百计地扩大在该地区的存在和影响。澳大利亚政府计划于2020年前后在帕劳和马绍尔群岛共和国设立使馆①。在安全领域，澳大利亚于2014年6月宣布提供18.8亿美元的太平洋巡逻艇计划，向包括自由联系国在内的太平洋岛国提供巡逻艇。澳大利亚此举一方面旨在扩大澳大利亚在太平洋岛国的影响，另一方面旨在加强对太平洋岛国的军事控制和影响②。

　　澳大利亚对自由联系三国的经济援助远远小于对其他岛国的援助金额③。澳大利亚政府的援助数据显示2018—2019年，仅向三国提供了800万美元的经济援助，主要用于在三国推行"良政、法治、透明性"等④。澳大利亚是帕劳的第三大捐助国，仅提供了不足200万美元的捐助；是马绍尔群岛的第四大捐助国，提供了400万美元的援助⑤。澳大利亚对密克联邦、马绍尔群岛和帕劳三国的援助有着不同的侧重点。澳大利亚对密克联邦的援助侧重于提高当地的基础教育，增强该国年轻一代对澳大利亚的认同和接受；在马绍尔群岛，澳大利亚主要提供美国核污染后的人道主义援助，如饮用水和卫生设施等以改善当地民众对美国的不良印象。澳大利亚还与马绍尔群岛签署"发展伙伴计划"（The Partnership for Development），作为两国的合作机制，帮助改善马绍尔群岛的国家治理、经济和社会发展等。澳大利亚

---

① Scott Morrison, "Australia and the Pacific: A New Chapter", address delivered to troops in Lavarack Barracks in Townsville, Queensland, Australia, 8 November 2018.

② Shahryar Pasandideh, "Australia Launches New Patrol Boat Program", *The Diplomat*, 1 July 2014.

③ Australian Department of Foreign Affairs and Trade, *North Pacific Aid Fact Sheet*, October 2018.

④ Derek Grossman, Michael S. Chase, Gerard Finin, Wallace Gregson, Jeffrey Hornung, Logan Ma, Jordan R. Reimer, Alice Shih, "America's Pacific Island Allies", ENR Reviews U. S. Interests in the Freely Associated States, Senate Committee on Energy and Natural Resources, 23 July 2019.

⑤ Australian Lowy Institute, *Pacific Aid Map*, March 2018.

正通过该计划加强对马绍尔群岛经济部门、公营单位、基础设施和教育等部门的渗透和控制。在帕劳，澳大利亚主要提供军事装备和电信网络服务以协助美国加强对该国的控制①。2018 年，澳大利亚宣布加强对帕劳援助，向帕劳赠送巡逻舰艇，帮助培训海防人员，协助美国进一步增强对帕劳的控制力度。澳大利亚对三国的援助重点旨在控制三国的信息和交通等基础设施。美国、澳大利亚等国视三国为太平洋霸权体系的重点区域，因而试图联手控制三国的基础设施。美国、澳大利亚、日本和亚洲开发银行共同出资该地区的海底电缆网络建设，将该地区的电缆与美国关岛和澳大利亚联结成网。澳大利亚政府还通过世界银行、澳大利亚—太平洋岛屿伙伴信托基金等机构提供资金，由澳大利亚企业提供技术，改革帕劳国家交通公司和帕劳海底电缆公司。澳大利亚和美国还鼓动西方国家企业参与三国的信息和交通基础设施建设以控制三国的基础设施。

　　尽管澳大利亚不断加强对太平洋岛国的援助以增强对岛国的影响和控制，但相当多的地区观察人士和澳大利亚学者认为澳大利亚在该地区的影响仍在不断下降②。他们指出澳大利亚政府必须关注岛国民众所关心的气候变化和经济发展等问题，而不应自以为是地将自己关注的霸权护持议题强加给岛国政府和民众。例如，在 2019 年图瓦卢召开的岛国论坛年度会议上，斐济等岛国严厉批评澳大利亚政府的气候变化政策，谴责澳大利亚对岛国的"灭顶之灾"漠不关心，反而以居高临下的态度侮辱岛国应对气候变化所做出的努力。澳大利亚政府对岛国的批评根本不予反省，却荒唐地指责岛国是受中国的"挑唆"而挑战澳大利亚的地区主导地位和利益。澳大利亚政府和军方总自以为与岛国有着传统的密切关系，但这种关系建构于前殖民宗主国对岛

---

　　① Australian Department of Foreign Affairs and Trade, *Pacific Women: Shaping Pacific Development*, Canberra, 2018.

　　② Harley Dennett, "Alarm sounded on Australia's falling south Pacific influence", *Canberra Times*, 28 April 2021.

国的剥削和掠夺，是澳大利亚和岛国关系中的负面资产。这是岛国政府和民众希望和中国发展平等互利合作关系的重要原因，也是岛国希望凭借中国平衡澳大利亚等"恶邻"的战略性考虑。太平洋岛屿地区观察人士指出虽然仅澳大利亚一国对太平洋岛国的援助额就远远高于中国的援助额，但中国在该地区的存在和影响却迅速增强，而澳大利亚等国的影响却日益下降，这一"反常"现象非常值得澳大利亚和其他殖民宗主国的反省①。

　　除了制造耸人听闻的"债务陷阱"论外，澳大利亚一些政客还不遗余力地"妖魔化"中国与岛国的基建合作。澳大利亚国际发展与太平洋事务部长孔切塔·菲拉万蒂—维尔斯（Concepta Fierravanti－Wells）对中国在太平洋地区的影响力的"明显增长"表示担忧和不满，她充满妒忌地攻击中国对太平洋岛国的援助是"白象"——不符合岛国人民的切实需要②。维尔斯声称"在太平洋地区随处可见中国援建的毫无用处的建筑物，它们都是垃圾……我时常会看到中国筑路人员在修建不知通向何处的公路"③。维尔斯还指责中国给予太平洋岛国的贷款"条件苛刻"，让岛国背上了沉重债务负担④。维尔斯的说法显然缺乏逻辑和可信度，因为没有人会花费巨资修建"不知通向何处的"公路。维尔斯的批评如果不是恶意诽谤，就是在侮辱太平洋岛国政府官员和民众的"智商"，因为他们花费巨资建"垃圾"。

　　维尔斯的"无礼"和充满"种族歧视"的言论立即遭到太平洋岛国领导人和民众异口同声的批评。萨摩亚总理图伊拉埃帕批评维尔

---

　　①　Tom Corben，"The US－Australia Alliance and Deterrence in the Pacific Islands Region"，*The Diplomat*，21 April 2020.

　　②　AFP，"China Lodges Protest Against Australian 'White Elephant' Remarks"，*Strait Times*，10 January 2018，https：//www. straitstimes. com/asia/australianz/.

　　③　Mark Wembridge，"Australia Lashes out at China's 'Useless' Pacific Projects"，10 January 2018，*Financial Times*，https：//www. ft. com/content/.

　　④　Michael McLaren，"Pacific Nations Drowning in Chinese Debt"，*The Australian*，30 January 2018，https：//myaccount. news. com. au/sites/theaustralian/.

斯的评论是对所有太平洋岛国领导人的"侮辱"，如果澳大利亚政府
高官不改正自己的错误，将会"毁掉"澳大利亚与太平洋岛国之间的
关系。图伊拉埃帕赞扬中国援助为萨摩亚的社会发展和应对气候变化
发挥了至关重要的作用。巴新外交部长帕托则反击说巴新政府知道如
何"评估、管理和使用外国资金，我们不需要别人说教"。"即便你
抹黑中国，我们还是要和中国合作。""谁对我们好，我们就和谁合
作。"《瓦努阿图每日邮报》批评维尔斯："根本不知岛国民众疾苦，
这些道路并非'不知通向哪里'，而是通向我们的家！"劝告澳大利
亚政府"放下正扔向中国的石头，首先从自己的错误中吸取教训"①。

　　斐济《太阳报》对中国援助表示感谢，认为它们促进了斐济的经
济增长和社会发展②。《太阳报》还指出中国在援建的过程中向当地
的工人们传授了建筑技术，提升了斐济人的建筑技能。《太阳报》对
维尔斯的言论进行了批评，强调斐济人民对中国援助一直心存感激，
而中国对太平洋岛国的援助是否有用取决于斐济人的看法，而不是取
决于澳大利亚官员的看法。汤加《卡尼瓦新闻》援引该国司法大臣法
奥图西亚的评论说，澳大利亚无力帮助太平洋岛国发展基础设施，却
无理地"指责中国帮助贫穷、急需帮助的太平洋岛国"，这令人感到
悲哀。汤加政府和民众认为中国携手汤加发展是汤加求之不得的大好
事。萨摩亚《新闻连线报》发表了《我们是棕象，而不是白象》的
社论文章，责问澳大利亚高官为何总是要把中国单挑出来加以攻击，
为什么他们不批评效率糟糕的西方国家？比如，美国、新西兰，还有
澳大利亚自己？文章总结说维尔斯对中国援助的攻击是最糟糕的新殖
民主义表现。她不是真的关心太平洋岛国的未来，而是更担心中国在
澳大利亚的"后院"拥有越来越大的影响力。

----

① Raymond Nasse, "A Look at What China Aid Has Been Doing For Vanuatu", *Vanuatu Daily Post*, 31 January 2018, http：//dailypost. vu/opinion/.

② Voreqe Bainimarama, "New Bridges to Ease Traffic Congestion, Make Travel Faster, Convenient", *Fiji Sun*, 12 January 2018, http：//fijisun. com. fj/2018/01/12/.

　　澳大利亚国立大学研究南太援助事务的研究员格雷姆·史密斯认为维尔斯的评论很"愚蠢",既不利人,也不利己,说明她根本就不了解太平洋岛国人民的需求,也不了解太平洋岛国人民的情感。在维尔斯的心中似乎中国的几句好话、一顿宴席就足以让岛国的领导人签下任何协议。澳政府高官如此抹黑岛国领导人不仅不会赢得岛国民众的支持,反而只会让自己在太平洋岛国失尽人心[①]。维尔斯对中国的攻击在澳大利亚政界也没有得到太多政治家和民众的响应。澳大利亚时任外长毕晓普和副总理乔伊斯都发表讲话,与维尔斯拉开距离。当然,澳大利亚政治家们也有自己的考虑,一是维尔斯对中国的攻击已经引起岛国的共愤,因而不愿引火烧身;二是澳大利亚对南太岛国的援助存在很多问题,过度对中国攻击,会引发岛国对澳大利亚援助的批评,从而搬起石头砸自己的脚。澳大利亚最大的反对党的影子外交部长黄英贤批评维尔斯的举动很"笨拙",根本没有政治敏感性。澳大利亚前驻美国、日本等国大使约翰·麦卡锡提醒维尔斯:"身处玻璃房子里的人千万不要随便乱扔石头!"[②]澳大利亚一些工商界人士因此批评维尔斯"口无遮拦",在自己的问题成堆时却去攻击别人。

　　在与岛国的交往中,西方前殖民宗主国既不理性地反思自己与岛国交往过程中的不足,也不虚心地研析中国赢得岛国"民心"的一些值得称道的做法,而是一味地希望通过冷战式的遏制与对抗,以及一些根本"上不了台面"的"小动作"来遏阻中国在该地区影响力的日益增长。其结果不仅适得其反,而且也反映了这些国家某些外交政策决策者思维的陈旧和心胸的偏狭。西方国家,特别是太平洋岛国前殖民宗主国对中国的"围攻"也说明了西方国家对于中国在太平洋群岛地区政治、经济存在和影响力的快速增强已经处于高度紧张和不安

---

　　① Graeme Smith,"Is There a Problem with...PRC Aid to the Pacific?" *China Matters*,April 2018,http://chinamatters.org.au/wp-content/uploads/2018/04/.

　　② "Fierravanti-Wells comment on China's Pacific aid was out of line",*The Australian*,12 January 2018,https://www.theaustralian.com.au/news/inquirer/.

状态，并且正在使用经济以外的政治和军事手段来遏制中国在该地区影响力的增长。太平洋岛国在21世纪第一个十年结束之际越来越积极主动地加强与中国的关系充分说明了澳大利亚已经无法像二十年前一样掌控和影响太平洋岛国的外交政策①。面对中国在太平洋群岛地区，乃至整个南太平洋地区日益增长的存在和影响力，澳大利亚政府所剩下的选项只能是徒然的焦虑，或是与中国在太平洋地区合作。一些具有远见卓识的人士强调指出西方国家应当严肃客观地研究中国与太平洋岛国的经贸合作，并提出与中国相互"取长补短"的建设性意见②。只有这样才能真正造福于太平洋岛国民众，促进整个地区的经济发展与社会稳定。

一些澳大利亚学者和政治观察人士认为与其无谓地指责中国对太平洋岛国的援助，不如与中国就援助事宜开展合作。太平洋岛国不仅有着丰富的自然资源，更是世界上贫困人口的聚集区，中澳两国完全可以携手帮助他们早日摆脱贫困。太平洋岛国地区也是疟疾的多发区，两国可能联合开展研究工作，造福当地民众。此外，中澳两国还可以在气候、环境保护、卫生、教育等领域开展广泛而扎实的合作③。澳大利亚国立大学的史密斯指出，澳大利亚多年来一直向岛国提供援助，积累了丰富的经验，这是澳大利亚相对于中国的优势。而中国由于进入这一地区为时尚短，对岛国的国情并不十分了解。为了岛国的发展和民众的福祉，澳大利亚应该与中国和其他新兴国家分享这些经验。通过中澳合作，中国援助可以更好地造福太平洋岛国民众。两国也可以优势共享，更好地推动双方的经贸合作，这对于中澳两国来说

① Philippa Brant, "Australian anxiety over China's South Pacific aid efforts is misplaced", *Guardian*, 28 August 2013, https：//www. theguardian. com/global－development/2013/aug/28/.

② Tess Newton Cain, Anna Powles and Jose Sousa－Santos, "Working with China in the Pacific", Lowy Institute, 2 May 2018, https：//www. lowyinstitute. org/the－interpreter/.

③ Lucie Greenwood, "Working with China on Pacific climate change", Lowy Institute, 15 August 2018, https：//www. lowyinstitute. org/the－interpreter/.

都是有百利而无一害的事。

2018 年 6 月，澳大利亚洛伊国际政策研究所发表了一篇关于太平洋岛国与中国关系的研究文章，声称中国对太平洋岛国的援助实际上与澳大利亚对岛国的援助形成互补①。文章指出发达国家对太平洋岛国的地区的援助在 2011 年至 2016 年间减少了 20%。美国、欧盟和法国以前都是重要的捐助国，现在它们的援助已经急剧减少。自 2013 年以来，澳大利亚也大幅度削减了 120 亿美元的援助。包括澳大利亚学者在内的一些西方学者，如澳大利亚国立大学政策发展中心副主任马修·多南，认为在发达国家纷纷减少对澳大利亚援助之际，中国对岛国援助的增加是一件好事②。这些学者指出澳大利亚和其他发达国家无意援助太平洋岛国基础设施建设，中国却愿意发挥其强大的基础能力，这有利于岛国的经济发展。太平洋岛国地区需要基础设施建设，更需要来自中国的物美价廉的商品。实际上，中国无论是在基础设施的建设能力上，还是价格竞争上均优于西方国家。据洛伊研究所统计，中国援助的 2/3 用于太平洋岛国的交通运输项目。

文章声称绝大多数太平洋岛国欢迎，并希望中国尽快资助岛国完成基础设施建设，欢迎中国援助教育和公共卫生等事业，并对中国在应对全球气候变化中所持的主张和采取的行动表示赞赏。而对该地区前宗主国的表现——如澳大利亚和美国的地区援助总是与政治条件捆绑，以及发达国家领导人对全球气候变化的冷漠态度——公开表示失望和不满。文章承认太平洋岛国在与中国多年的交往中对中国能够平等相待，并照顾岛国的利益需求而对中国心怀好感，非常希望能够不受澳大利亚、英国和美国的干预自主地发展与中国的合作关系。文章

---

① Shahar Hameiri，"China's Pacific presence improves Australian aid"，22 June 2018，Lowy Institute，https：//www.lowyinstitute.org/the-interpreter/.

② Stephen Dziedzic，"Which Country Gives the Most Aid to Pacific Island Nations? The Answer Might Surprise You"，Lowy Institute，9 August 2018，https：//www.abc.net.au/news/2018-08-09/aid-to-pacific-island-nations/10082702.

还特别指出，太平洋岛国领导人在地区安全等西方领导人关注的问题上已经表现出与西方领导人极大的差异，太平洋岛国领导人不仅不担心中国对岛国表现出的"兴趣"，甚至还明确表示"欢迎中国"，而不是"防范中国"才是他们的政策目标。太平洋岛国领导人还一再强调是气候变化，而不是中国在太平洋地区日益增长的存在与影响对太平洋岛国生存的威胁最严重，也是太平洋地区国家必须面对的首要的安全威胁。

由此可见，即便澳大利亚不希望太平洋岛国与中国加强经贸合作与交流，其企图阻止中国与太平洋岛国经贸合作的努力注定是徒劳的。太平洋岛国已经不再是独立前的殖民地，也不是冷战时期对澳大利亚言听计从的岛国了。太平洋岛国现在有了更多、更好的选项，这就是与亚洲等新兴经济体加强合作，这种合作的可靠程度远远超越了澳大利亚和其他西方国家。太平洋岛国对于世界大国越来越多的关注和大国之间因为它们而产生的地缘政治和经济竞争显然持欢迎态度，因为这有利于太平洋岛国更好地利用大国之间的竞争来实现自身利益的最大化。毕竟今日太平洋群岛地区最大的域外"捐助"国是澳大利亚、新西兰、日本、美国和中国，域外大国相争往往会令太平洋岛国处于更加有利的位置。太平洋岛国可以凭借与中国日益紧密的经贸合作来迫使西方国家向其提供更多的经济援助，开展更多的经济合作。太平洋岛国也可以利用西方国家的关注和竞争来争取更多的中国援助、投资和经贸合作机会。

第二节　日本、新西兰强化对岛国和自由联系国的影响和控制

在美国的太平洋"南锚"澳大利亚不断试图强化对太平洋岛国控制之际，美国在太平洋地区的军事"北锚"日本也表现出积极配合美澳，竭力护持美国太平洋霸权体系和秩序的态势。美国的太平洋自由

联系国历史上曾是日本的殖民地。一战爆发后，日本趁机出兵武力占领包括帕劳、密克联邦和马绍尔群岛在内的德国太平洋岛屿殖民地①。为了奖励日本在一战中与英法并肩打击德国对英国的霸权挑战，同时也为了拉拢日本遏制美国的太平洋霸权野心，英国和法国在一战后以国联名义将密克群岛等地区交由日本进行殖民统治。尽管日本的太平洋岛屿殖民地随着太平洋战争的失败而全部被美国等帝国主义列强抢夺，但日本并不甘心殖民地的丧失，而是竭力与密克联邦、马绍尔群岛和帕劳保持着密切的联系，并对包括三国在内的太平洋岛国进行了大量投资和援助。长期以来，日本一直是太平洋岛屿地区的第三大捐助国。2006 年至 2013 年间，日本共向太平洋岛国提供了 12 亿美元的捐助。2016 年，日本对太平洋岛国的捐助增加至 1.8 亿美元②。日本对太平洋岛国的捐助主要集中在意识形态推广、基础设施建设、环境保护和自然灾害应对等方面③。

一些国际军事和安全观察人士认为，日本对岛国大规模援助的真正目的旨在扩大日本的存在和影响，确保日本的海上安全。为了加强对太平洋岛国的影响，日本于 1997 年与太平洋岛国建立首脑会议机制（Pacific Islands Leaders Meeting），日本与岛国领导人每三年召开一次峰会④。美英等国认为，这一机制对加强美国在太平洋岛国地区的存在和影响发挥着重要的补充作用⑤。日本还向太平洋岛国地区派遣大量渔船，意图通过与岛国加强渔业合作来加强日本在太平洋岛国地区的存在和影响。2016 年，日本政府发布了自己的印太战略以加强与

---

① Japanese Embassy in the Republic of Palau, "Bilateral Relations", 2020.

② Australian Lowy Institute, "Pacific Aid Map", March 2018.

③ Shinzo Abe, *Address at the Eighth Pacific Islands Leaders Meeting（PALM 8）*, Fukushima, Japan, 19 May 2018.

④ Ministry of Foreign Affairs of Japan, "Japan – Federated States of Micronesia Summit Meeting", webpage, 18 May 2018.

⑤ Ministry of Foreign Affairs of Japan, "Pacific Islands Leaders Meeting（PALM）", webpage, 9 April 2018.

美国的自由联系国的关系。日本的印太战略与次年美国发布的印太战略相辅相成，相互强化①。此后，日本政府以更加积极的态势拓展在太平洋岛屿地区的存在和影响。日本政府认为这既可帮助美国护持太平洋地区的霸权体系和秩序，又可扩大日本在该地区的地缘政治和经济利益。2018 年 5 月，日本举行以"我们是岛国的伙伴，共同迈向繁荣、自由和开放的印太"为主题的第八届日本—太平洋岛国首脑会议②。日本积极协助美国遏制中国同太平洋岛国的互利合作旨在护持美国的地区霸权和既得利益③。作为太平洋地区美国霸权体系的受益者，日本不希望其他新兴大国崛起，更不希望美国的霸权体系和秩序受到挑战和改变。

密克联邦、马绍尔群岛和帕劳是日本对太平洋岛国地区的重点援助对象。日本曾对三国长期殖民并在殖民期间大肆屠杀当地民众，日本政府对殖民期间的暴行心知肚明，因而竭力试图修复与三国的关系。2015 年初，日本天皇夫妇访问帕劳，承诺日本将向三国提供更多的经济援助④。日本政府认为三国战略地理位置极其重要，与三国加强联系不仅可以获得经济利益而且能够获得地缘战略利益。日本是世界最大的蓝鳍金枪鱼消费国，消费了全球蓝鳍金枪鱼捕捞量的80%⑤。更重要的是，与三国建立密切联系可以使日本在获得美国

① U. S. Department of State, " A Free and Open Indo – Pacific: Advancing a Shared Vision", 24 November 2019; Derek Grossman et al., "America's Pacific Island Allies"; Tsuneo Watanabe, "Japan's Rationale for the Free and Open IndoPacific Strategy [1]", Sasakawa Peace Foundation, 20 October 2019.

② Ministry of Foreign Affairs of Japan, " The Eighth Pacific Islands Leaders Meeting (PALM8) (Overview of Results)", webpage, 19 May 2018.

③ Jiji, "Japan to Emphasize Maximum Pressure, Indo – Pacific Strategy at Eight Summit with Pacific Island Nations", *Japan Times*, 6 May 2018.

④ Ministry of Foreign Affairs of Japan, "Statement by Chief Cabinet Secretary on the Visit to the Republic of Palau by Their Majesties the Emperor and Empress of Japan", webpage, 10 April 2015.

⑤ Anna Fifield, "Tuna – Fishing Nations Agree on Plan to Replenish Severely Depleted Pacific Bluefin Stocks", *Washington Post*, 1 September 2017.

许可的情形下进入三国周边辽阔的海域。日本特别注重加强与三国的海洋安全方面的联系。为此，日本建立了日本基金（Nippon）。在该基金的支持下，日本海岸警务队向三国海洋巡逻部队提供技术和资金支持。2018 年初，日本又向三国捐助巡逻船帮助三国巡逻专属经济区①。尽管日本有着自己的安全动机，但日本总是将与三国的海洋安全合作称为"人道主义活动"。美国虽然对日本的动机心知肚明，但为了遏制中国在该地区存在和影响的增强，也持默许和鼓励的态度。

日本还向三国海域和专属经济区派遣了大量渔船并与三国建立了密切的渔业合作。自密克联邦独立后，日本一直是仅次于美国的第二大捐助国。2016 年，日本向密克联邦提供了 574 万美元的援助。日本与马绍尔群岛也保持着密切的关系并向马绍尔群岛提供了大量援助②。日本与帕劳关系同样密切，是帕劳最大的捐助国之一。2016 年，日本是仅次于美国的第二大捐助国，援助金额高达 1000 万美元③。日本对三国的捐助主要集中于基础设施建设、发电、教育、医疗卫生和环境保护等。例如，1996 年 9 月，连接帕劳科罗尔与巴伯尔道布岛（Babeldaob）岛之间的大桥坍塌，日本随即捐助 2500 万美元修建了新桥。日本企业还于 2019 年翻新了帕劳国际机场并借机接管该机场的经营管理工作。日本政府机构和日本国际合作银行还与美国、澳大利亚联合投入巨额资金在密克群岛地区修建联结美国夏威夷和帕劳等岛国之间的海底电缆。日本内政和交通部还重点援助马绍尔群岛电信系统，日本政府和日本企业亚洲太平洋电信联合资助马绍尔群岛国内电信网络系统铺设项目。该项目旨在改善马绍尔群岛国内各岛屿间的联

---

①　Nojima Tsuyoshi, "Palau and Japan Are Like Brothers: An Interview with President Tommy Remengesau", *Nippon*, 14 March 2018; Nojima Tsuyoshi, "Japan Patrol Vessel Donation to Help Palau Counter Maritime Threats", *Nippon*, 23 March 2018.

②　Australian Lowy Institute, "Pacific Aid Map", March 2018.

③　Australian Lowy Institute, "Australia was Its Third Largest, At $1.89 Million", March 2018.

系，同时也是为了研究新型海岛电信技术，从而最终在世界其他岛屿
地区应用。日本政府借援助岛国之机在密克联邦、马绍尔群岛和帕劳
设立各种战争纪念物，试图以此缓和三国民众对日本侵略军的仇恨，
并将之美化为日本与岛国的"历史联系"。

除了美国在太平洋的"南北双锚"外，新西兰也是太平洋岛屿地
区的强国，在该地区有着广泛的政治、经济和安全利益。新西兰因国
家体量小，而无力关注位于太平洋赤道以北的密克联邦、马绍尔群岛
和帕劳，并将注意力主要置于波利尼西亚群岛地区。新西兰也是太平
洋岛国的主要捐助者之一。在 2006 年至 2013 年间，新西兰是太平洋
岛国地区的第四大捐助国，提供了约 11 亿美元的援助①。2016 年，
新西兰跃升为仅次于澳大利亚的第二大捐助国，共向岛国提供 1.92
亿美元的经济援助。一些学者认为澳大利亚和新西兰的统计数据似乎
并没有提供美国对该地区的援助金额，因为美国仅对自由联系三国的
经济援助额每年即达到 3.5 亿美元②。新西兰对美国太平洋自由联系
国的影响需要放到整个太平洋岛屿地区来考量。新西兰政府一向声称
太平洋岛屿地区与新西兰有着深厚的文化和历史联系，新西兰有责任
"促进本地区和民众的持久繁荣与稳定"③，阻止任何不利的安全态势
对新西兰产生影响，损害新西兰的利益④。

新西兰政府声称将通过"身份认知、安全和繁荣"三大支柱来增
强在太平洋岛屿地区的存在和影响⑤。但囿于经济形势和经济体量，
新西兰政府无法满足美、澳、英等国的期待长期持续地向太平洋岛国
提供大量经济援助和投资，协助美国护持太平洋地区霸权体系，遏制

---

① Philippa Brant, "Chinese Aid in the Pacific", *Lowy Institute for International Policy*, February 2015.

② Australian Lowy Institute, "Pacific Aid Map", March 2018.

③ Brook Barrington, "MFAT Annual Review 2016/17, Remarks Made to the Foreign Affairs, Defence and Trade Select Committee", Canberra, Australia, 28 February 2018.

④ "North Pacific Development Fund", New Zealand Foreign Affairs and Trade, webpage.

⑤ "Pacific", New Zealand Foreign Affairs & Trade, webpage.

新兴国家在该地区的存在和影响的增强。新西兰政府因能力不足而无法提供令美国满意的援助引起美、澳等前殖民宗主国和国内亲美势力的不满，他们指责新西兰政府抛弃了对太平洋岛国的"责任"而任由新兴国家扩大在该地区的存在和影响。为了应对美国和澳大利亚以及国内亲美势力的指责，护持既得利益，新西兰政府于 2018 年 3 月推出"太平洋重置"计划（Pacific Reset）①。该计划以增进地区友谊、谅解和可持续发展为名，协助美、澳等国维护美国的太平洋霸权体系，重点维护新西兰的地区利益。新西兰政府在其最新发布的国防政策声明中对"太平洋重置"计划做了解释和背书："中国正通过增加对太平洋岛国的援助和深化同太平洋岛国的互利合作迅速扩大其在太平洋岛国地区的影响力。"②

　　新西兰亲美势力因此表示对大国间在太平洋岛屿地区越来越强烈的战略竞争和对抗表示关注，特别是担忧中国在该地区存在和影响力的增长③。亲美势力因而呼吁美国和其他前殖民宗主国加强在太平洋岛屿地区的存在并增加对太平洋岛国的控制和影响④。为了配合美国，新西兰重置计划的重点是大幅度增加对太平洋岛国的经济和发展援助，将该国对外援助总额的 2/3 转移至太平洋岛屿地区，占该地区受援总额的 1/3⑤。依照该计划，新西兰还将其海外发展基金增加 1/3 至 7.14 亿美元⑥。由于美国长期对自由联系三国奉行垄断性和排他性控

---

① Winston Peters, "Shifting the Dial", speech at the Lowy Institute, Sydney, Australia, 1 March 2018.

② New Zealand Government, *Strategic Defence Policy Statement*, 2018.

③ Rob Zaagman, "Oceania: New Zealand's Foreign Policy Dilemmas", *Clingendael Spectator*, 19 September 2018.

④ Winston Peters, "Pacific Partnerships", speech given at Georgetown University, Washington, D.C., 15 December 2018.

⑤ Stacey Kirk, "Budget 2018: 'Pacific Reset' Will Increase Foreign Affairs Funding to $1b Over Four Years", *Stuff*, 8 May 2018.

⑥ Winston Peters, "Pacific Partnerships", speech given at Georgetown University, Washington, D.C., 15 December 2018.

制政策，并不因澳大利亚、新西兰等国是其军事盟国而允许其与自由
联系三国建立亲密关系，澳大利亚和新西兰因而与密克联邦、马绍尔
群岛和帕劳并无较多联系，更无较强影响。新西兰只是通过太平洋岛
国论坛和北太平洋发展基金（North Pacific Development Fund）与三国
在政治、安全、渔业、气候变化和地区贸易等领域开展合作①。北太
平洋发展基金由新西兰驻夏威夷总领事馆负责管理，用以支持三国的
经济和社会发展②。为了增加在三国的存在和影响，新西兰也计划象
澳大利亚一样在三国增加外交代表机构。

表 6-1　　　　　　　2011—2018 年，密克联邦、马绍尔群岛

和帕劳主要援助方　　　　　单位：万美元

	美国	澳大利亚	日本	中国台湾	国际组织
密克联邦	53286	2780	6108		1497（世行）
马绍尔群岛	31360	3123	4890	5199	1670（亚行）
帕劳	4877	2420	5726	4920	1094（亚行）

资料来源：Lowy Institute，2018.

　　太平洋岛屿地区观察人士较为一致地认为太平洋岛屿地区的地缘
政治形势正在发生历史性变化，西方传统大国基于既得利益较为一致
地追随美国护持地区霸权和秩序。因此，澳大利亚、新西兰和日本虽
然一再宣称其与太平洋岛国密切的人文联系，不如说更多的是基于对
正在发生变化的地区霸权体系和既得利益的忧虑。澳大利亚和新西兰
认为美国在太平洋岛屿地区的力量和影响已经大不如前，两国虽然力
量有限，但为了既得利益也尽力追随并配合美国巩固与太平洋岛国，
特别是与自由联系国的关系。

① "Palau"，New Zealand Foreign Affairs & Trade，webpage；"Marshall Islands"，New Zealand Foreign Affairs and Trade，webpage；"Federated States of Micronesia"，New Zealand Foreign Affairs and Trade，webpage.
② "North Pacific Development Fund"，New Zealand Foreign Affairs & Trade，webpage.

第三节　美国及其盟国对自由联系国
强化控制的效果评析

在美国及其盟国如澳大利亚的帮助下，美国现在仍然在太平洋岛国地区发挥着主导性作用。但是，如果美英等国仅仅是透过霸权护持和霸权战略竞争的"镜片"来审视太平洋地区的地缘政治、经济的新变化并推行"印太战略"，加强对太平洋岛国的掌控，那么美国及其他前殖民宗主国也就丧失了外交和战略政策的合法性。这部分解释了为什么美国及其他前殖民宗主国正在太平洋岛屿地区逐渐失去传统优势；这还解释了为什么在美英等国在政治、经济和军事领域强化对太平洋岛国的控制，并意图离间岛国与中国的互利合作关系的情形下，太平洋岛国仍然坚持实施"北向方略"，谋求国家政治、经济的真正独立。

首先，太平洋岛国政府和民众的民族独立与自决意识空前高涨，因此附加了政治条件的西方"援助"，即使"无偿"，也不为岛国政府和民众所欢迎。据澳大利亚洛伊研究所相关资料，美、澳等西方"传统捐助国"向太平洋岛国提供的大部分资金直接服务于其政治目的，用于输出西方意识形态和价值观，这是岛国政府和民众并不愿意接受的"政治献金"。洛伊研究所部分学者曾对"传统捐助国"对太平洋岛国的"捐助"进行了长期跟踪研究，发现"传统捐助国"的"捐助"除了一小部分是"人道主义援助"外，其余绝大多数是旨在推进当地"民主""人权""法治"和"良政"的政治性项目，并且其效果"远非'捐助国'政府宣传得那样完美"，毕竟输出意识形态和价值观是极其费时费力的事①。此外，太平洋国家政府和民众还抱

---

① 于镭、赵少峰：《"21世纪海上丝绸之路"开启中国同太平洋岛国关系新时代》，《当代世界》2019年第2期。

怨澳大利亚等前殖民宗主国的投资极其缺乏效益和效率，援助几乎都浪费在前殖民宗主国的官僚机构和咨询公司上。一些澳大利亚观察人士也不得不提出疑问：为什么中国提供的援助远远不如澳大利亚，但为什么中国留在太平洋岛国的"脚印"却越来越多①？

其次，太平洋岛国寻求经济援助和对外经贸合作的对象已不是"仅此一家，别无分店"的西方垄断时代了，亚洲以及世界其他地区的新兴经济体已经成为岛国地区发展越来越重要的合作伙伴。尽管相较于西方"传统捐助国"，中国在过去十年中对太平洋岛国的"援助"额度并不高，但是中国的发展资金主要用于岛国经济和社会发展急需的基建项目，建成后具有相当的经济效益，以及难以量化的社会效益，因而受到当地政府和民众的欢迎。洛伊研究所一些研究人员发现中国提供的"援助"多为低息贷款或"友好性利率"贷款，主要用于推动当地涉及国计民生的大型基础设施建设项目，并对这些基础设施项目设置了严格的质量和管理标准②。因此更严格地讲，中国的援助项目属于发展性基金。这些学者还发现中国的基础设施"援助"并非中国"强加"于岛国，而是岛国"积极主动地向中国争取的结果"，其过程类似商业性合作。

再次，太平洋岛国的前宗主国均已进入国力相对下降期，其国力已不可能也不容许他们对岛国进行长期的、与新兴经济体对抗的"无偿援助"竞赛。美国虽是世界第一大经济体，但每年要花费高达6000多亿美元的军费"刚需"以维持全球军事霸权，美国国内的基础设施也到了需要大举投入以维护升级的境地。美国民众常常抱怨，相较于太平洋西岸，美国部分地区的基础设施已沦落到"第三世界"的水准，但美国政府的回应往往是预算紧张。即使是美国政府决心大

---

① Sheldon Chanel, *China's Footprint in the Pacific*, Griffith Asia Institute, Australia Griffith University, 27 August 2020.

② 于镭、赵少峰：《"21世纪海上丝绸之路"开启中国同太平洋岛国关系新时代》，《当代世界》2019年第2期。

规模推进的印太地区基础设施建设，也只准备出资 1.13 亿美元。澳大利亚现政府则制定了雄心勃勃的军事计划以期维持其南太平洋地区强国地位，不仅将军费开支提升至国内生产总值的 2%，而且计划未来数年筹措 4000 多亿澳元（约合 3000 亿美元）用于从美欧等军事强国购买先进的战机和潜艇，并进一步筹措资金升级和新建"强大"的军事工业①。庞大的军事开支导致澳大利亚"北部大开发"计划和国家经济"创新转型"计划基本停留在纸面上。西方一些有识之士批评说与其将宝贵的资金拿来与新兴国家进行冷战式竞争，不如将各自国家早已陈旧的基础设施进行升级改造，以便更好地造福本国民众，并促进本国的经济发展。

最后，太平洋岛国在独立前后经历了殖民主义、帝国主义掠夺和与中国平等互利相处的两个时期，岛国政府和民众已具备了高度的辨别力和鉴定力。历史经验表明，世界上没有任何一个国家因为与中国建立了紧密的经贸合作而被重新"殖民"，或被剥削压榨，也没有任何一个身陷"债务危机"或"破产"。自 20 世纪 90 年代末，西方国家就曾大肆"妖魔化"中国与一些发展中国家，特别是与非洲国家之间日益紧密的经贸合作关系②。但事实上，中非不仅实现了共同发展，更推动了发展中国家的整体崛起。同样，某些太平洋岛国的经济发展在近年实现了高达 7% 的年均经济增长率，这是殖民时代根本难以想象和企及的。中国始终支持岛国发展经济、改善民生、提高可持续发展能力，为促进太平洋岛国的经济社会发展提供了真诚的帮助。岛国政府和民众在发展中越来越认识到谁是真正的朋友，谁才能真正帮助自己的国家走上稳定与发展之路。太平洋岛国地区政府和民众批评美

---

①　于镭：《既得利益驱动下澳美同盟的强化和"印太战略"的建构》，张洁编：《中国周边安全形势评估》，世界知识出版社 2018 年版，第 112—131 页。

②　Deborah Brautigam and Meg Rithmire，"The Chinese 'Debt Trap' Is a Myth"，*The Atlantic*，6 February 2021. Bob Jurriaan Van Grieken and Jaroslaw Kantorowicz，"Debunking Myths about China: The Determinants of China's Official Financing to the Pacific"，*Geopolitics*，Vol. 6，Issue 3，2019，pp. 861–888.

国只是出于同中国战略竞争的考量才加大对岛国的关注，而并非真正关心岛国的发展和民众的福祉。他们强调指出，美英等国对气候变化和海平面上升的漠不关心就充分说明了这一点。因此，任何"妖魔化"中国或中国同太平洋岛国互利合作关系的言论与行为，都难以在岛国地区产生诬指者希望的结果。